名师名校名校长

凝聚名师共识
回应名师关怀
打造名师品牌
培育名师群体

明德至善　博学笃行

二〇二二年仲秋　张明远书

基于"小先生制"理念下的小学课堂教学改进方式的实践研究
费曼学习法在农村小学数学课堂教学中有效应用的实践研究

行知印记

XINGZHI　YINJI

基于"行知"文化理念下的教育教学课题研究成果集

赵一芒 编

西南大学出版社
SWUP 国家一级出版社 全国百佳图书出版单位

图书在版编目（CIP）数据

行知印记：基于"行知"文化理念下的教育教学课题研究成果集 / 赵一芒编 . -- 重庆：西南大学出版社，2024.4
ISBN 978-7-5697-2196-6

Ⅰ.①行… Ⅱ.①赵… Ⅲ.①小学—教学研究 Ⅳ.① G622.0

中国国家版本馆 CIP 数据核字 (2023) 第 257520 号

行知印记：基于"行知"文化理念下的教育教学课题研究成果集
XINGZHI YINJI: JIYU "XINGZHI" WENHUA LINIAN XIA DE JIAOYU JIAOXUE KETI YANJIU CHENGGUO JI

赵一芒　编

责任编辑：高　勇
责任校对：胡君梅
封面设计：蒋凯瑞
排　　版：商丘海博顺晟广告制作有限公司
出版发行：西南大学出版社（原西南师范大学出版社）
　　　　　地址：重庆市北碚区天生路 2 号
　　　　　邮编：400715
印　　刷：天津鑫恒彩印刷有限公司
成品尺寸：170 mm × 240 mm
印　　张：20.875
字　　数：374 千字
版　　次：2024 年 4 月第 1 版
印　　次：2024 年 4 月第 1 次印刷
书　　号：ISBN 978-7-5697-2196-6
定　　价：88.00 元

编委会

编　委：赵一芒　孙贵合　张静婵　郑仕晴

　　　　王占生　张友杰　高银军　周　曼

　　　　李　娜　赵雪颖　李紫娟　韩　秋

前言

秉承行知文化　浸润学生成长

北京市大兴区长子营镇第二中心小学以"行知"文化引领学校发展，秉承"知行合一"的教育理念，坚持"求真务实"的办学风格，通过"学思结合"的办学途径，全面推进素质教育，其核心在于培养"教人求真"的教师和"学做真人"的学生，打造"求知力行，求真至善"的校园氛围，逐步形成学校的"行知"办学特色。

基于行知文化，学校结合实际情况将科研工作作为重点来抓，以校本教研为突破口，坚持以学生发展为本，以科研促教研。学校领导和教师积极进行课题申请，2021年由书记、校长赵一芒负责的课题"基于'小先生制'理念下的小学课堂教学改进方式的实践研究"在北京市教育学会"十四五"教育科研课题中立项，郑仕晴老师负责的课题"费曼学习法在农村小学数学课堂教学中有效应用的实践研究"在大兴区教育科学"十四五"规划一般课题中立项。

为了让已立项的课题研究取得实质性进展，让教师借助课题研究提升科研能力，让学生在教师们的课题研究中得到全面发展，学校坚持课题研究与课程改革同行的原则，坚持以制度为保障，以过程管理为抓手，积极动员教师参与课题研究工作，对相关课题研究活动的开展与实施给予了大力支持。学校力求让研究成果惠及教育教学，让每一位教师在研究中得以发展。为此，学校成立了课题研究小组，通过举办课题研究培训、召开教科研工作专题会议，借助示范课、讲评课和讲座指导等形式，多措并举，夯实教师专业基础，全面提升教师的专业素养和执教能力，有效地推动了学校课题研究不断向前发展，营造出浓厚的教科研氛围。

在北京市知名专家和大兴区教师进修学校教研员的引领下，在集团校教师的悉心帮助指导下，学校教师潜心教研，专注课堂教学，经过两年多的课题推进实施，让不断学习中的教师们开阔了眼界、打开了思路，研究的氛围浓了，劲头更足了，学校面貌焕然一新。

在课题研究的不断探索中，不仅教师的教育教学能力得到了提升，而且学生的素质也得到了提升。同时，学校也取得了一定的成绩，获得了2022年全国科技教育先进校、北京市艺术教育先进校、大兴区科技教育先进校、大兴区课后服务先进校、大兴区优秀合唱社团、大兴区优秀模型科技社团、大兴区先进基层党支部、2021年度大兴区小学教育教学工作二等奖等荣誉。

为了提升教师专业素养、专业能力，学校邀请全国特级数学教师吴正宪、全国知名特级教师刘德武、全国著名语文特级教师吉春亚、北京市教科院贾福录等专家莅临我校指导，并长期聘请全国名师孙贵合老师对我校教科研工作进行指导。在2021年大兴区骨干教师评选活动中，学校有三人被评为学科带头人，有七人被评为骨干教师。随着教师的迅速成长，学校教学效果显著提升。这些成绩与荣誉的取得，是对我校教科研工作的极大肯定和鼓舞。

近年来，学校整体办学质量和社会声誉的快步提升，与学校重视教师队伍建设，尤其是在教师专业化成长上的不懈努力是密不可分的。目前，学校拥有一批优秀的青年教师，他们在工作实践中不但积极进取、勇于创新，而且对教育的理解和认知也颇有深度。他们在科研中提升，在实践中总结，在反思中成长，工作之余笔耕不辍，将自己的课题研究总结和反思记录下来。文字的背后是一串追逐教育梦想的脚印，字里行间映射着教育改革的初衷与愿景。

课题研究的发展标志着学校教育科研水平正在逐步提升，也预示着学校的教育科研队伍正在茁壮成长。本书主要收录了学校教师在"基于'小先生制'理念下的小学课堂教学改进方式的实践研究""费曼学习法在农村小学数学课堂教学中有效应用的实践研究"两个课题研究中的教学论文、教学案例、教育故事以及学生作品。研究文章都是一线教师在教育教学中的真知灼见，是他们对教育的真实感悟和理解。我们也清醒地认识到，研究的目的在于应用与实践，发现和审视教育中的实际问题，挖掘更多、更好、更有价值的研究课题，在教育科研的道路上实现教与学的双赢目标。

由于水平有限，又是尝试改进中的初次探索，难免有诸多欠缺和不足，恳请斧正，我们会虚心接受，并在改进完善中提升自我。

谨以此文，致敬所有积极参与并为此付出劳动的各位老师及专家朋友。

教育改革还在路上，我们会一直努力！

是以代序，略示心怀。

大兴区长子营镇第二中心小学　赵一芒

2023年9月

目录

第一部分
行知理念与课堂实践　001

开展行知教育　创建学校品牌（赵一芒）/ 002

何为"小先生"之课堂应用初探（潘玉峰）/ 013

"小先生制"在小学数学教学中的实践探索（石玲已）/ 015

"小先生制"在小学英语课堂中的初步探究（刘卓君）/ 020

"小先生制"在小学语文课堂中的应用效果初探（潘玉峰）/ 022

"小先生制"在小学高年级班级管理中的应用与反馈（吴慧慧）/ 026

"小先生制"在小学数学课堂教学中的应用研究（杨彤彤）/ 031

小学英语教学中"小先生制"的实施策略与思考（韩　秋）/ 035

新课标背景下"小先生制"在小学数学课堂教学中的应用（邓可嘉）/ 041

新课标背景下"小先生制"教学策略在课堂教学中的运用（周　曼）/ 047

陶行知"小先生制"在小学音乐课堂的运用（郭晓彤）/ 051

"双减"背景下陶行知教育思想与小学音乐教学的有效融合（于　帅）/ 055

第二部分
行知理念教学案例　059

《画恐龙》教学案例及分析（李　娜）/ 060

创设任务情境，从学生中来：以《记金华的双龙洞》第一课时为例（潘玉峰）/ 067

从"让我学"走向"我会学"：以《坐井观天》教学为例（冯观虹）/ 068

费曼学习法让数学教学向深度漫溯："鸡兔同笼"问题教学片段与思考（郑仕晴）/ 072

《狮王进行曲》教学设计（李媛洁）/ 079

《小小牵牛花》教学案例（郭晓彤）/ 087

《洋娃娃和小熊跳舞》教学设计（于　帅）/ 090

《上一（三）步投掷轻物》单元教学设计（张静婵）/ 094

第一课时《原地侧向投掷轻物》教学设计（张静婵）/ 097

立足生活促理解，从数到量究本质：以《分数的意义》为例（郭　京）/ 104

巧用费曼学习法促深度学习发生：《倍的认识》教学片段与思考（郭　京）/ 111

让费曼学习法在数学阅读中"生根"（郭　京）/ 116

聚焦面积度量本质，关注学生实际获得（郑仕晴）/ 119

《爬行》教学设计（张静婵）/ 126

绘本剧 Pull up the carrot 英语学科实践活动课案例（韩　秋）/ 134

在深度学习中有效助推合情推理能力发展：以《分数乘分数》教学为例（梁　山）/ 140

拥抱课标新变化，践行教学新理念（张　岩）/ 145

积极推进篮球课程，发挥"健体""育人"作用（王占生）/ 148

第三部分
行知理念教学论文　153

费曼学习法在农村小学数学课堂教学中有效应用的实践研究报告（郑仕晴）/ 154

探究"双减"政策在小学美术课堂的落实措施（李　娜）/ 163

小学数学游戏课程应用的意义（吴慧慧）/ 171

感悟概念本质，提升分数意义：《分数的意义》教学实践与思考（郑仕晴）/ 174

浅谈单词听写训练在农村小学六年级英语教学中的实施与运用（韩　秋）/ 178

好的作业设计是教师的好帮手（张友杰）/ 181

混合式教学方法在小学体育教学中的应用（张静婵）/ 184

基于儿童发展心理特征　培育学生数学核心素养（许　健）/ 187

浅谈小学篮球教学对学生主体作用的积极影响（赵一芒）/ 191

"双减"带给我们的变化（吴　彤）/ 194

巧用英语教材，促进教师专业化发展（韩　秋）/ 196

"双减"政策下的美育教育指导策略浅探（刘明菘）/ 200

数学图书采购项目（陈冬燕）/ 203

小学低年级音乐课堂中趣味唱游的实践应用与探析（李媛洁）/ 208

小学英语教学中培养学生思维品质的研究（刘卓君）/ 211

对一次公开课试教过程的回顾与感悟（刘卓君）/ 214

新任校长的破局之路（赵一芒）/ 220

依托"行知银行"探索小学生综合素质评价新方法（张静婵）/ 224

运用多种方法激发学生运动兴趣（高银军）/ 232

"我可以"（冯观虹）/ 238

"小"导师"大"智慧（郑仕晴）/ 241

"小霸王"变形记（杨彤彤）/ 243

班会上的小插曲（刘秀英）/ 245

"帮"出自信（刘秀英）/ 247

不忘初心、牢记使命：做一个对学生有长久深远影响的老师（郑仕晴）/ 250

第四部分
行知理念下的教学故事分享　253

独一份的"小饼干"奖（赵雪颖）/ 254

唤醒爱心（刘秀英）/ 256

静候花醒，轻唤花开（邓可嘉）/ 260

恰当运用小组积分，有效激励学生成长（李　娜）/ 261

浅谈"用人之短"（何富珍）/ 264

亲爱的，你们也是（石玲已）/ 266

让每个站起来的孩子都体面地坐下：给学困生以自信（何富珍）/ 269

让一朵云推动另一朵云（吴慧慧）/ 270

揉一揉，就不疼了（刘秀英）/ 273

拭亮心灵的契机（何富珍）/ 275

疏与堵（刘秀英）/ 277

为他们撑起一片爱的蓝天（何富珍）/ 279

一堂有意义的道法课（何富珍）/ 283

以语言沟通心灵：一个五年级学生的蜕变（王禹佳）/ 284

有温度的教育（闫江雪）/ 286

做学生喜爱的班主任（李紫娟）/ 288

李鸿章的"掌声"（周　曼）/ 292

正向引导下的蝴蝶效应（刘明菘）/ 295

冰花（王　维）/ 298

冰柱（石海轩）/ 299

感动（何　晴）/ 300

你让我学会了战胜自我（刘艾芮）/ 301

我的畅快（李梦遥）/ 302

乡下的冬天（一）（林心言）/ 303

乡下的冬天（二）（刘石磊）/ 304

第五部分
行知理念下的学生美术作品　305

冰雪运动海报设计 / 306

海疆作品 / 307

科幻画 / 308

科技与环保 / 309

足球文化 / 310

参考文献　311

第一部分　行知理念与课堂实践

二十世纪二三十年代，著名教育学家陶行知提出生活教育理论，包含三大原理：生活即教育，社会即学校，教学做合一。他主张行是知之始，在劳力上劳心，手脑并用，以教人者教己，即知即传，随学随教，要在生活中做，在生活中学，解放儿童的头脑、双手、嘴、眼睛、时间和空间，从而解放儿童的创造力。

长子营镇第二中心小学秉承陶行知先生的教育思想，提出"小先生制"教学理念，充分发挥学生在学习中的主体地位，以培养学生的创造力和想象力为出发点，为教师重新认识学生、尊重学生个体的独特性创造了条件，也为因材施教，充分调动学生的积极性创造了条件，更好地践行了党和国家立德树人的教育目标。

同时，学校把行知教育理念和费曼学习法结合起来，积极推动教师参与课堂研究与实践。通过举办课题研究培训、召开教科研工作专题会议，借助示范课、讲评课和讲座指导等形式，多重并举，夯实教师专业基础，全面提升教师的专业素养和执教能力，有效地推动了学校课题研究工作不断向前发展，营造出浓厚的教科研氛围。

开展行知教育　创建学校品牌

赵一芒

一、背景分析

（一）政策背景分析

习近平总书记指出，教育要注重以人为本、因材施教，注重学用相长、知行合一。《国家中长期教育改革和发展规划纲要（2010—2020年）》指出，要注重知行统一。坚持教育教学与生产劳动、社会实践相结合。开发实践课程和活动课程，增强学生科学实验、生产实习和技能实训的成效。

为全面深化课程改革，落实立德树人根本任务，北京市长子营镇第二中心小学坚持德育为先，鼓励全面发展，努力构建适合新时代教育发展要求，体现学校特色的行知课程体系，注重对行知文化内涵的创造性转化和创新性发展，挖掘知行合一观的时代价值，更好地发挥课程对学生全面发展、个性发展的促进作用，引导学生自觉运用知行合一，以更加主动的姿态坚定理想信念，积极担当作为，把培育和践行社会主义核心价值观融入教育全过程，努力促进学生、教师、学校三位一体的共同发展。

（二）社会背景分析

21世纪，人类文明进入需求科技和人文素养的创新应用型人才的第四次工业革命。科技迅猛发展，日新月异，人类命运共同体的发展目标也为我们培养人才提出了新的挑战。2014年，《教育部关于全面深化课程改革落实立德树人根本任务的意见》明确学生应具备的适应终身发展和社会发展需要的必备品格和关键能力。在《中国学生发展核心素养》的研究成果中，中国学生发展核心素养以培养"全面发展的人"为核心，分为文化基础、自主发展、社会参与三个方面，综合表现为人文底蕴、科学精神、学会学习、健康生活、责任担当、实践创新等六大素养，具体细化为国家认同等18个基本要点。要完成国家对未来人才的培养，就需要学校改变传统的以知识为中心的课程，形成以学生的发展为中心的课程；并由学科知识体系转到基于儿童经验和生活领域的课程体系；课程强调整体育人，突出各学科学习上的融合。为更好地实现这一育人目标，还需要学校提供更加多元化的课程内容，以培养学生适应未来人才需求的能力与知识结构。

（三）区域背景分析

北京市大兴区长子营镇以军民结合产业园为龙头，未来将加强产业园与三城对接，大力发展集成电路、航空航天产业，保障重大项目落地。积极发展城市功能导向型产业和都市型现代农业，发展以航空食品为特色的临空产业，探索推广集现代农业、创意农业、农事体验于一体的田园综合体模式。强镇必先强教，因此，长子营镇的教育也承担着为区域经济发展培养输送高素质人才的重任。

（四）学校背景分析

1. 学校基本情况

长子营镇第二中心小学位于大兴区东南部，是一所边远的农村小学，于1978年成立中心校，2000年合乡并镇后更名为长子营镇第二中心小学。学校现占地面积23029平方米，建筑面积3882平方米；其中附属幼儿园占地面积4575平方米，建筑面积1205平方米。学校现有20个教学班，学生500余人，其中附属幼儿园有6个教学班，学生100余人。

2. 教师基本情况

学校现有在编教职工33人，其中具有研究生学历的教师人数占学校总教师人数的四分之一，他们在开展课题研究和课程开发中发挥了重要作用。学校大部分教师为党员，思想处于积极进步层次，愿意提高自身专业能力和课程开发能力。区骨干教师8人，他们对学校学科专业发展具有引领作用，能够带领年轻教师加强业务学习。

3. 学生基本情况

长子营镇第二中心小学学生大多来自长子营镇南半部的11个村队，绝大部分学生家庭为务农家庭，其中还有四分之一的外来打工者子女，家长的文化水平较低，无法为学生提供较多学习资源，学生的教育基本依托于学校。由于学校地处农村，学生经常接触大自然，性格活泼好动，好奇心重，喜欢活动性强的课程，但学习习惯需要培养，因此学校更要根据学生情况，设计适合于学生发展的课程。

二、理念引领

（一）行知文化内涵

学校精神的核心是行知文化。行，包含品行、行动、做事情等内涵；知，包含良知、知识、理论等内涵。知行合一就是在德育上，道德与行为相统一；在学习上，理论与实践相统一；在生活上，生活与教育相统一。

行知文化强调和谐，主张人的知与行统一。行知文化是一个有着丰厚内涵的文化，主要体现在以下三个方面。

第一，行知文化强调知行一体。知行关系是相互依存的，知为行的指导，行为知的归宿，"知者行之始，行者知之成。圣学只有一个功夫，知行不可分作两事。"在理性的基础上确立起人的主体性。

第二，行知文化强调真知真行。"知之真切笃实处即是行，行之明觉精察处即是知"，知要深明其理，行要脚踏实地。

第三，行知文化指向的最终目的是止于至善。"知"即"吾心良知之天理"，"行"即"致吾心良知之天理于事事物物"的道德实践。行知文化强调人只有通过不断的学习、积极地实践才能达到身与心的和谐，实现与他人、与世界的共通，走向成功的人生。

（二）办学理念

创办适合孩子的教育是学校的办学理念。创办适合孩子的教育要从四个方面入手：适合孩子的课堂、适合孩子的课程、适合孩子的活动、适合孩子的环境。

（三）校训

"爱满天下，知行合一"是学校的校训。"爱满天下"是中国伟大的人民教育家陶行知先生最重要的教育思想之一，是陶行知先生毕生追求的教育真谛。"热爱每一个学生"是陶行知的人生格言；"为了苦孩，甘为骆驼。于人有益，牛马也做"是陶行知的办学心愿。"爱满天下"主要是培养学生的大爱精神，比如爱国家、爱人民等。

苏联著名教育家苏霍姆林斯基说："没有爱，就没有教育。"我国现代教育家夏丏尊说："教育之没有情感，没有爱，如同池塘没有水一样。没有水，就不其为池塘，没有爱就没有教育。"爱是教育工作的灵魂，爱是心灵成长的源泉，如果没有爱的滋养，就不会有完整的人格，没有爱的指引，就不会分辨善恶。

（四）学校形象定位

校园和谐，教师幸福，孩子快乐，家长满意，社会认同。

（五）育人目标

培养求知力行、求真至善的行知少年是学校的育人目标。

求知：对知识充满渴望，只有不断寻求新事物、新知识，填充自己的头脑，才能成为博学之人。

力行：知行合一，学习不仅是看、听、说，而是要亲自参与、亲自实践，在实践中收获知识、道理。

求真：本意为追求事物发展真理所在及客观规律，能够有正确的是非观和价值观，并愿意为之坚持。

至善：《礼记·大学》中提到"大学之道，在明明德，在亲民，在止于至善。"至善是最完美的境界，通过不断学习感悟，提升自身修养。

（六）校徽

校徽释义：以行知教育的办学理念——知方形圆，进行设计。

（七）教风

教人求真是学校的教风。陶行知说："千教万教，教人求真。"教师最根本的教学目标在于教导学生追求真理。教即教育、教人学习；求真即追求真理、真实、诚实、正直。合起来理解，即不管怎么教育，都是为了要教人追求真理。

要使学生成为热爱真理、为真理献身的人，教师就应当要热爱真理，愿为真理献身；要使学生成为品德高尚的人，教师就应当有高尚的师德。教师要以教人求真为目标，在传道授业上特别需要具有求真务实的精神，在铸魂育人上特别需要具有真诚坦荡的情怀。"人生为一件大事来，做一件大事去"。

三、文化立校

什么是文化？作家梁晓声的四句话概括得十分经典：根植于内心的修养，无须提醒的自觉，以约束为前提的自由，为别人着想的善良。学校文化是学校发展的灵魂，是凝聚人心、展示学校形象、提高学校文明程度的重要体现。

（一）管理文化

管理文化是学校文化建设的保障系统。传承学校自主型、民主型的管理文化，以凝聚师心为宗旨，让老师们心相融、情相依，在校内形成一心一意干工作、凝心聚力谋发展的工作局面。

中层干部在学校中起着中流砥柱的作用。学校要求干部从服从分配向"服务+"转型，从单一管理向综合治理转变。学校还提出"资源上一线，干部下基层"的口号，将管理结构扁平化，及时听取一线教师的声音，干在一起，心在一起。

建好"两会"：班子会、教代会，发挥"两会"的作用，不搞一言堂，不搞"拍脑袋"政策。通过教代会建立科学性、人文性和激励性并重的管理制度，用制度规范教师，引导教师养成良好工作习惯，唤醒教师职业激情，引领教师做正确高效的事。充分发挥每个人的作用，把合适的人放在适合的位置，人人有事干，事事有人干；建立健全制度，用制度管理，用制度说话，先定标准后做事，奖罚分明；责任到人，实行谁主管谁负责，激发内驱力，自主发展；关心每一位教职工，感谢每一位教职工，充满人文关怀；注重制订计划的完善性，注重过程管理，注重落实和检查，注重结果和总结。

（二）课堂文化

行知课堂的核心来源于生活，应用于生活。在行知课堂中，以生活中的实际问题为导入，引发学生对本节课主题的思考。行知课堂的目标是解决生活实际问题，并把学会的知识与技能应用于生活之中。

1.行知课堂的特点

（1）生活化——行知课堂围绕生活中的实际问题进行学习，可以是问题生成的主题或是问题中包含的内容，教师要巧妙发现本节课教学与生活现象之间的关系，并建立联系点。比如数学方位问题，可以提出学校要举办家长开放日，请你根据校园平面图，向家长介绍校园内的建筑位置以及进入班级的路线。

（2）生本化——行知课堂以学生为学习主体，通过小组合作、个人探究等方式完成学习任务，教师负责在课前设计好本节课的学习活动，再在关键时刻进行指导。

（3）生命化——行知课堂尊重学生的个性发展，允许学生自由发表自己的观点，提倡学生积极思考，提出新奇的想法，教师要尊重学生之间的差异化，让不同层次的学生在课堂中都能有所收获。

（4）实践化——行知课堂注重学生的实际操作，比如语文课堂的读写结合，数学课堂的实践活动等，从生活中来的问题一定要应用于生活之中，在实际操作中积累经验。

2.行知课堂的策略

根据行知课堂的内涵和特点，各学科教师对行知课堂进行了思考，通过设计教学内容、课堂尝试、课后研讨、改进再试等过程，最终形成了学校行知课堂的教学基本模式。

（三）教师文化

善之本在教，教之本在师。教师是一所学校的关键因素，让教师在学校里激情工作、幸福成长、舒心工作，才能把学校办成令人向往的地方，才能培养出高素质的学生。

开展师德修炼活动，铸造高尚师魂。一是榜样垂范感化人。组建校内优秀教师师德宣讲团，以敬业爱岗为主题，讲述他们从教中的感人事迹；以年级组为单位，搜集教师身边令人感动的人和事，弘扬正气，树立典型；二是多彩活动愉悦人。学校通过开展各种丰富多彩的活动，让教师生活多姿多彩，如读书沙龙、休闲活动、健康培训、特长展示、仪态仪表；等等。

促进教师专业发展。学校采取"走出去学习、请进来指导、坐下来研讨、静下心来读书"的师训策略，为教师搭建成长平台，激发教师的工作热情。

制订职业生涯发展规划。每位教师制订好未来三年发展规划，既有长远目标，又有近期目标，内容包括课堂教学、读书学习、荣誉称号、继续学习、课题研究、实践探索、学生辅导等多个方面。

成立青年教师成长俱乐部，让青年教师拜师，为青年教师聘请师傅，让青年教师尽快成长。

（四）学生文化

开展学生自治，采用自己管理自己的方式，利用少先队、班委会进行有效管理。

实行班委会式管理，学生自己选举自己的班委会，实行自主管理。按照"班级的事情班级负责、创造的荣耀共同分享"的管理办法，自主开展德育、教学、安全等工作。学校开展的各项活动都以班级为单位进行评价，调动全体学生参与学校管理的积极性和主动性，形成了"人人是管理者，人人参与管理"的良好工作局面。

开展"我的班级我的家"建设活动。学生发挥自己的聪明才智，从物质文化、制度文化、精神文化和行为文化四个方面入手，用心撰写班训和班级口号，仿写班歌，精心设计班徽和吉祥物，讨论制订班规，美化教室，开展活动，举行"一班一品"评选，促进班级特色的形成。

每学期定期举行习惯养成示范班验收。学校设计各种评选活动，期末进行验收，评选表彰优秀班级和示范标兵。

（五）活动文化

将校园五大节（科技节、读书节、体育文化节、艺术节、劳动文化节）与综合实践活动内容有机整合，定期举行"奔跑吧！少年""让读书成为习惯，让书香飘满校园""行知少年心向党，快乐起航向未来""劳动最光荣"等活动。

开设"兴趣活动超市"活动，如灯笼、剪纸、象棋、空竹、机器人、舞蹈、播音主持、古筝等几十门兴趣活动供学生选修。根据各年级学生的特点，开设以社会热点和生活实践活动为内容的探究课程，以此培养学生的动手能力、探究能力及创新精神，为学生发展提供广阔空间。

盘活校外教育资源，引领学生走企业、进社区、亲近自然，建立校外实践基地，开展系列活动，让学生践行好习惯、展示好习惯。

（六）环境文化

打造充满童趣且富有特色的校园文化，努力达到"文化有痕，润物无声"的效果。一是让墙壁文化有思想的痕迹。每一块展牌、每一句话语都是主题文化思想的彰显。二是师生参与的痕迹。开展"校园文化设计之我见"有奖征集活动,让全校师生积极参与校园文化的整体设计,精心布置校园文化。学校展示的思想、语言都是独特的、本校的和充满个性的。三是教育教学践行的痕迹。校园文化不是说的文化,而是做的文化。让校园文化内化在师生的心中,落实在教育教学实践中,真正成为全校师生的精神引领。

校园环境以人的发展为设计理念,以中华传统文化为依托,通过"童蒙养正,少年养志,青年养德,中年养性"的文化脉络,营造浓厚的育人环境,落实立德树人根本任务。打造"行知园",为师生提供一个安放心灵的场所。在"行知园"可历览春夏秋冬的美景,徘徊于小园香径,感受春色满园,鸟瞰小荷初绽,聆听月下物语,驻足寒梅傲雪。

(七)物质文化

安全:从儿童的角度去设计,以安全为主,选材绿色环保,造型符合儿童审美,安全至上。

干净:物品在于清洁,更在于保持清洁。教育学生爱护公物、保持清洁,制订公物使用制度。

方便:便于学生使用,充满个性。

(八)制度文化

全面:健全制度,用制度管理。各个部门针对各个方面制订好制度,用制度管理人,更用制度引导人。

知晓:印发制度手册,发放到每个人手中,牢记于心,时时提醒。

上墙:在学校相应的场地、场所张贴制度。

执行:加强监督,加大执行力度,成立督察室。

四、行知课程

行知课程强调实现知识教学和实践技能培养的有机融合,学校力图通过行知课程培养具有扎实知识基础、持续发展学习能力以及具备健康人格和完美个性的学生，打造"求知力行，求真至善"的校园氛围。学校将进一步推动行知课程体系的建设，尝试打破原有课程体系中的模块界限，把握课程育人的内在逻辑，使课程各个模块之间相互联系又各具特色，保障学生在行知课程实施的过程中有着完整的生命体验，实现知与行的有机统一。

（一）课程目标

一级目标	二级目标
求知	勇于探究
	乐学善学
	勤于反思
力行	动手操作
	实践创新
	履职尽责
求真	明辨是非
	敬业奉献
	国家认同
至善	珍爱生命
	孝亲敬长
	仁爱之心

（二）课程结构

学校根据"行知文化"的建设思路、"三级课程一体化"的课程建设主线、育人目标和课程目标的相关要求，遵循课程设计和开发的相关原理，对课程结构进行了深入分析，构建了行知课程体系。为了明确不同课程在学生特定发展阶段的不同重要程度，学校根据课程的具体功能、时间比例以及相关规定，将全部课程划分为三个层次，即行知基础课程、行知拓展课程和行知综合课程。

（三）课程实施

1.行知基础课程：强调学思结合

基础类课程主要由国家课程组成，是学校课程中的主体与基础部分，也是培养学生基本知识、基本技能的关键部分。基础类课程的实施应以抓紧课堂、固本强基为要。基于此，学校在基础类课程实施的过程中，构建了以课堂小组合作学习、探究式学习、主题活动学习为主的行知课堂，对学科课程进行了横向与纵向整合，激发学生兴趣，拓宽学科视野，培养学科探究能力。

2.行知拓展课程：在实践中促发展

行知拓展课程是在国家课程的基础上，在各领域对其进行的补充和延伸，以拓展学生知识面和培养学生兴趣为主要目的，是培养学生特长、发展个性的重要途径。此类课程以地方课程和校本课程为主，秉承"知行合一"的理念，体现了多元主体和多样化内容特点。大力整合家庭、学校和社区资源，培育"知行合一"的生态文化，引领"知行合一"的生命成长。

行知拓展课程帮助学生充分了解自我，发现兴趣点，在不断尝试的过程中努力将兴趣发展为特长，力求每一位同学都能在拓展类课程的学习中学得一技之长，达到拓展类课程个性培养、培优增能的目的，进一步促进学生个性化发展。

3.行知综合课程：实现学以致用

行知综合课程以地方课程和综合实践活动中的学科实践活动、研究性学习、社区服务、社会实践、主题实践活动为主，以培养学生的高阶综合能力为主要目标，是对行知基础课程和行知拓展课程的补充，致力于帮助学生在实践过程中实现知行统一，让学生在探究问题解决的过程中充分调用各学科知识，将所学知识系统化地应用于真实生活的问题解决之中，促进自身综合素质的发展。

行知综合课程对于学生体验人生、关注社会、解决实际问题、启发学生潜能、培养创新精神和实践能力有着重大而深远的意义。行知综合课程以行知文化为引领，引导学生在社会实践的过程中体会知行合一，将知落实为行，在行中增强对知的感悟。行知综合课程的实施，不仅可以提高学生的合作意识和交往能力，促使学生的学习方式发生转变，还可以促进教师以开放求实的心态互相切磋，不断学习新知识。

何为"小先生"之课堂应用初探

潘玉峰

二十世纪二三十年代,著名教育学家陶行知提出"小先生制"。这一思想的基本做法是由年长的优秀学生教导年幼学生或民众,以传播知识,开展人民大众教育。后来,他又提出让儿童一边当学生,一边当先生,即知即传人,把学到的知识随时传授给周围的人。这一做法最初被称为"连环教学法"。

"双减"后,要求教师注重课堂教学质量,提质提效。"小先生制"教育理念在此背景下就显得尤为重要。如何在减轻学生负担的同时更让学生投入课堂?如何在减少冗长的课堂时间的同时让学生每分钟都能有所收获?由此,学校开展了一系列教学初探。

我刚接班时,班里孩子一个个都是学校闻名的"小霸王"。开学没几天,班里学生之间就已发生大大小小的"摩擦"很多次。我当时只能得出这样一个结论:他们的"动手能力"真强。但到了课堂上,他们一个个又像小猫样儿,哈欠连天懒洋洋,这让我很是苦恼。思来想去,我想试试"小先生"的方法:以榜样的力量带动整个班级。

一个下午,学生们正在读第二天要讲的《竹节人》这篇课文,刚读完一半,就有人摩拳擦掌、动起嘴皮子来。仔细一听,原来是他们对《竹节人》这篇课文有自己的见解。这篇课文主要讲的是竹节人这个传统玩具的做法和玩法,课文读完一半,已经介绍了这个玩具的做法。其中有一个孩子小冯,正跟周围同学说道:"这篇课文不用读我就知道是怎么回事,我都可以直接做出一个竹节人来!"

乍一听,我有些不太信,依我对他们的了解,怕是眼高手低的毛病又犯了,只想说话不想静心好好品读课文。我这样想着,嘴上说:"那敢情好!明天你就做出来带来给大家看看。"话音刚落，又有好几个同学举手，说他们也能做也想明天带来。看着他们举着的一双双小手，我灵机一动：小冯虽不是班里最优秀的孩子，但他挺适合做"小先生"。原因之一是小冯责任心强，老师交代的事情总能认真对待，如果让他来带着大家学习，不仅他会对这堂课充满兴趣，而且其他孩子也会被他感染；原因之二是他的表现欲望很强，但表达能力又有所不足，对一件事的描述总是啰啰唆唆，抓不住重点，或许他正需要这样的机会锻炼一下。因此，我想让他先试试，哪怕最后他没做好，也可以让他向同学们说说自己的反思。于是，我走近这些举手的孩子们，告诉他们都可以回家制作竹节人，做完了明天带来给大家看看。我尤其点了小冯的名字，让他当这次竹节人做法讲解的小先生。

第二天，我就有意无意地捕捉昨天那几个举手的同学的身影。来了！从校园甬道远处走来了一个男生，再看他的手上，什么也没拿。我不动声色地待他走近，再状似不经地问他："瑞泽，昨天是不是说做竹节人来着？你做了吗？"瑞泽同学浑身一顿，抬头看着我，挠挠头说："哎呀，老师，我昨天没找到合适的工具……""没事，有心就行，回班吧。"我说。我就知道是这个结果，这么想着，我也回了办公室。其间，我办公室的窗户外也闪过几个男生的身影，但他们没有进来，我想应该就是那几个没制作出来的同学吧！不一会儿，我抱着材料走出办公室准备进班，忽然看到小冯从甬道转过身来，径直冲我手上递过来"一团"。我定睛一看，是一条由细细的线牵连着的几个竹节，还真是竹节人！惊讶得我没控制住表情，欣喜地问："你做了？你昨晚做的？这是用什么材料做的？"小冯结结巴巴地回答甚至还说准备了做法讲解图。我拿过来一看，有模有样。"你先回班，课堂上抽出时间让你作为小先生来给大家展示！"我说。

这堂课同学们都很投入，兴致盎然。尤其惊艳的是小冯和他的作品。小冯大方地走到台前，用磕磕绊绊的语言，介绍了手中的作品：从制作材料到遇到的困难以及它的玩法。甚至我准备的"两个竹节人相斗"的视频，都远远不如他现场的亲手演示。课后同学们都说："这堂课有趣极了，小冯的竹节人真厉害。"

初探"小先生制"应用于课堂，我想首先应该确定：谁能成为班级的"小先生"？一定是那些学习成绩第一的孩子吗？也许真不见得。一个有责任心，有表现欲，并有所擅长的孩子，也可以在他擅长的领域带动整个班级。我在班级群和家长群里就此事鼓励、表扬了小冯，好像就是从这个转折开始，他对语文课的积极性明显高涨了，也好像从这个转折开始，班里的同学开始跃跃欲试地争当每篇课文的

"小先生"了，每次测评的进步也好像理所当然了。

"双减"背景下，"小先生制"的发展给了教师一个重新认识学生、摒弃刻板印象的途径，学生拥有的丰富创造力与想象力得以更多地体现。"双减"背景下，"小先生制"的发展又警醒教师转变身份，因为教师不仅是重要的肯定者，还是孩子信任的伙伴；"双减"背景下，"小先生制"的发展让我们重新认识教育，教育不是"我说你听""我教你会"，而是充分调动孩子的积极性，主动地去体验、理解、感悟。

"小先生制"在小学数学教学中的实践探索

石玲巳

《义务教育数学课程标准（2022版）》颁布以后，小学数学教育进入了一个新时期。陶行知先生的"小先生制"是一种具有丰富实践意义和理论内涵的教育理念，它不仅影响了当时的社会教育，而且对于当前基础教育改革也具有深远的意义。作为小学数学教师，为了有效落实新课标，我们应该积极探索"小先生制"的现代模式，与时俱进，把它创造性地运用到数学教学中。

"小先生制"是陶行知先生在普及教育实践过程中依据"即知即传人"而创立的，它既是一种教学方式，也是一种学习方式，它可以让学生主动地去获得知识，真正提高自己的学习能力。

一、小先生的几点新内涵

（一）我们都是小先生

什么是先生？先学者是先生，学者是先生，主动分享者为先生，授之以渔者为先生。陶行知先生认为，人人都能做小先生。人生处处都有知识，每个孩子都有一定的生活经验。由于前期在课堂上的不良体验，有些孩子不愿展示自己的想法，甚至有的孩子觉得自己没有任何闪光点。作为教师，要善于发现孩子的闪光点，及时发掘孩子各方面的才能；善于发现小先生，让每个孩子产生强烈地想当小先生的愿望，才能使小先生具有真正的意义。

（二）提出问题者也是真正的小先生

特别值得一提的是，我们不能只关注那些学习能力强或者表达能力强的学生，而应该全面关注。比如，有些孩子发现了其他人都没发现的问题，那他就可以给其他孩子当小先生，他的思维是发散的，他的想法是值得表扬的。会用数学的思维思考现实世界就是让孩子逐步形成质疑问难的批判性思维，形成实事求是的科学态度，初步形成理性思维。

五年级的孩子学习《三角形的内角和》，有3个孩子用量角器去验证三角形内角和是180度时，发现量角器量出的三个内角明显不等于180度，这样的同学便是小先生。我请这3个孩子走上讲台，勇敢地提出自己的疑问："我们都量了一下，不是180度，这个定理是不是存在一定的问题，可问题到底出在哪里了呢？"其他孩子顿时陷入了沉思，有的孩子开始猜是不是他们量错了，有的孩子说3个人同时量错的概率小，有的孩子会想是不是测量产生了误差？在这种真问题、真讨论的驱动下，整个课堂充满了活力。讨论得差不多了，我再充分肯定这些同学的批判精神，为其他孩子也带来了一个好的开端。孩子们课下对这件事津津乐道，越来越多的同学也愿意提出自己的想法。

二、应用"小先生制"的有效策略

（一）设计分层次的课堂活动时应用"小先生制"

为了使课堂变得主动，充分发挥学生的主体性，我设计了一些能激发学生兴趣的分层操作活动。

在教学三角形三边关系这一知识时，怎样让所有的孩子在课堂上都能做小先生呢？根据新课标要求，要发展学生的几何直观和推理意识。我教授这节课时，设置了自由探索环节，让学生去自由探索12厘米的纸条剪两次，能否拼成三角形？剪的方式越多，所有学生的直观感受便越多。可能有的同学找到一种，有的同学找到两种甚至更多，但是所有的同学都有话可说。一千个人就有一千个哈姆雷特，所有的学生都参与了学习过程，大家都是小先生。

在剪拼的过程中，学生能逐渐发现其中两条边不能太短，否则这两条边会贴在第三条边上，或者组成不了封闭图形。在讨论过程中，学生开始建立前后知识间的联系，然后慢慢地过渡到三角形任意两边之和大于第三边。当然不是所有的学生都会有自己的有序思考，那么这时就需要小先生出场了。小先生从等边三角形和等腰三角形这些特殊的三角形开始，慢慢地减小其中两边的长度，最终带领大家发现问题的本质。

（二）我是父母的"小先生"

对于低年级的孩子来说，不仅老师的夸奖对孩子的学习和性格培养是一剂良药，父母的夸奖和肯定对孩子的学习和性格培养也具有极大的促进作用。在我任教二年级数学老师期间，通过一年多的家访了解到，自"双减"政策落实以来，孩子没有了书面作业，很多家长说都找不到和孩子交流的话题。而给父母布置讲故事的作业，真的是一个很好的选择。孩子会很有成就感，也有利于让家长参与到孩子的教育活动中来。

三、建立"小先生制"完整评价机制

经过对五年级的孩子跟踪研究，发现"小先生制"在班级实施以来，越来越多的孩子逐渐养成独立思考的好习惯。"小先生制"使一部分不爱思考、不会思考的孩子养成了一定的思考习惯，孩子与孩子之间的思维进行了碰撞。但是有些孩子对此没有持续的积极性，这就需要相应的评价系统来保证"小先生制"的高效实施。

（一）课堂评价要坚持及时性

据调查研究发现，在教学过程中，教师如果能恰当地对这些小先生做出及时评价，不仅可以有效提高学生的自信心和学习成绩，还可以大大提高教学效率。

此外，我们还将孩子课堂的表现兑换成积分，就是想对孩子形成持续性的评价。除了将"小先生制"纳入班级积分制度，给予一定的加分和物质奖励外，我们还设置了属于我们班级的"观察小先生""化错小先生""创新小先生""表达小先生"等奖项，并坚持一月一评，一个奖牌对应一封家长表扬信。月末家长表扬信会由获奖的孩子带回去。自从有了这个制度，孩子们纷纷期待这个时刻的来临。

家长们纷纷反映孩子们特别喜欢老师通过这种方式表扬自己，家长们也想通过这种方式了解孩子的课堂表现。有的家长在家访的过程中连连称赞"小先生制"，但也有个别家长不太认可这种方式，认为孩子没啥进步，还浪费课堂时间。我相信随着我们不断完善"小先生制"，一定能让所有孩子都能成为让自己满意的小先生，都能参与到小先生这个大家庭里来。

（二）课外"小先生"评价制度

评价主体应多元化，借助家长评价这种方式，可以对学生的学习情况和教师的教学情况进行全面的考查，这样"小先生制"才能焕发它的别样风采。如果家长能参与进来，和孩子有了共同的话题，就能和孩子一起做喜欢的事情，相当于换了一种方式陪伴孩子，这便是高质量的陪伴啊！

有一些作业需要延伸到课外，比如当父母的"小先生"或者弟弟妹妹的"小先生"。为此，我们可以制订一张家长和老师的书面报告单，一次作业一评，每当一次小先生，家长就记录一次，若不合格就不做记录。月末交回报告单，老师根据报告单，给孩子加上相应的积分。

（三）期末"小先生"评价制度

一学期结束，小先生们也需要来一个大评比。在期末的时候，根据课上积分和课外积分的高低，在班级里评选出"数学小天才"，并给这些孩子颁发奖牌和奖状。值得一提的是，学期末我们要让学生自己去投票评价，当了小先生的同学、数学成绩进步了的同学，我们都要发期末奖励。获奖的同学根据自己本学期的经验，提前准备获奖感言，汇报自己的成果，在这样浓墨重彩的活动中，可以激励更多的孩子在下学期去积极参与，争取让更多的小先生脱颖而出。

（四）征集孩子们心目中的评价规则

教学活动是师生积极参与、交往互动、共同发展的过程。好的教学活动，应是学生主体地位和教师主导作用的和谐统一。一方面，学生主体地位的真正落实依赖于教师主导作用的有效发挥；另一方面，有效发挥教师主导作用的标志是学生能够真正成为学习的主体。要想最大限度发挥孩子们的潜能，最好的办法就是让孩子勇敢地表达出自己的真正想法，而我们不能替孩子做主。因此，在实施"小先生制"的过程中，我们会不定期抽出时间来，让孩子们自己填写建议卡片，写上自己最期望的评价措施。有的孩子会写"如果我得奖了，我希望老师通过给家长打电话的方式表扬我"，有的孩子会写"老师，我每得一张奖状，能不能帮我完成一个心愿"，还有的同学表示"我就想免一次作业"。我觉得只要学生的诉求是合理的，不违背我们学校和班级原则，都应该尊重孩子的真实意愿不断调整自己的评价。时代在变，学生在变，教学的评价也应该追求进步，当然评价手段不能随意调整，且调整的次数不宜过多，一学期调整一次为宜。

综合上述，"小先生制"在小学数学教学中实施有很大的效果，既能为教学体系的创新和改革注入新的血液，又能有效落实新课标要求。在进行小学数学的教学时，教师应当对自身的教学理念和教学过程进行及时反思。小先生越来越多，绝不是减少了老师的任务，作为一名数学老师更应该随时观察。只有这样，我们才能第一时间对学生在当小先生过程中出现的问题进行研究和分析，从而不断调整我们的教学。使用合理有效的教学措施对"小先生制"普及，同时对其进行优化，使学生动心，最大限度发挥"小先生制"的优点。作为小学数学教师，我们既要继承"小先生制"的已有成功经验，也应该继往开来，以发展学生核心素养为着力点，不断发展和探索"小先生制"的新思路。

"小先生制"在小学英语课堂中的初步探究

刘卓君

20世纪30年代,陶行知在对"贝尔——兰卡斯特制"的学习和借鉴后,基于当时普及平民教育、实施民主教育、改造乡村教育的时代背景,提出了"小先生制"的教育思想。"小先生制"蕴含着"教学做合一""生活即教育"的教育思想。"小先生制"的运用,有助于学校通过改进课堂教学方式以及开展丰富的教学实践活动,提升学生的综合学习能力。

一、运用"小先生制",导入新课内容

在学习新课内容前,需要导入精彩的活动,使学生展开头脑风暴,激活已知,对即将学习的内容进行预测,形成一种积极的心理状态,为新课的学习做好知识与心理方面的准备。在小学英语课堂教学中,可以运用"小先生制"的导入方式,由学生担任小先生,带领同学们围绕特定主题开展教学活动,激发学生学习兴趣,活跃课堂氛围,从而导入新课。

例如,在学习北京版小学英语五年级下册"Unit 6 What will you do in the future? Lesson 19"一课时,教师便运用了"小先生制"的导入方式。教师提前让小先生对已经学过的职业类词汇进行复习,并练习职业英文歌,做好课前导入环节的相关准备。在课堂导入时,小先生首先进行了开场导入,"Hello, everyone. Let's sing a song first."小先生带领全班同学一起唱职业英文歌,激活相关词汇。接着,小先生就职业理想进行提问,"What do you want to be in the future?"与同

学们讨论自己未来想从事的职业，为接下来的学习做铺垫。

在新课导入环节中运用"小先生制"的方式，能够最大程度地发挥学生的影响力，使导入形式更加新颖，课堂氛围更加活跃，学生之间的交流使同学们的心理处于轻松良好的状态，能积极参与课堂活动，为新课的学习做好准备。

二、运用"小先生制"，开展课堂活动

新课标倡导在英语课堂中开展形式多样、内容丰富的课堂活动。教师根据教学内容的需要，在课堂活动中运用"小先生制"，由学生组织学习活动，让小先生带领同学们一起学习新课内容，更好地掌握本课的重难点知识，形成更加高效的课堂。

例如，在学习北京版小学英语三年级上册"Unit 5 Which kind would you like? Lesson 15"中的单词"kind""different"时，教师让小先生带领全班同学朗读所学单词，练习单词的正确发音。学习对话后，小先生在讲台上进行分角色表演，让同学们体会在情景中运用所学内容，巩固所学语言。最后学生一起点评学习成果，课堂参与度高，教学效果良好。

在新课的呈现环节，教师选择合适的学生作为组织课堂学习活动的小先生，发挥小先生的带动作用，树立学习榜样，激发学生的学习热情，从而更加高效地完成学习任务。

三、运用"小先生制"，创新练习方式

英语课堂中的练习环节是学习活动中的重要组成部分，对于巩固学生所学知识、提升语言综合运用能力具有重要作用。传统的英语课堂练习一般是学生先完成练习，教师再进行讲解，形式比较单一，学生的学习兴趣普遍较低。在运用"小先生制"的课堂中，教师让小先生组织练习、进行讲解，使学生们对练习题的参与度提升，教学效果良好。

"小先生制"的运用体现了以学生为主体的新课标理念，提高了学生在英语课

堂上的参与度，落实了培养学生核心素养的目标，是创新英语课堂学习形式的有效方式。教师在运用"小先生制"的教学形式时，也需遵循适度原则，结合英语学习的内容和学生实际情况，进行灵活恰当地运用，使英语教学更加高效。

"小先生制"在小学语文课堂中的应用效果初探

潘玉峰

在"双减"背景下和新课标理念实施以来，对教师的课堂教学质量提出了具体要求。作为教师提质提效的课堂手段，新时代的"小先生制"教育理念在此背景下显得尤为重要。以语文课堂为例，小先生形式多样：作者简介小先生——针对课文作者的生平简介；生字讲解小先生——课文第一课时教授新课遇到的生字、生词；好读书小先生——分享每阶段的课外阅读收获……人人争当小先生，教师在课堂上提供平台，由此提高学生们的课堂积极性和参与度。

一、研究设计——以"生字讲解小先生"为例

在形式多样的语文课堂"小先生制"中，受众面不同，小先生也有所不同。基础部分的小先生受众面广，我们以"生字讲解小先生"为例，实践内容为：课文第一课时教授新的字词时，由"生字讲解小先生"主讲，讲解生字词的易错笔顺、笔画，形近字的对比，字词含义等内容，教师从旁指导。此部分为基础部分，难度较低。小先生经过前期认真备课基本不会出现较大问题，因此学生参与积极性高，学习程度薄弱的学生也都愿意争取，受众面广。由此，实验研究由选取"生字讲解小先生"展开。

（一）研究对象

学校以"小先生"课题研究为核心，指导研究一系列课堂实践活动。以任教学段（四年级）为对象，选取两个学习水平相当（以平均成绩为标准）的班级：A班、B班进行实验研究。A班学生共31人，选取其中30人。B班学生共33人，选取其中32人。研究对象基本情况见表1。

表1　研究对象基本信息表

项目	类别	A班（人）	B班（人）
性别	男	14	15
	女	16	17
年龄分布	2012年生，10岁	12	10
	2013年生，9岁	18	22
学籍背景	京籍	25	27
	非京籍	6	6

1. 性别：本次调查的62个样本中，男生29人，女生33人，男女比例较均衡。

2. 年龄：小学四年级两个班年龄均在9~10岁。9岁40人，10岁22人，以9岁居多。

3. 学籍背景：以北京市的小学为调查对象，大部分为京籍学生，有52人，占81.25%。

（二）研究方法

1. 选取实验对照组。以平均成绩为基本衡量标准，开学初选取平均成绩相当的实验对照组：A班与B班。

2. 实施过程。A班以正常教学思路授课，不采取"小先生制"；B班采取"小先生制"授课，尤其以"生字讲解小先生"为主，几乎每篇课文第一课时均由班级"小先生"讲解，再由教师从旁指导。

3. 监测结果。两个月动态监测后，全校实施"百词大赛"能力检测。将检测成绩与开学初成绩对比，得出结论。百词大赛试题如图1所示。

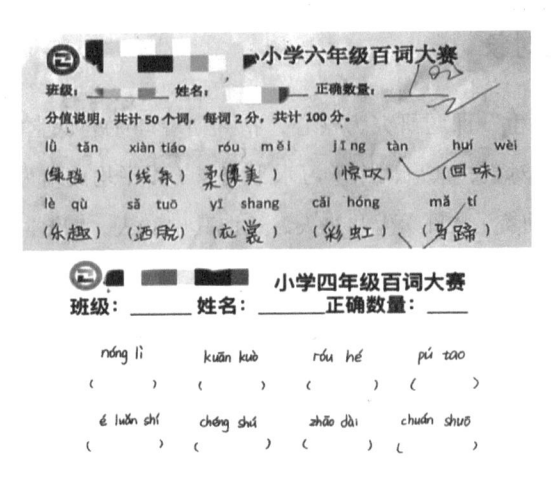

图1　百词大赛试题

二、研究结果分析

本学期任教前,以上学期期末成绩为准作为开学初可用成绩,与学期中的"百词大赛"成绩作对比。发现在生字词这一方面,持续实施"小先生制"的班级(B班)成绩要显著高于未实施"小先生制"的班级(A班)。具体情况见表2。

表2　能力检测平均成绩信息表

项目	A班(分)	B班(分)	类别	A班(分)	B班(分)
开学初	82.3	83.3	男	81.9	81.1
			女	82.6	85.2
			2012年生,10岁	82.3	81.6
			2013年生,9岁	82.3	84.0
百词大赛	72.6	82.1	男	71.5	78.8
			女	73.6	84.8
			2012年生,10岁	66.9	77.4
			2013年生,9岁	76.4	84.3

1. 总成绩对比

检验实施"小先生制"是否有助于课堂提质提效，若以平均成绩来说明，由表1可知：开学初成绩相当的A、B两个班，在A班未实施"小先生制"、B班实施"小先生制"的前提下，两个月后的"百词大赛"中，A、B两个班平均分有较大差异，且B>A。

由表格前三栏可知，两个班之前未实施"小先生制"时，开学初的平均分差距仅为1分，水平相当。实施"生字讲解小先生"教学后，B班平均成绩为82.1分，远远高于A班的72.6分，B班生字词的掌握比A班更扎实。

值得注意的是，开学初没有测评，而为了选取实验对照组，参照了上学期的期末成绩。因此开学初的测试为语文科目的所有内容，包括：基础、阅读、习作共同测评。而"百词大赛"仅以生字词部分进行测试，题量较大，考察细致。因此学生整体的成绩不如开学初，不能说明成绩下滑。

2. 影响因素分析

（1）性别方面。开学初的成绩显示，A、B两个班的男生水平相当，甚至B班男生平均成绩弱于A班男生平均成绩0.8分。但实施"生字讲解小先生"后，B班男生成绩反超A班男生成绩7分以上。变化明显，提升显著。

（2）年龄方面。B班2012年出生的学生开学初时语文成绩弱于A班，但实施"小先生制"两个月后，B组反超A班10分以上。进步极大，影响效果明显。

实施"生字讲解小先生制"两个月后，不论性别还是年龄段，B班的生字词掌握程度均高于A班。

三、余论

针对第二学段（3~4年级），要让学生对学习汉字有浓厚的兴趣，养成主动识字的习惯。尝试分类整理学过的字词，尝试发现所学汉字形、音、义和书写的特点，并且要乐于用口头等方式与人交流，愿意与他人分享，增强表达的自信心。由此可见，"生字讲解小先生"在第二阶段（3~4年级）的学习中应作为重点形式推行。新课标要求，学生学习时组织有趣味的语文实践活动，在活动中学习语文，学会合作。针对这些具体要求,课堂中以"小先生制"为辅助手段可以较好地达到目的,完成任务。

以语文课堂为例抛砖引玉,进行实践研究,选取实验对照组,历时两个月,发现:"小先生制"在语文课堂的生字词方面有显著应用效果。持续实施"生字讲解小先生"的班级能力测评成绩要显著高于未实施的班级,生字词的掌握更为扎实。

但还有许多不足与反思值得探讨:一是实验中途仍有无法排除的干扰因素,如家庭背景、家庭教育在这两个月中的影响程度没有衡量标准,未能监测;二是研究仅历时两个月,动态监测时间不长,得到的结论仍较为粗糙;三是本文只监测了"生字讲解小先生"在语文课堂上的应用效果,至于其他形式的"小先生"暂未涉及,今后还需多加侧重。

相信在课题研究的中后期,会有越来越多的理论成果得以实践,最终益于课堂。

"小先生制"在小学高年级班级管理中的应用与反馈

吴慧慧

班级管理事务繁忙,老师不仅要负责教学,还要解决班级里的各种事务,比如要像法官一样处理学生之间的大小矛盾,像警察一样维护班级的秩序,像保姆一样管理学生的各种日常小事……班主任如果只依靠自己,忙得昏天暗地效果还不一定好。学生只是旁观者,他们没有参与感,体会不到老师的辛苦,甚至会觉得老师管得太多而产生负面情绪,对于班级活动集体荣誉感不强。

德国哲学家雅斯贝尔斯曾说过:"教育的本质是一棵树摇动另一棵树,一朵云推动另一朵云,一个灵魂唤醒另一个灵魂。"发挥学生自身的影响力,让孩子们成为真正的自己,成为最好的自己。我国近现代伟大的教育家陶行知先生说:"小孩子最好的先生，不是我，也不是你，是小孩子自己队伍最进步的小孩子！"利用同龄学生的相互影响和带动能力，让学生自己参与班级管理，提高学生的积极性、主动性、创造性，提升班级荣誉感。教师可以实行"小先生制"，把班集体交给学生，让学生当好小先生，成为班级管理真正的主人。

一、"小先生制"班级管理培养策略

培养小先生，发挥优秀的学生在班级管理中的桥梁作用、带头作用，成为老师的得力小助手，优秀的小先生能直接带动和引导整个班级的班风和学风的形成。所以要在最开始的时候选好小先生、在执行任务的时候培养小先生，树立小先生的班级地位，激发更多学生成为小先生。

（一）全班讨论，倡导自主管理

小先生培养的第一步要组织全班学生围绕"为什么当小先生？""哪些人能当小先生？""当好小先生需要做哪些事？"开展集体讨论，让学生明白当小先生的目的和意义，对小先生的角色和职责有更明确地认识。为了引导学生正确的言行，也为了便于小先生的管理，教师可以组织全班学生共同拟定一份班级公约和奖惩条例，增强自我教育意识。

（二）选好小先生，践行"小先生制"

选好小先生是提高课堂效率、搞好班级管理的基础。为了选好小先生，我们在日常教育中应注意培养各方面的小先生，例如，"学习小先生""卫生小先生""纪律小先生""写作小先生"等，让他们在实践中得到锻炼，增强学习的自信心，意识到只有好好表现，才有可能成为同学们的小先生。最初，小先生人选可以由老师推荐，也可以民主推荐，但所选的小先生一定要愿干事、能干事，要让学生们心服口服，才能起到良好的带头作用，促进教育教学。当然，小先生人选不是一成不变的，教师要制订出当选小先生的相关条件，让学生明白努力的方向，从而让更多的学生成为小先生。

（三）培养小先生，锻炼管理能力

班主任作为引导者、组织者，对小先生的管理提供帮助与指导。教师要细心切实地指导小先生们班级管理的技能和方法，让他们一边学一边做，在学中做，在做中学。小先生们之间难免会有能力上的差异，教师可以让小先生们一强一弱共同执政，让他们互相学习、互相促进，提高管理能力。

1. 培养小先生

我们设立"一人一岗"，让学生做到人人有岗位，个个有事干。根据班级情况，设立"晨读领读员""班级纪律员""信息管理员"等多个岗位。例如，老师上课要用到多媒体，课前，"信息管理员"会早早地打开投影仪，调节好大小；课后，他会及时关闭多媒体，并做好多媒体的清洁等日常维护工作。"信息管理员"的设置，锻炼了学生的班级管理能力，调动了学生的主观能动性。小先生毫无怨言地承担并认认真真地做好，体现了他们的责任意识。小先生人选可以竞选上岗或本组民主推选，随时更换，让能者当选为小先生。并且可以实施每日小先生制，让更多的学生成为小先生，得到锻炼。这样，班上的优生更优，差生也变优生，班上整体教育质量得到了明显提高。

2. 鼓励小先生，提高执行力

班级就是一个小社会，同样充满竞争与挑战：班干部的竞争、学习的竞争、能力的竞争……小先生为了被聘到适合自己的岗位，可尽情展现自己的才能。而如何发挥这些小能人的作用，提高他们的执行力，才是最关键的。

3. 合作学习中发挥小先生的作用

组织小先生在组内、组间开展互教互学活动。在组内教学时，小先生针对小组内不能解决的问题，用自己的方法给其他成员讲解，直到弄懂为止。如果碰到小组内也不能解决的问题，还可以求助其他小组帮忙解决，这样就充分调动了全班学生的学习积极性。学生给学生讲，他们就不会有畏惧心理，而且愿意学、主动学。这时，教师深入各小组了解小先生授课情况，对于实在不能解决的问题，及时加以引导。在课堂教学活动中，我们鼓励小先生大胆发言，小先生不仅可以在小组内、小组间进行教学，如条件成熟，还可以让他们上讲台给全班的同学教学。同时，对表现好的小先生及时给予表扬，让他们感受到成功的喜悦。

4. 学习重点、难点知识时，体现小先生的智慧

对于教学中的重点或者难点，除了由教师讲解之外，还可培养小先生运用旧知识和自己的生活经验，将书本的知识传授给伙伴，帮助他们对重点、难点知识的把握。当然，小先生首先要弄懂本课知识，把教师教的知识内化为自己的知识，再把内化的知识以自己独特的方式教会其他学生，小先生所掌握的知识就会记忆深刻、牢固。从而小先生们也尝到了成功的喜悦，更激起了学习的兴趣。这样，就把学习的主动权还给了学生，这也是新课标中情感价值体验的成功典范。

（四）评价激励小先生，提升责任感

教师要充分尊重、信任小先生们，把他们推到班级管理的第一线，鼓励他们大胆地干、创新地干。小先生在管理过程中有好的举措，教师要树立榜样，大力表扬，让其他小先生们学习、借鉴；当小先生出现问题时，教师要及时调整，帮他分析问题、解决问题。及时有效地激励与调整，可以不断提升小先生的责任感和创造性。

二、"小先生制"班级管理实践

1. 自选岗位，在劳动中体现价值

教育讲究因材施教，劳动教育同样因人而异。让学生根据自身情况自主选择劳动岗位，比如不会扫地的学生可以申请去擦墙面；上学晚的学生可以申请放学的时候打扫；有的岗位需要两个人以上，允许志同道合的好朋友结伴来申报。这与传统上老师直接指派任务不同的是，通过设立"我服务，我快乐"每人一岗，能够让学生做自己喜欢的、拿手的任务，提高了劳动的积极性。苏联教育家苏霍姆林斯基曾说："人在自己的劳动中创造自己并理解劳动的美。"学生看到教室环境在自己的劳动下变得整洁美丽，体验到劳动的快乐，感受到自我的价值，激发了班级小主人的责任感。经过每日的付出，学生明白了这份整洁是来之不易的，也会更加珍惜自

己和他人的劳动成果。

2. 自排节目，在活动中各展其才

班集体中的每个学生都是一个个鲜活的个体，班主任要把舞台交给学生，让每个学生有机会在集体中展示自己的风采。每天的十分钟晨会课，采取轮流的形式，由小先生上台教学生。每天一位小先生，每天一个新收获：可以讲一个小故事，让学生从中明白深刻的人生道理；可以播报时事新闻，培养学生"家事国事天下事，事事关心"；可以介绍自己的小发现、小发明，鼓励学生观察生活、热爱生活、改善生活。小先生通过上台展示，逐步锻炼了胆量。

学校的歌唱比赛中，小先生们根据主题搜集相关的歌曲，在民主投票中确定曲目，集思广益编排舞蹈动作。对于个别跟不上歌曲、舞蹈的学生，小先生们自发组织一对一教学，提高全班的歌唱水平。最终呈现给全校师生的是小先生们自选、自编、自排的歌曲和舞蹈。

班主任抓住每次活动的契机，把班级事务交给小先生们，让他们由原本的被动接受状态变成主动参与，在实践体验中锻炼成长，提高了综合能力，强化了主人翁意识，增强了班级凝聚力。

3. 自主结对，在团队中共同进步

在学习上，教师可以让学习好的当小先生，与后进生进行结对，开展自主互助式的学习。平时，小先生还会提醒、督促后进生的作业完成情况。小先生辅导后进生的学习，给后进生布置专属作业，恰恰符合了"因材施教"的教育理念。复习阶段，小先生会综合学生的错题出一份有针对性的试卷，帮助后进生巩固薄弱题型，有助于后进生的进步。小先生的帮助与辅导比教师的教学更接近儿童的思维，小先生的督促更容易被后进生接受。通过小先生教学生、练学生的形式，不仅有助后进生学习成绩的提高、学习习惯的养成，还使小先生在教的过程中，巩固了自己的知识，检验了学习成效。

三、"小先生制"班级管理的思考

"小先生制"班级管理对学生、班主任都大有裨益。

1. 学生在当小先生的过程中，对班主任工作有更多的理解，能从班主任的角度思考问题、解决问题，从原本的对立关系转变为合作关系，拉近了师生间的距离。

2. 小先生成为班级管理真正的主人，提高了学生参与班级管理的积极性、主动性、创造性、集体性，提升了班集体的凝聚力，增强了学生之间的合作意识，使全班学生在团队中共同进步、共同成长。

3. 学生参与班级管理，有了很多自主、合作、展示的空间，变被动接受为主动探究，在实践体验中锻炼成长，在各项活动中展示自己的个性，提高了综合能力，促进了学生的全面发展。

4. 班级中的许多活动由小先生们参与组织、协助，减轻了班主任的工作负担，使班主任从班级事务中解脱出来，让班主任有更多的精力培养学生。

"小先生制"在小学数学课堂教学中的应用研究

杨彤彤

随着新课程实验不断推进，原来的两极分化现象越来越明显，如何防止学困生转变为学厌生值得我们每位教师深思。我国著名教育家陶行知先生的"小先生制"值得我们持续去研究和深思，"小先生制"在小学数学课堂教学中的应用也由此产生。我们通过应用尝试，感受最深的是，学有余力的学生学会了合作、学会了学习，学有困难的学生学有兴趣、学有所成，"小先生制"使小组合作达到最优化。

一、课题的提出

在课堂教学中，由于班级内学生的个别差异与统一的教学要求之间存在着矛盾，因此总存在着一部分学习后进学生，我们暂且称学困生。随着新课程实验的不断推进，摆在我们面前的一个事实：学困生的队伍逐步扩大，出现时间逐渐变早，学困生逐渐向学厌生转化，对课堂教学造成干扰，这是我们迫在眉睫需要解决的问题。

在教学中我们经常会碰到这样一些问题：一是班级学生人数问题，教师进行课堂教学时不可能对每位学生进行单独指导；二是学生学习掌握的程度差异大，同一堂课，有的学生掌握快，有的学生掌握慢，教师一般只能参考中间水平的学生来确定目标，这样势必造成一部分学生"吃不饱"，一部分学生"饿得慌"；三是课改启动带来优生更优、困难生学习更困难的可能。

在这种情况下，"小先生制"教学组织形式的实行就有了必要性。第一，班上有部分基础好的学生就是小先生的人选。小先生在教师的指导和组织下，辅助教师完成教学任务，这样"吃不饱"的学生有事可做，就不会因为觉得都会了而去做与课堂无关的事，"饿得慌"的学生也能在这些小先生的帮助下，掌握基本知识和基本技能。第二，如果再把成绩较好的和成绩较差的学生安排在一起，进行帮扶活动，教师则可以往来于各组之间，对学困生进行重点辅导。第三，学生之间的相互帮助是创造良好心理氛围的好方法，帮助别人解决一个难题，往往比自己做一道难题难得多。帮助别人学习不仅不会影响自己的学习，相反还会提高自己的学习能力。第四，由于同伴的平等性，儿童便获得了学习和控制与其年龄相应的社会行为、技能技巧，能彼此分享情感和需要。随着儿童年龄增长，儿童与同伴的交往日趋增进，对同伴的依赖和需要也在增强，对个体成长的影响也愈来愈重要。

二、研究的方法与目标

（一）研究的方法

1.文献研究。学校组织了课题组，通过分析研究与本课题有关的文献资料，积极探索课题的理论依据。

2.课堂教学应用。根据相关文献资料，形成了课题研究方案，主要在课堂教学中进行应用研究，通过对课堂实施的反思，形成课题研究成果。

3.案例分析研究。根据课堂实践，采集典型案例样本进行分析，从而获取更有效、更有价值的材料，并为今后的推广实施收集相关材料。

4.教育经验总结。通过课堂实践应用和典型案例分析，形成自己的教学经验，并撰写成文，积极参与论文评比，将自己的经验公开交流。

（二）研究的目标

通过课题研究，减少学困生的数量，缩短学困生产生的时间，防止学困生向学厌生转化。让学有余力的学生学会合作、学会学习，学有困难的学生学有兴趣、学有所成；让"小先生制"成为课堂教学中一个不可缺少的教学环节，尝试新的教学策略，使教师在课堂中对学困生有更多的关爱，真正实现面向全体。

三、课题研究的实施

（一）课前预习之"小先生制"

在学习《倍的认识》这一课的内容时，课前，我给班内的小先生们提前布置好了任务，用上课前的五分钟带领本小组学生进行集体预习，并就预习的内容进行标记，重点认识因数和倍数的概念，初步理解何为因数？何为倍数？因数和倍数之间又有什么具体联系？课堂教学时间安排要合理，教师要调节学习时间，小先生辅导工作成为课堂教学中不可缺少的重要环节写入教案，这是课前"小先生制"的实施。

（二）课上学习之"小先生制"

课上，老师就因数、倍数的定义进行讲解，当讲解例题时，随机抽选一位小先生上台在黑板上做题，并从自己理解的角度进行讲解。小先生结合之前学习的相关知识，对"一份"和"几份"进行讲解，发现其中的倍数关系，老师在旁边进行引导总结。这样在上课时能够让小先生参与进来，小先生以学生的语言和角度来进行授课，让学生能够听得更明白、更接地气。

（三）课后复习之"小先生制"

课后，部分学生由于基础较差还未对知识理解透彻，此时，小先生便可以进行一对一的指导。由于学习水平存在差异，老师要提醒每位小先生学会选用好方法去教学生知识，而且要有耐心。老师就具体效果进行实时追踪，被辅导的学生和小先生定期向老师汇报，取得了不错的效果。

四、课题研究的成效

经过研究与实践，我们感到数学课堂教学面向全体得以体现，学生合作能力得以提高，后进生的数学学习兴趣日渐浓厚，学习效果得到了很大提高，有效地推动了学生数学素养的整体提升，"小先生制"下的小组合作蔚然成风。

五、课题的反思

课题实验之路有困惑、有辛酸，但更多的是成功和喜悦。在这过程中，我们深深体会到，要真正实现公平教育，除了硬件，软件也很重要。对于我们教师而言，给学生一个公正、公平的教育心理环境，是我们一线教育所能做到的，特别是对"后进生"的关注显得尤为重要。本课题关注学生更多的是学习问题，因此对学困生的辅导取得了一定的成绩。现在，还有"心困生""身困生""德困生"都值得我们去关爱，值得我们去实践研究。

反省是进步的前提，在今后的教学中，课题研究只要认真总结，勇于面对，及时调整，坚持不懈地努力，就能不断促进教师自身的发展，保证新课程实验健康成长，促进学生全面和谐发展。

"小先生制"让学生成为小先生，成为知识的传播者。身份的转变也使数学教学发生了深刻转变，极大提高了教学的效率，推动了小学数学教学的改革创新。我们也会不断思考、不断创新，让"小先生制"一直活跃在数学课堂中。

小学英语教学中"小先生制"的实施策略与思考

韩秋

考试后讲评试卷，常常听到学生无奈地说："这些单词我都见过，但做题时就想不起来意思。老师一讲就明白，可是我自己怎样才能记住单词？"老师常常说："这知识，我都讲三遍了，你们怎么还错？"

学生不解，老师困惑，这些问题究其根源就是学生对所学内容没有掌握牢固，没有对单词产生深刻记忆，还有就是没有兴趣、不想学、不爱学、不会学。这些问题都不是靠延长学习时间、反复讲解和重复训练解题能够解决的。

"用记忆替代思考，用背诵替代对现象本质的清晰理解和观察，是一大陋习。能使孩子变得迟钝，到头来会使他丧失学习的愿望。"苏霍姆林斯基这段话鲜明指出了什么是不好的教学，学生死记硬背，不能形象生动联想知识，而是用机械记忆代替清晰理解和观察，课堂上老师讲得口干舌燥，学生却昏昏欲睡，教学讲究技术、方法、手段，唯独不能触碰学生内心心灵。在我国，也有对这种坏学习的描述，如鹦鹉学舌、心不在焉等。教学若不能打动人心，学生的思想、意识、情感就不能活跃，学习效果就会大打折扣。

"小先生制"就是让学生来当老师，经由教学，将人类实践成果转化为学生个人内在的力量。这是陶行知先生在普及教育实践中，依据"即知即传人"的原则，由学成者把学到的知识随时传授给周围的人。

一、"小先生制"是很好的英语教学组织形式

陶行知先生曾这样说过:"生是生活,先过那一种生活的便是那一种生活的先生。后过那一种生活的,便是那一种生活的后生。学生便是学过生活的人。先生的职务是教人过生活,小孩子先过了这种生活,又肯教导前辈和同辈的人去过同样的生活,是一名名实相符的小学生了。"

课堂上学生讲解,遇到拓展提高的知识内容,学生先学,然后由学生讲评,讲得不全面、不透彻的地方教师再做必要补充。只要某个学生先过了那种生活,他就可以成为别人的小先生。如他先学会了单词记忆,他就可以成为单词小先生;他对课文很有语感,语音、语调模仿得很像,他就可以当大家的朗读小先生;他的单词写得漂亮工整,他就可以做别人的写字小先生。课后小先生答疑,考试前学生出模拟题。例如每一次考试来临,教师把学生分成几组,各组根据自己的错题,分别负责出一套模拟试卷,用于全班的考前练习。当考试结束后,教师把批阅好的试卷发给学生,学生对各自的错题进行分析,然后在试卷讲评时由他们来讲评,教师做适当补充。这些举措充分发挥"小先生制"的作用,促进学生做学习的主人。

二、利用小先生帮助老师突破课文难点

只有学生知道在什么情境中运用知识,知道在面对全新的真实情境中如何迁移、调适、修正旧知,能够搜寻信息、建模、建立知识与情境之间的关联、解决问题,从而找到理解世界新方式时,他们才真正掌握新知识。学生不是被迫接受老师硬性灌输的知识,而是有亲身经历知识的发现、形成、发展的过程的机会。正是在这样的学习过程中,学生才成为学习主体,成为一个具体而丰富的人。

以北京版英语六年级上册"Unit 5 When did the ancient Olympic Games begin?"为例。本单元的核心内容是奥林匹克运动会,难点集中在几个数字,即"776BC"

是古代奥运会开始时间，"1896"是现代奥运会开始时间，15课出现了数字3000，16课出现了数字1500，这两个数字代表了什么？学生需要前期查阅资料，通过理解及计算找到正确答案，因为课文中并没有给出这两个数字得来的过程。教师讲授到此处时，可以选择英语基础较好的学生充当小先生角色，通过小先生的讲授来为其他同学答疑解惑。小郎同学说："古代奥运会开始于公元前776年，现在是公元2022年，2022+776=2798≈3000，3000表示古代奥运会距今约3000年历史。"小宁就更厉害了，他通过查阅资料了解到，古代奥运会结束于公元397年，第一届现代奥运会开始于1896年，1896-397=1499≈1500，1500表示奥运会中途停办了1500年。小先生们耐心地讲解并在黑板上列式，学生在英语课上学到了非常多的奥运知识，这比老师照本宣科的印象深刻多了。学生通过教别人，把文字结论及其隐含的意义变成自己的认识对象，变成自己成长的养分，变成自己成长的过程。

再以北京版英语六年级上册"Unit 5 Lesson 20 What is he wearing？"为例，文本主要介绍了两个人物，分别是Sara's cousin及uncle Bob（behind Sara's cousin），教师板书描写Sara's cousin的四个维度：Who is she（她是谁）？What does she do？（她的工作）What does she wear？（她穿什么）How does she look？（她看起来怎么样），并与学生一起通过视频、阅读等方式找寻相应的答案，将这些问题、答语板书。在学习Uncle Bob这个人物时，教师可以引导学生对比Sara's cousin，说出Uncle Bob人物信息。教师可提供选择题、填空题降低复述难度，鼓励学生们自学Uncle Bob，并邀请小先生利用板书总结Uncle Bob这个人物。教师不把类似的知识再教授一遍，而是在提供帮助、降低难度后，放心把主场交给学生，类似于worksheet任务单形式对学生做一个当堂检测。

这样习得的知识是学生通过深度操作和加工教学材料之后所获得、体会并掌握了的东西。教学内容成为学生进行思维和加工的对象，从"硬"的知识转变为动态、丰富、鲜活的人类认识过程，从而能够在学习活动中转化为学生的精神力量，引导学生的成长与发展。

三、利用"小先生制"开展小组合作，内化知识

陶行知先生曾说过："小孩子最好的先生，不是我，也不是你，是小孩子自己队伍最进步的小孩子！"教师在教学中运用"小先生制"，应鼓励小组合作及学生间进行有效的分析交流。在信任的环境中培养学生的交往能力，让各学科的小先生与学困生结对子，促使学生对自己的学习负责。像英语写作课，学生们通过小组合作，与同伴互评、互改，提升英语作文质量，小先生在其中便起着很大的作用。

（一）在英语写作课上充分利用小先生

以北京版英语六年级上册"Unit 7 L25 What are the twelve animals？"为例，这单元通过Who is she？（她是谁）How old is she？（她多大）What is her favorite animal？（她最喜欢的动物）What is her hobby？（她的爱好）几个维度学习描写人物，最终生成的作文题目是"My friend""My family member"，即描写自己的朋友或家人。教师先给予范文作为模板，画出关键词，请学生仿写范文。再组织学生小组讨论并修正自己的作文，最后请"作文小先生"分享自己的作文，介绍自己的写作思路，并向其他同学强调作文中需要关注的易错点。如注意主语首字母大写，正确使用物主代词his/her表达归属，动词三单规则变化加s。通过小组讨论，学生互改作文查找语法错误，再向同学们讲出来，学生经历操作、思考和学习过程，全面把握并内化知识。

（二）讲评课适合运用"小先生制"

在讲评课时，学生已有的知识水平参差不齐，错题类型各不相同，通过小组合作，小先生集中为组内的小伙伴校正错误、答疑解惑，目标性、针对性更强。教师在小组合作学习之后，针对高频率错题再进行集中点评，课堂质量更加高效。

（三）利用好小先生开展英语口语、绘本教学等实践活动

在组织英语口语、绘本教学等实践活动时，教师可以鼓励学生自主选择主题，让每个学生都能当小先生，利用同组异质的原则进行角色分工，小组合作共同完成一个节目，教师与学生共同评选出最佳表演小组及最佳创意小组。

四、在英语教学中开展"小先生制"的几点思考

（一）了解学生

教师既要了解学生的学段特点、认知规律，确定最近发展区，又要关注学生整体，尤其是中等生和学困生，要给予学生平等的机会。教师可以有针对性地设置任务，如优等生可以作为讲授重难点的小先生，中等生可以设置为知识总结的小先生，学困生可以设置为讲解知识易错点的小先生。总之，教师应多关注学生的学习状态，及时调整教学进程及策略，更好地帮助学生的学习与发展。

（二）确定好教学内容

教师要思考如何提升、发展学生。适合小先生发挥的内容应符合最近发展区，学习目标设置过难或者缺乏延展性，则不适合当作教学内容。教师应全面把握学科结构与知识，注重单元整体备课，确定单元学习主题及目标，设计适合小先生教学的单元学习活动。

（三）不要轻易否定小先生

在课堂上，小先生描述自己思维过程、解题的步骤方法，与大家阐述解题过程中存在的疑虑，这样既可以解决问题，又会形成解决问题的一般思路和方法。因此，面对小先生提出的一些有价值的、值得讨论的问题，教师不要立即作出否定的评价，而是要组织学生讨论。

（四）鼓励学生积极讨论

教师在小先生讲解问题之后，需留出一部分时间请学生讨论。讨论的过程是学生思辨、判断说明、反思总结的过程，也是提升学生思维品质的具体实践。通过讨论，纠正错误，使结论更加严谨，使问题思考更有深度。

（五）教师注重多追问

"Is that all? Anything else?（这部分讲解全面吗？谁还有补充？）"教师对小先生讲解的内容、方法、思路、表达等方面进行追问，通过教师示范，学生模仿提问，互相补充纠正小先生的讲解内容，给予学生更多的探索空间和思维发展空间，改变学生被动接受结论的状况。

（六）完善奖励机制

教师应完善奖励机制，开展持续性评价。每周进行总结点评，每月进行一次集体点评，评出十佳小先生、学习进步奖、学习优秀奖，等等。持续评价有利于"小先生制"的开展及结构优化。

实践证明，在英语教学中运用"小先生制"，学生能够体会到布鲁纳所说的发现学习的几大优势：一是增强记忆，经由学生教别人，今日之所学很难忘记，是深深印刻于脑海中的；二是激发内在学习动机，或者将外在动机转化为内在动机，教师的要求会转化为学生自己的学习愿望，学生能够感受到学的乐趣，体会到成功的喜悦；三是挖掘学生的智慧潜能，即学生不仅学到知识，拥有学习能力，更挖掘出自己学习知识的潜能，提高自己的智慧和能力；四是缩小高级知识与低级知识之间的差距，帮助学生增强信心。

"小先生制"弘扬了人的主体精神，应用于当下的教学实践中，体现了新课改所倡导的以学生为中心，促进学生的全面发展、个性发展和可持续发展的核心理念，是构建生态的高效课堂的有力推手。

总之，教师要有一双善于发现学生优点的慧眼，要有一颗智慧的大脑，针对不同学生的不同特点，考虑他们不同的能力层次，激励引导他们当别人的小先生。通过小组合作学习，让每个学生都能发现自己的潜能和优势，有持久且浓厚的学习兴趣。

新课标背景下"小先生制"在小学数学课堂教学中的应用

邓可嘉

随着新课标的实施，小学教育越来越注重学生的自主探究和合作学习，而传统的教学模式却往往无法满足这些需求。因此，教师需要采用新的教学方法来促进学生的主动学习和合作探究，从而提高教学质量。其中，"小先生制"作为一种好的合作学习方法，被越来越多的教师所关注和采用。对于小学数学教学而言，采用"小先生制"可以有效激发学生的学习兴趣和主动性，提高学习效果和教学质量。因此，研究新课标背景下"小先生制"在小学数学课堂教学中的应用具有重要的实践意义和研究价值。

一、"小先生制"教学原则

"小先生制"是一种以学生为主体、以小组为单位、以项目为导向、以教师为指导的教育模式。它的教学原则主要包括以下三个方面：

1. 学生人人参与的原则。这个原则的核心是让每一个学生都参与到课堂中来，让学生成为课堂的主人。在"小先生制"中，学生不仅仅是被动接受知识的对象，而是可以主动贡献自己的想法和劳动的主体。每个学生被分配到一个小组里，小组里的每个成员都有各自的任务和职责，这样就能够更好地激发学生的学习兴趣和积极性。

2. 学生自主独立的原则。这个原则的核心是让学生学会自主学习和自主思考。在"小先生制"中，学生需要负责自己的学习任务，并且需要组织和协调小组里的工作。教师的角色是指导和辅导，而不是直接讲解和命令。这样能够培养学生的自我管理和自我学习能力，帮助他们更好地适应未来的社会需要。

3. 教师宏观调控的原则。这个原则的核心是让教师更多地扮演一个宏观调控者的角色。在"小先生制"中，教师需要制订组织和管理小组的方案，并且需要监督小组的工作进度和质量。同时，教师也要组织小组之间的交流和合作，以便让学生更好地分享自己的经验和感受。这样能够更好地保证教学效果，同时也能够更好地帮助学生与他人进行有效的合作和沟通。

二、新课标小学数学要求

新课标小学数学教学要求以核心素养为导向，强调培养学生获得数学基础知识、基本技能、基本思想和基本活动经验，发展学生运用数学知识与方法去发现、提出、分析和解决问题的能力，并强化数学知识的系统性、适用性和深度性。教学内容包括数与代数、图形与几何、统计与概率、综合与实践这四个领域的知识，教学方法以学生为主体，采取多元化的教学方法，如游戏教学、情景教学、探究式学习等，并使用多媒体教学手段、教具等，且要注重过程的评价方式。教师应成为学生的引导者和促进者，教师不仅要教授知识，还需关注学生的心理健康和学习习惯，有效帮助学生掌握数学知识，并培养良好的学习习惯。

三、"小先生制"在数学教学中的实践

（一）小先生的选拔

在数学教学中，实践"小先生制"需要进行小先生的选拔，小先生的选拔需要注意以下几个方面。

首先，要看智力，按照学习能力和水平组成小组，以1∶3∶1的比例选拔小先

生，保证更好地利用智力因素，保证教学内容的正确、高效传达。

其次，要重视情商，选拔乐于服务、善于管理，有着良好沟通与表达能力，被辅导者乐于接近的学生为小先生。在学业水平优秀的前提下，这些能力可以更好地服务于整个团队的教学活动。

最后，要顾及左右，选拔小先生不是简单的任命，需要考虑整体利益。可以利用学生寻找朋友的特点来选拔小先生，如住得近或有亲戚关系等。而随着"小先生制"的推进，选拔形式也可以有所发展，如自我推荐或小组举荐。

总之，在数学教学中实践"小先生制"，小先生的选拔需要充分考虑学生的智力、情商和整体利益，以及发展多种选拔形式。

（二）小先生的工作

1. 工作时间与内容

在课堂内，我会要求小先生进行充分的课前准备，并在教学过程中充当引导者的角色。小先生们需要独立组织新课教学，对于需要合作探究的教学内容更离不开小先生们精心的准备和高效的课堂组织。例如，在教学"圆锥的体积计算方法"时，小先生们积极探讨，提出了通过观察圆锥和圆柱排开水的多少，来研究它们之间的体积关系，并设计了一张结论推导表。在教学过程中，我会对重点和难点问题进行精细讲解，并进行示范演示，然后将5分钟到10分钟的时间交给学生，让他们自主学习。小先生们则按照预设的小组，帮助有困难的学生共同完成学习任务。

在课堂外，小组成员可以继续在小先生的指导下共同探讨，巩固课堂知识，并完成数学实践活动，如调查长度单位的发展历程等。发挥"小先生制"的优势，使得学习不再局限于纸面上的知识，而是更加实用、生动和有趣。

2. 小先生工作形式

小先生的工作分为"一教多""一教一"和"多教一"三种形式，相互转换，互为存在。

在"一教多"中，小先生按1∶3∶1的比例将全班学生分成若干个小组，小组成员在小先生的指导下进行研究性学习，同时小先生协助小组成员完成教师布置的作业，组织小组成员完成数学实践活动。

在"一教一"中，一个优生帮助一个学困生，并有明确的考核和评价机制，帮助小先生更加清晰地明确目标。

在"多教一"中，多位小先生同时辅导一位学生，教师根据被辅导学生的不同需求选择多位小先生为其辅导，并针对学习困难的问题提供恰当地帮助。例如，五年级转来一名新生，因为各方面原因，该学生多位数乘除的计算功底较差，可能影响到其后续小数乘除的学习，同时他还对面积的认识不足，可能导致后续学习多边形面积困难。因此我安排了一位计算能力强的学生对他进行计算方法指导，同时安排了一位学业水平高的学生帮他复习有关面积的知识，用"多教一"的形式帮助学生解决学习困难。

（三）小先生的培训

在数学教学的实践中，培训小先生非常重要。但培训时要注意以下几个方面：在辅导方法的培训上，严格要求小先生不能直接告诉被辅导同学答案，要引导其发现问题、解决问题；在表达能力的指导上，应定时给学生做示范，指导学生讲解重点和难点，然后引导小先生做演示，其他小先生可以提出意见和建议，共同完善教授的方法；在组织能力的培养上，可以给小先生以恰当的评价，帮助他们在同学中树立威信。

在小先生上岗前，可以将小先生们集中在一起，面对面地介绍当一名出色小先生的方法，让优秀小先生介绍先进的工作经验。在小先生上岗期间，要求小先生们不但每星期在班级微信群中发表一篇心得体会，而且可以将好的辅导方法随时分享。通过互联网，小先生们互通有无，把辅导工作完成得更加出色。在培训小先生时，要注重引导和指导，让小先生的辅导更加专业、高效。

（四）小先生的评价

在数学教学的实践中，小先生的评价是基于他的工作得分，包括基础分、加分和扣分。加分、扣分条款包括课堂上有效进行合作学习、组织小组成员开展数学实践活动、每周抽查小组成员的作业成绩、小组内的学困生取得优秀、完成外地转入学生的查漏补缺工作等。另外，小组内成员对小先生进行评价也会影响他的得分。教师根据工作难易程度、正负效应对临时任务进行打分。小先生的工作得分高低将决定他在"小先生制"中的地位和物质奖励。具体加分、减分条款如下：

（1）所安排工作探究效果差扣0.5分。

（2）组织小组成员开展数学实践活动并达到活动要求加2分。

（3）每周抽查两次作业，根据小组成员作业成绩评分。作业成绩优秀加1分，有3人及以上优秀加0.5分，1人待合格扣0.5分。

（4）小组学困生连续三次作业优秀加1分，连续2次待合格扣0.5分。

（5）完成外地转入学生查漏补缺工作加3分。

（6）辅导时直接报答案扣5分。

（7）工作周期结束后，小组成员对小先生进行评价。好评加1分，中评加0.5分，差评扣0.5分。

（8）实施"小先生制"过程中的临时任务，教师根据工作难易程度和正负效应评分。

四、新课标背景下"小先生制"教学建议

（一）当好合作探究中的小先生，确保探究的有效性

"小先生制"可以激发学生的学习兴趣，锻炼学生的组织与沟通能力，在探究环节中，更是百利而无一害。但是要保证其有效性，需要教师和学生共同努力，确保选好小先生，明确探究任务，有效指导小先生，促进小组交流，及时反馈探究结果，这样才能更好地完成探究任务，实现学生们的目标。在探究环节开始前，教师要清晰地说明探究任务以及各小组的具体任务安排，特别是需要明确小组之间的交流、讨论、展示等环节。与此同时，教师要给予小先生一定的指导和培训，让其熟练掌握探究的流程和方法，并且能够以更有效的方式引导和带领学生完成探究任务。同时，教师还要时刻关注小先生的工作情况，及时给出指导和建议，以确保探究顺利进行。这样可以避免学生无明确思路地探究，使整个探究活动达到预期的效果。

（二）当好汇报交流中的小先生，确保交流的有效性

在教学过程中，小先生是一个重要的角色，他们可以在课堂上辅助教师的教学，协助教师进行课堂管理和教学活动组织。因此，要确保小先生在交流中发挥应有的作用，需要采取一些措施。教师在选择小先生时，需要考虑他们的语言表达能力、组织能力和协调能力等方面，确保他们有能力在课堂上承担起这一重要的角色。在交流时，小先生需要通过提问等方式与同学交流。为了确保交流的有效性，需要教导小先生怎样提出有效的问题，以帮助同学更好地理解教师的教学内容。除此以外，需要定期评估小先生的表现，了解他们的成长和进步情况，这对于进一步优化"小先生制"是非常有帮助的。

（三）当好学困生辅导的小先生，确保辅导的有效性

在新课标教育背景下，小先生作为学困生辅导员，要确保辅导的有效性。为此，小先生需要采取多种策略，以帮助学困生更好地学习。首先，小先生需要了解学困生学习上的困难所在，如缺乏基础知识和无法理解概念等，针对不同的困难制订相应的教学计划，并且指导学生制订学习计划。其次，小先生需要使用简单易懂的语言，避免使用学困生不理解的术语和难度较高的概念。最后，小先生需要给学困生及时的反馈，并指出他们需要改进的地方，以鼓励学困生继续努力。教师作为宏观调控者，需要采用多种教学方式来满足学生的不同学习需求和学习风格，帮助学生建立自主学习的观念和能力，还需要关注学生的情感需求，了解学生在成长过程中经历的困难，给予他们恰当地支持和指导。为了建立良好的师生关系，教师要注重与小先生和学困生的沟通合作，鼓励学生大胆表达自己的想法和疑问，与学生相互信任和理解。

（四）当好综合实践中的小先生，确保实践的有效性

通过让学生担任小先生，可以帮助学生增强实践能力、组织能力和创新思维能力，促进学生的积极参与。要使"小先生制"教学有效，需要注意以下几点：首先，要充分了解学生的实际情况和能力水平，将小先生的职责和任务分配给适合的学生，以便让每个学生更好地发挥自己的优势，获得成就感。其次，教师应在实践

过程中提供必要的指导和支持，并密切关注"小先生制"的实践过程，及时反馈和鼓励学生，确保学生能够顺利地推进实践活动。最后，教师应该鼓励学生创新和思考，并给予他们充分的空间和机会，以使学生更深入地理解和掌握教学内容，同时提高实践的深度和广度。

在进行"小先生制"的实践过程中，教师需要结合具体的教学场景和学生情况，灵活地调整和改进制度，使之更好地适应小学数学教学的需要。同时，教师也需要时刻关注学生的学习情况和心理状态，为他们提供更好的支持和指导，从而使他们实现全面发展。

新课标背景下"小先生制"教学策略在课堂教学中的运用

周曼

《义务教育语文课程标准（2022年版）》（以下统称"新课标"）的颁布，促使课堂教学的方方面面有机地统一起来。新课标中自主学习、真实情境、实践活动三个词出现频率极高。由此可知，要想落实好新课标精神，必须在真实的情境中运用实践活动来促使学生自主学习，从而实现核心素养的有效达成。作为一线小学语文教师，在落实新课标精神时往往缺乏相应的教学策略。基于此，笔者提出引用陶行知先生的"小先生制"教学策略，不断地进行课程的融合，从各个角度进行知识的延伸和拓展，创设和谐的课堂氛围，加强与学生之间的联系，帮助学生从更多的角度去进行知识的解析，以增强学生体验和感知语文学科课程的能力，确保新课标的全面落实。

"小先生制"有利于创设真实的教学情境，促使真实的自主学习，促进真实的学习活动，从而促进新课标精神的落实和语文学科核心素养的正向达成。

一、"小先生制"促使真实的自主学习

新课标强调学生的自主学习，然而，学生普遍缺乏自主学习的动力。正如陶行知先生提出的"公鸡吃米"的教育理念一样：教育就像喂鸡，教师强迫学生"吃米"，将知识硬性灌输给学生，学生是不情愿学的，即使学也是食而不化的。但是如果让学生自由地学习，充分地发挥他的主观能动性，那效果自然会好很多。"小先生制"教学方式恰好可以为实现学生的自主学习提供教学支点。

教师要敢于放手，把课堂交给学生，让学生做课堂的"先生"。如学生查找资料，讲解文章作者生平，课堂上当"作家小先生"；学生提前预习生字词，课堂上当"生字小先生"；学生课堂上一题多解，当"讲题小先生"；帮老师判小组成员的作业，当"判题小先生"；为学习有困难的学生讲题，当"讲解小先生"……学生们自觉充当起了一个个小先生，这种自主性学习的效率是极高的，学生在获得知识的同时也收获了自信、锻炼了能力，这就是"小先生制"教育理念的成功之处。

马斯洛需求层次理论告诉我们，被尊重和自我实现是人的最高层级的需求。"小先生制"为学生提供了被尊重和实现自我价值的平台，能够激发学生自主学习的内在动力。

我曾经在刚接手一个新班级时，遇到一个喜欢读课外书而不喜欢上语文课的学生。他作文写得不错，但语文成绩一般。遇到这样的学生，我开始也感到束手无策。后来一次偶然的机会彻底改变了这个学生的习惯，在学习《狼牙山五壮士》之前，我交给该生一个任务：为同学们讲一讲有关五壮士的奇闻轶事。该生接到这个任务后，眼睛一亮，倍感兴奋，积极投入到这次备课中。不出意料，他的讲解十分精彩，大获成功，同学们以热烈的掌声予以肯定。我抓住这次机会，后来又多次让该生充当小先生为学生讲课。慢慢地，该生成了语文课上最活跃的一分子。

在新课标强调自主学习的新形势下，一线教师更应该养成自觉运用"小先生制"的习惯，让学生自觉地做学习的主人，促使学生综合素养的真正落实。

二、"小先生制"促使真实的学习活动

新课标背景下的小学语文活动，有别于以往的知识活动，它是趋向于实践活动的。实践活动是基于生活中问题解决的一种活动，具备真实性和有效性的特点。陶行知先生提出的"生活即教育"理念就是一种真实有效的活动教育。"小先生制"作为生活教育理论的重要实践，其实施和运用对践行新课标精神具有重要的现实意义。

"小先生制"强调用已知教未知，以先学教后学。一次演讲、一次活动策划、一次手工制作都是在将自己学到的知识教给他人，都是"小先生制"教学方式的运用，都是在落实"在活动中学习"的新课标精神，都远远超过教师讲解的课堂效率。

在教授习作课《学些倡议书》时，学生根据当前的防疫要求，如果要倡议市民非必要不出本区，要写什么内容？谁给大家讲一讲？有的学生从倡议书的格式上作了讲解，有的学生补充了倡议书的内容，也有学生提出解决这个问题的策略，还有学生讲到了书写问题。最后，在这一个个小先生的讲解之下，同学们都高效地完成了倡议书的写作，达到了习作表达训练的目的。后来，孩子们把倡议书打印出来发给学校的教师和家长们。他们从讲解倡议书写作技巧到传授父母知识再到向周围的人发出倡议，都是对"小先生制"教学方式的灵活运用，促使学生开展真实的学习活动，取得了理想的教学效果。

在学习《故宫博物院》一文时，学生的学习热情不高，教师也很难在课堂上开展有效的学习实践活动。基于此，我采用"小先生制"的教学理念，带领学生对学校附近的一处景点进行近距离观察，并将观察结果记录下来，再结合《故宫博物院》的说明方法，为这一景点设计一日游路线图和解说词。解说词写好后，经与景区负责人沟通联系，我们的学生利用周末时间免费为游客充当解说员，取得了良好的实践效果。整个过程中，同学们热情高涨、思考缜密、解说得当，获得了景区和游客的一致好评。待活动结束后，我再次带领学生学习课文，学生们热情不减，提出了许多有参考价值的问题，大多数内容不用老师解读，小先生们自告奋勇地承担起了解读任务，效果甚佳。

由此可见，"小先生制"教学法可以促使真实的学习活动，让学生在活动中学习解决问题的能力，不仅激发了学生的学习热情，还激发了许多意想不到的课堂生成，这对落实新课标精神，促使学生达成学科核心素养具有积极的价值和意义。

三、"小先生制"创设真实的教学情境

新课标指出，要在真实的语言运用情境中培养学生的语文学科核心素养。"小先生制"教学方式主要对应了情境语境，它是所有语境中最真实、最高效的语境。

六年级的文言文和古诗词理解难度高，学生学起来比较吃力，教师讲得口干舌燥，学生听得昏昏欲睡。基于此，我在教授时采用了"小先生制"的教学方式。以语文六年级上册第七单元教学为例，我提前将文本中的两首文言文和《京剧趣谈》等内容分成五个部分，分别承包给五个学习小组，比如有的小组承包文本内容解读，有的小组承包时代背景，有的小组承包与京剧有关的资料收集，等等。在正式上课的时候，我充当学生和评委的角色，让各个小组的小先生轮流上台讲解自己承包的知识点。这种做法为学生提供了真实的教学情境，学生们带着真实的交际目的，面对真实的交际对象，完成了一次真实的交际活动。这极大地激发了学生的学习积极性，取得了良好的教学效果。

教之有道，学之有方。陶行知先生的"小先生制"教学思想虽然久远，但并不落伍，在新课标的时代背景下仍具有广阔的开发和运用空间。课堂上应用"小先生制"，不但激发学生自主学习、自主探究的积极性，让教成为一种特殊的学习方法，而且在小先生讲授的过程中强化了学生对知识的理解，结合新课改精神鼓励学生敢想、敢说、敢尝试，这将会优化课堂教学，促进语文学科核心素养的正向达成。

总之，"小先生制"的教学方式能够为学生创设真实的教学情境，这为落实新课标的要求提供了理论和现实的支点。

陶行知"小先生制"在小学音乐课堂的运用

郭晓彤

一、"小先生制"教育理念的历史

20世纪80年代,"小先生制"由我国著名教育家陶行知先生在教育总动员大会上提出,在推行该教学模式时,陶行知先生指出:民主教育是我国提升全民的知识水平的有效途径,将教育知识变成食物、空气这样每天都需要的东西即可。在提高全民教育水平时,首先需要将知识传输给学生,而在对学生进行知识的传输时,"小先生制"便是教育方法的不二选择。和其他教育方法相比,"小先生制"教育方法能够让学生感受到掌握知识的亲切感和成就感,从而对所学的知识掌握得更加明白、透彻。

二、小学音乐课堂的特点

音乐课是一门综合性强、思维跨度大且具有很强思维跳跃性的课程。同时很多学生对音乐课程的认识存在偏差,导致很多学生认为音乐课程对自己的求学之路并没有很大影响,因此对音乐课程的重视程度不够,这实际上是一种非常刻板的偏见。这些刻板的偏见导致每个学生的音乐水平存在较大的差异,学生的水平参差不齐,教师为了照顾后进生减慢教学进度,而优等生则觉得浪费了自己的学习时间,倘若加快教学进度,那么后进生便会出现不知所学内容而云里雾里的情况。

三、"小先生制"在音乐课堂运用的实例

（一）鼓励学生积极成为小先生

在农村小学中，音乐课堂的进展相较于城市小学较难。由于农村学生基础差、家庭音乐氛围不浓、学生缺乏专业性引导等原因，造成学生在音乐课堂上提不起兴趣，不能集中注意力等问题，最终导致音乐课堂的教学质量不高，学生很难掌握相应音乐基础知识。在实际教学过程中，需要选择具有较强乐感、接受能力强、唱歌能力出众的学生上台进行领唱，这就要求学生不断提升自身能力，锻炼自身上台表演的勇气，然后找出能够胜任小先生角色的学生，进而让班级的每个学生都能够以小先生的身份参与音乐课堂的学习。

在陶行知"小先生制"的启迪下，课堂上充分调动学生的主观能动性，利用好优生引导困难生的办法，让学生主动走上讲台，拿起乐器带领学生一起打节拍、视唱，其他学生便会有学会、学好的冲动。充分发挥小先生的优势作用，带动全班同学熟练掌握相关技能，以此提高音乐课堂质量。

（二）开发多种音乐类型

小学生的年龄特点是想法多、创意多，所以"小先生制"在课堂上的运用充分展示了对学生的信任。不断挖掘音乐课堂上的小先生，让学生有更多的机会对生活中的各类音乐进行观察，这样不仅能够增加自己的知识，同时还能够提升学生对音乐的兴趣。教师可以在教学过程中借助小先生的荣誉来激励学生，引导学生充分挖掘音乐特点，加深学生对流行音乐、地方音乐以及戏曲等不同类型音乐的认识，并且不断尝试各种类型的音乐表演，这本身就是一种极佳的音乐教学方法。

（三）"小先生制"培养好习惯

"小先生制"的积极运用，激发了学生对音乐课的热情，为了将此模式的作用发挥到最大化，笔者在课堂上采取了分组的形式，采用男女搭配、高低个子分配、音色特点等不同类型的分组方法，进行组与组的比拼，这样每一组的同学会增强竞

争意识，以此充分利用"小先生制"的荣誉感调动学生，提高课堂质量，使学生在玩中学、学中乐、乐中会。同时，教师需要充分借助小先生的引领作用，加深学生对校园歌曲、地方戏曲及交响曲等不同类型音乐的认识。教师要敢于尝试多种类型的音乐表演，使学生乐在其中，享受课堂。

（四）倡导小先生课堂内外相互学习

古有"三人行，必有我师焉。"对小学生而言，不仅在课堂上可以成为其他同学的小老师，解答学生的疑惑，同时还可以提出问题，由其他了解的同学来进行解惑。在课堂外，音乐领域的小先生依旧可以带动其他学生积极参与课后艺术社团，接受小先生的熏陶，随之而来便会有越来越多的学生对音乐产生兴趣，从而形成一个稳固的良性循环。

四、"小先生制"在小学音乐课堂中的实际意义

（一）小学音乐课堂的特点

小学是培养孩子习惯的关键时期，但也是最难养成的时期。这个年龄的孩子，价值观还未初步形成，自控能力相对较差，对新鲜事物充满好奇，很容易被不良信息所诱导。因此，加强课堂教学质量，把好课堂教学这一关至关重要。纪律散漫、坐姿歪斜、课上走神、交头接耳等是课堂上常有的现象，面对这样的现象，就需要榜样的带头作用，"小先生制"下的自我约束就充分起到了这个作用。

（二）变被动为主动

陶行知的"小先生制"中完整地体现了"课堂的主体是学生"这一观念。在音乐课堂上，吸引学生来当小先生，对学生来说是一种充分肯定和激励。因此，"小先生制"的实施让学生的学习由被动变为主动，在这个主动的过程中，学生的兴趣也随之提高。

（三）营造美好课堂氛围，构建和谐师生关系

在以往的一些音乐课堂中，老师与学生之间的关系比较陌生，互动甚少。虽然整堂课有条不紊，但学生的参与感较低，课堂氛围死板，这样的课堂教学自然无法实现高效育人。在"小先生制"的实施下，教师能够放下身段，亲切地走进学生中，并与学生产生互动。在课堂中，不管是在时间上还是空间上，教师都将主动权交给了学生，让每一位学生在课堂中都能成为自信的小先生，大胆地发表自己的观点。这样轻松愉悦的课堂能够减轻学生的学习压力，这自然也能够激活课堂氛围。除此之外，在学生自由交流的过程中，教师并非主导，而是以引导辅助为主，学生得到了尊重，与教师之间的关系自然也会愈加和谐。

（四）使学生均衡发展

"小先生制"不是一种对个别学会音乐的学生的一种认可。教学中，要消除个别儿童唯我独尊的不良影响，帮助学生树立正确的学习观、认知观。创新是教育的生命。今后，在大力提倡"小先生制"的同时，要将创新音乐教育这个大目标与"小先生制"有机结合起来，提高课堂教学效率，使我们的生本课堂能够迈上一个新的台阶。

总之，采用"小先生制"的教育模式，通过对部分音乐知识、技能掌握较好的学生进行肯定和认可，让这部分学生扮演小先生的角色，同时对这些学生进行适当的补充，从而帮助学生树立正确的价值观和认知观。每一位学生都是独立的个体，他们都有自己的个性。在学习过程中，每一位学生都表现出了自己不同的特质。在"小先生制"的教学模式之下，每一位学生都是教师的教学资源。音乐课堂中，教师可以利用小先生构建音乐课堂、开展音乐活动，让学生增强学习音乐的自信，培养学生的创造力，并有效提高教学效率，进而培养学生的音乐核心素养，促进学生全面发展。创新是教育的灵魂，因此在今后大力倡导"小先生制"教育模式时，需要注重该种教育模式和创新的有效结合，提升生本课堂的质量。

"双减"背景下陶行知教育思想与小学音乐教学的有效融合

于帅

陶行知的教育思想影响了一个教育时代,至今各种"师陶"活动依旧盛行。如今我国启动了"双减"工作,小学音乐教学迎来了一个教学改革的新契机,而我校的校训也正是"爱满天下 行知合一"。音乐教师要把握住"双减"的机遇,就需要认真学习陶行知先生的教育思想,不断结合自身的教学实际情况勇于尝试,将陶行知先生的思想渗透到小学音乐学科教学中去,充分发挥"小先生制"的优势,持续贯彻以学生为本、教师为辅的教育理念,培养学生正确的三观,促进小学生全面健康地发展。

一、"双减"实施下学习陶行知教育思想的重要性

从学习和解读"双减"政策精神的角度来看,"双减"的改革核心与教育家陶行知先生所提出的部分观点存在高度的契合性。首先,学习陶行知思想可以更好地推进"双减"工作的落实。陶行知所提出的"生活即教育""人人都是小先生",主张教育离不开生活,生活也同样离不开教育,教育和生活之间有着密切的联系。其次,"爱满天下"是教育家陶行知先生提出的美好教育愿景,而我校结合了自身的实际特点,秉承陶行知先生的思想——"爱满天下 行知合一",希望越来越多的教师拥有大爱,能够用这份爱去感化学生,将知识和行为有机结合,而不是用传统教条的方式去教育学生。

在课堂上，教师要让每一位学生都有机会当小先生，去学、去说、去展示。具体操作是教师先对某个教学内容进行讲解并启发学生思考相关问题，学生如果理解了，就可以作为小先生讲给小组同伴或者教师听；学生如果还没理解，就先听其他小先生讲；倘若还是没有理解，则可以寻求教师的帮助，由教师为其答疑解惑，直到学生真正吸收并理解了问题，再以小先生的身份把内化的东西讲给大家听。最后，组内的每一位学生都能把所学的知识用自己的语言讲述出来，其他学生进行相应点评，且小先生的点评要明确指出好的地方是什么、哪里好、需要进步的地方在哪里。同龄学生的语言学生更容易接受，因此每个学生都可以成为小先生去讲、去评，这样不仅可以让每一个学生都掌握学习内容，还能保证每一位学生都真正参与到课堂教学中来。

例如，在教学人教版音乐六年级上册《赶圩归来啊哩哩》这首歌时，如果我们通过播放彝族人民生活的视频——赶圩（汉族的赶集），就让小先生用去学、去说、去表演的方式来引出这首歌曲，显然更加容易打动学生，由此还可以启发学生思考彝族人民生活与我们自己的日常生活有哪些相同和不同之处，从而提高学生的音乐课学习兴趣。

从"双减"政策提出到现在，学生们的作业负担减轻了，书包变轻了，有时间可以去做一些感兴趣的事，让学生快乐度过属于自己的童年时光，这本身也是爱孩子的一种表现。

二、陶行知教育思想与小学音乐教学的有效融合

（一）创设生活情境，实施"小先生制"

根据陶行知先生的生活即教育主张来看，小学音乐教师可以充分利用生活中的各种现有材料、资源，设计情境，营造学生熟悉的学习氛围，让学生身临其境、沉浸其中，以此建设新知识与旧知识之间沟通的桥梁。运用"小先生制"来活跃课堂氛围，激发学生的音乐学习兴趣，提高课堂教学有效性。"双减"中提出，教育部门要指导学校健全教学管理规程，优化教学方式，强化教学管理，提升学生

在校学习效率。所以，创设生活教学的情境，是提高课堂教学效率的重要保证。

传统的课堂看教师，现在的课堂看学生。学生是课堂的主人，学生的学习状态和效果是衡量一节课质量好与不好的重要标准。所以，现在的课堂中心不再是教师、不再是固定的讲台、不再是固定的教案，而是学生，学生所在的地方就是课堂的中心。"小先生制"思想提倡让学生争做小先生，从本质上讲，就是承认学生的学习主体地位；从形式上讲，就是要让学生身临其境地融入课堂；从方法上讲，就是要把教学的主要媒介——口头语言的机会让给学生，让学生多说，多讲解；从目的上讲，就是要调动学生的主观能动性，让学生可以积极主动地学习，养成独立自主的好习惯。教师教学生的过程，要既当先生又当学生；学生受教育的过程，要既当学生又当先生，角色可以随时互换，尽量多给学生做小先生的机会，让学生产生成就感、荣誉感，以此增强学生的信心。

例如，在教学人教版音乐二年级上册的《丰收之歌》一课时，首先，教师可以启发学生思考："同学们，提到'丰收'这个词，你们大脑中最先想到的是什么呢？"有的学生说："大片的玉米。"有的学生说："金黄的稻穗。"还有的学生说："父母开心的笑。"由此，通过这样的问题，就引起学生们对生活场景的回忆。其次，我们再来启发："同学们说得都很对，甚至还联想到我们的周边，但是，今天我们要学习的这首歌曲《丰收之歌》，描述的是我国的一个少数民族地区的丰收喜悦场景，它就是我国的新疆，请问新疆是哪个民族的聚集地？"通过简单的问题引导学生答出维吾尔族同胞。再请大家想想："新疆丰收时是怎样的一番场景呢？或者你知道新疆有哪些瓜果、蔬菜特产呢？"有的学生说："老师，我知道，我吃过新疆的瓜，特别甜。"还有的学生说："吐鲁番的葡萄也很出名。"……在学生们表达完自己的想法后，教师结合多媒体视频，播放新疆人民庆祝丰收载歌载舞的热闹生活场景，在视频中学生们会看到自己刚刚说过的瓜果、蔬菜和其他农副产品，并被新疆同胞的喜悦情绪感染，激发出他们的音乐兴趣，有助于提升音乐课教学的有效性。

（二）指导器乐演奏，落实知行合一

俗话说"读万卷书，不如行万里路"。音乐课也有很多学生可实际参与的体验活动。例如，教师可以将一些学生感兴趣的乐器，如响板、双响筒、碰铃、三角铁、钢琴等，带到音乐课堂，通过近距离实地演奏的方式，在视觉、听觉和触觉方面刺激学生感官，激发学生跃跃欲试演奏乐器的兴趣。

在课堂上，教师可以挑选教材中一首或两首歌曲，指导学生进行单人和集体合奏练习节奏型节拍。学生掌握单人伴奏后，可以适当增加难度，采取双人乃至多人的方式，每堂课运用不同的形式进行配合，同时培养学生们的肢体律动，让安静的课堂活跃起来。这样持续一段时间后，会发现学生的合作能力变强了，身体更加协调了，对音乐的表现力也提升了，还掌握了不同乐器的多种伴奏方式，有的学生还会因此喜欢上某一件乐器等。教师要鼓励学生做一个爱生活、爱音乐、有理想、有信念的好少年。

陶行知先生的教育思想在日常教学工作中给了小学音乐教师大量启示，这些对我们而言都是珍贵的宝藏。在今后的教学中，我们要不断践行陶行知先生的教育方法，持续落实陶行知先生的教育理念。

第二部分　行知理念教学案例

长子营镇第二中心小学以"小先生制"理念为教学指导，辅以费曼教学法，基于学校立德树人的基本要求，针对孩子们的年龄特点和成长规律，因材施教。学校老师在课堂实践运用"小先生制"，结合费曼教学法，对于改进课堂教学方式，丰富和完善教学实践，提升学生的综合学习能力都效果明显。这一部分精心选取了一些老师的教学案例，通过这些案例来深入理解"小先生制"的价值以及使用方法。

《画恐龙》教学案例及分析

李娜

本课是人美版小学美术三年级上册第六课的教学内容，属于"造型·表现"类艺术实践。学生对未见过的史前生物恐龙充满着好奇心，有着强烈的求知和探究欲望。据考古资料考证，恐龙是生活在距今2亿多年前地球上的生物，它们在地球上存活了1亿多年之久，最后却神秘消失了。本课通过恐龙这一学生喜爱的动物，来引导学生学会观察，认识与理解形状、线条、肌理、色彩等基本造型要素。学习运用节奏、对比、疏密、变化与统一等形式原理，对所描绘的对象进行造型表现。通过对物象进行观察和描绘，培养学生观察和感知的兴趣，发展学生造型表现的能力，使其体验造型绘画活动的乐趣，鼓励学生大胆动手进行绘画表现，培养敢于进行创新的信心，产生对美术学习的持久兴趣。

一、教学背景分析

（一）教学内容

本课与第七课《北京的胡同》、第九课《肖像漫画》一样，学生在创作作品时，都可以用线来完成创作，可归为同一单元学习内容。学生在二年级已经学习了各式各样的线条，为本课学习打下了基础。本课主要学习观察对象，并运用各种线条，结合基本的造型要素和形式原理创作一幅契合对象的绘画作品，为后面第七课《北京的胡同》、第九课《肖像漫画》的学习做好铺垫、打下基础。

(二)学生情况

三年级学生关于恐龙方面的课外知识有一定的了解,有的学生能够说出几十种恐龙的名字,学生对恐龙充满了浓厚的兴趣,有强烈的了解、学习愿望,有一定的造型基础,但普遍在造型准确度上需要提升,对动物身体结构的基本比例掌握不准,形象过于夸张。通过本课的学习,学生能掌握对动物造型的观察方法,学会使用拆分、概括的方法来完成对动物的绘画表现。

(三)教学方法

根据以往的学习成果,分析推测学生可能出现的问题:物形体表现不准确,比例严重不符,线条装饰不符合外貌特征,缺乏自信不敢下笔。我将运用观察法、演示法、讲授法、对比探究法、心理暗示法等进行解决。

【分析】教师对教材分析时能够站在单元整体上进行考虑,确定本课教学内容,并根据学生的年龄特点,在教学方法上能够运用多种方式给学生想象和宽松的空间,从而使他们创作出更有个性的作品,提高探究学习的能力,培养学生的艺术核心素养。

二、教学目标及重、难点分析

(一)教学目标

1.知识与技能。了解恐龙的相关知识,学习使用各种线条表现不同种类的恐龙。根据搜集的资料,用线描的方法完成自己喜爱的恐龙的绘画创作。

2.过程与方法。教师先通过视频导入、引导、示范、体验、探究等方式,再通过观察、分析恐龙的特征,培养学生观察、概括的能力。通过学习如何组织线条的知识,提升学生画面的表现力和创作能力。引导学生自评、互评,增强学生的美术评价能力。

3.情感态度价值观。自己查找资料,锻炼自主学习的能力。小组探究学习,激发学生兴趣,培养合作、创新意识。引导学生了解恐龙灭绝的原因,培养学生保护动物、保护自然环境、爱护地球的情感。

（二）教学重、难点

教学重点：
（1）学会使用线条这一造型语言表现恐龙的特征。
（2）体验线描创作的乐趣。

教学难点：
大胆并富有想象力地用线描进行恐龙的绘画创作。
【分析】依据单元教学内容，制订本课的教学目标，内容清晰明确，注重学科核心素养的培养，重难点突出，给学生发挥能力的空间。

三、课前准备分析

（一）教师准备

多媒体课件、绘画工具、恐龙教具、示范画、剪刀、垃圾桶等。

（二）学生准备

与恐龙相关的文字、图片、勾线笔、素描纸。
【分析】教师教学准备充分，能够通过多种实物直观地让学生感受恐龙的世界。

四、教学过程与分析

（一）导入课题

1. 师：同学们，在开始今天课程之前老师想先和大家分享一个视频，请你们边看视频边思考，初步了解恐龙。
2. 带领同学们一起走进恐龙的世界。

3.板书：画恐龙

【分析】通过观看恐龙的动画视频，激发学生的学习兴趣。

（二）了解恐龙

1.认识恐龙：学生将课前搜集的有关恐龙的资料进行分享。

恐龙是距今2亿多年前地球上的生物。陆地、海洋、空中都是恐龙的活动场所。到了6600万年前左右，由于当时恐龙生活在较脆弱的生态系统中，环境剧变，所以称霸一时的恐龙在地球上就完全灭绝了。

它们生活在三叠纪、侏罗纪和白垩纪三个地质时期。

2.恐龙分类：通过同学们的分享，将恐龙进行分类。

学生1：我最喜欢的恐龙是霸王龙。霸王龙是肉食性恐龙的代表，它的头部很大，喜欢吃肉，牙齿尖锐，前肢短小，后肢强壮，尾巴相对粗短，用两足行走。

学生2：我最喜欢的恐龙是梁龙。梁龙属于草食性恐龙，它体型巨大，脖子和尾巴很长，脑袋纤细小巧，喜欢成群活动，走路很慢。

学生3：我最喜欢似鸟龙。似鸟龙是杂食性恐龙的代表，似鸟龙是白垩纪晚期的一种兽脚类恐龙。因为它长得和大型鸟类非常像，所以才有了"似鸟龙"这个名字。它有长长的尾巴，头部比较小，眼睛很大，有良好的视力。高大轻巧的体形和强有力的三趾，能够让它们飞快地奔跑。

总结：我们可以将恐龙分为三类，即肉食性恐龙、草食性恐龙、杂食性恐龙。

【分析】初步了解恐龙的分类以及不同种类恐龙体型特征的对比，培养学生搜集资料、朗诵、阅读的能力。

（三）恐龙外形的绘画方法

1.基本形组合法

小组游戏：合作完成拼摆，将恐龙身体的各部分复原。

【分析】通过小组合作的方式可以培养学生的合作协调能力；通过拼贴的形式可以培养学生的动手能力；通过用基本形组合拼摆的方式帮助学生学会基本形组合法的绘画方法，加深学生对于恐龙分类知识点的记忆。

2. 勾勒轮廓法

教师用勾勒轮廓法现场示范画梁龙。

3. 学生练习

学生用勾勒轮廓法画一只自己喜爱的恐龙。

4. 装饰恐龙

用点、线、面不同形式的花纹作装饰。

总结：用点、线、面的花纹进行装饰的同时，也要注意花纹疏密的排列以及线条粗细的变化，以保障花纹起到装饰的作用。

【分析】教师示范能够让学生直观学习勾勒轮廓法的绘画方法，通过学生实践，尝试发现问题，然后教师有针对性地解决问题，培养学生观察、思考的能力，解决本课的重点。

（四）艺术实践

根据自己的喜好，运用线描的方式装饰一只你最喜爱的恐龙。将画好的作品剪下来贴在"恐龙世界"中。

【分析】明确创作要求，通过巡视辅导，让学生高质量创作并完成作品，提升绘画创作能力。

（五）展示评价

1. 教师在巡视辅导过程中，及时鼓励有特点的作品，集体辅导和个人辅导相结合。

2. 展示学生的作品，教师组织学生根据评价单评价同学们的作品。邀请学生上台分享自己的绘画作品，同学和教师根据艺术创作的要求进行评价（自评、互评、师评）。

【分析】引导学生欣赏、评价其他同学的作品，提高评价能力，激发审美情趣和对美术学习的持久兴趣。

（六）拓展学习

师：同学们，大家的恐龙都已经进入我们的恐龙世界了，但是我们现在也只能在视频、图片中去认识了解恐龙了，因为它们已经灭绝了。现在在我们地球上还有很多濒临灭绝的动物，为了不让它们像恐龙一样离开我们，同学们能做些什么呢？

总结：让我们一起携手保护环境、保护动物，爱护我们共同生存的地球吧！

【分析】培养学生保护环境、爱护动物的意识。

板书设计

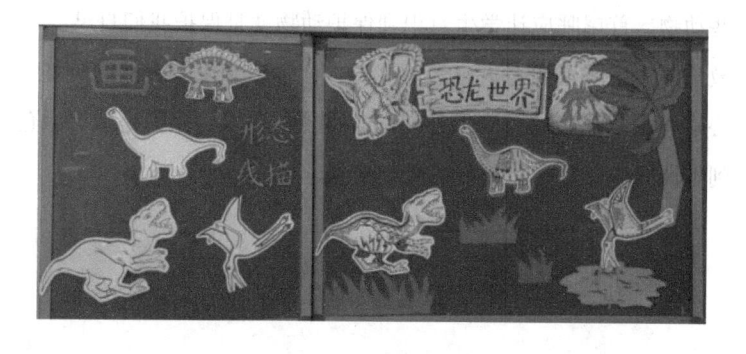

教学反思

本课教学设计以美术课程基本理念为指导思想，以建构主义为理论依据，在课堂上利用丰富的教学资源，引导学生通过探究式学习了解恐龙的相关知识，学习使用各种线条表现不同种类的恐龙。根据搜集的资料，用线描的方法完成自己喜爱的恐龙的绘画创作，在实践中提高动手能力。

（一）学生对未见过的史前生物恐龙充满着好奇心，有着强烈的求知、探究欲望。兴趣是学生最好的老师，提高学生的学习兴趣，营造生动有趣的美术课堂，并且让学生成为课堂的主人，以学生为主体，这是我一直探索和思考的问题。在这节课的准备过程中，为了在一开始就引起学生的兴趣，我选择了一段恐龙生活的场景视频引出本课，让学生观察恐龙，为后面画出恐龙的外形做铺垫。

（二）在课堂中要以学生为主体，因此我先让学生做知识小科普，将课前搜集到的恐龙资料与大家分享，发挥学生学习的主体性，培养学生搜集资料、朗诵阅读的能力。然后学生分小组一起完成恐龙的基本形组合，引出本节课第一种概括恐龙外形的方法——基本形组合法。在示范环节，我直接现场示范第二种概括恐龙外形的方法——勾勒轮廓法，学生能够直观地参与学习，解决了本课的重点。紧接着通过给恐龙穿花衣服这样的方式让学生回忆二年级学习过的线描知识，教师示范画一张已经完成的线描恐龙作品，学生边观察边回忆装饰方法中运用到的点、线、面的装饰方法，通过三只恐龙不同的线描装饰对比，体会线条的粗细和花纹的疏密的重要性，解决本课的难点。在展示环节，创造恐龙世界，学生拼贴作品，大大提高学生的课堂参与度。

（三）在整堂课中，结合德育学习内容，由学生介绍恐龙历史时提到恐龙神秘消失的原因是由于脆弱的生态环境不再适合恐龙的生存。结尾拓展处展示我国濒临灭绝的一些动物，首尾呼应让学生意识到保护动物就是保护我们自己。

本课教学注重引导学生对大自然的观察，让学生感受大自然的美好。培养学生的艺术核心素养，从身边的点滴做起，同时将爱护环境、保护地球、绿色生活的价值观渗透到本课之中，取得了很好的教学效果。

创设任务情境，从学生中来：以《记金华的双龙洞》第一课时为例

潘玉峰

语文新课标的教学建议中提出，创设真实而富有意义的学习情境，凸显语文学习的实践性。这一要求强调了在教学中应以情境为载体，建立起语文学习、学生生活、学生经验之间的关联，从而解决现实生活中的真实问题，提高学生的语言表达能力。

下面以统编版语文四年级下册第五单元的《记金华的双龙洞》为例，对创设任务情境这一要求谈一谈感受。

本单元以"妙笔写美景，巧手著奇观"的"美景奇观"为人文主题，语文要素为"了解课文按一定顺序写景物的方法""学习按游览的顺序写景物"。第一课时侧重在"了解课文按一定顺序写景物的方法"的语文要素上。

围绕着人文主题和语文要素，本单元编排了五部分内容。两篇精读课文《海上日出》《记金华的双龙洞》，学习按顺序写景物和把景物写清楚而吸引人的写作方法；"交流平台"旨在梳理总结写景方法；"初试身手"可以联结前面的知识继续练习如何按顺序写景；"习作例文"《颐和园》《七月的天山》能继续巩固按一定顺序写景物的写作方法；"习作"旨在运用写作方法完成游记。从阅读到习作，逐步建构写游记的能力。总而言之，本课要求学生习得按一定顺序写景物并把印象深刻的景物写清楚的写作方法，甚至学会写游记，推荐祖国山河之美。

《记金华的双龙洞》是叶圣陶先生按游览顺序所记叙的游记，依次写了游金华双龙洞时的路上见闻：游外洞，由外洞进入内洞，游内洞及乘船出洞的所见、所闻、所感。这篇课文是一篇游记，它与《海上日出》的太阳变化顺序互为补充，学

生在前一篇课文的学习基础上，可进一步了解写作顺序。

确定好"理清作者的游览顺序，了解按游览顺序写景物的方法"为第一课时教学重点后，先由学生整体感知整篇文章，运用生字新词形容感受到的双龙洞特点。再用准备好的"地图"工具让学生自主探究、合作交流，找出游览行踪的句子并绘制出作者的游览路线图。最后，结合《语文园地》的"初试身手"让孩子们"争做小导游"，游览植物园的美景。

从大单元视角着手，本单元五个部分还可以创设"中国美景奇观"旅游推荐会的学习情境，并设计驱动性问题：作为旅游推介官，你如何将去过的一处中国美景奇观推介给大家？针对驱动性问题，单元设计了三个相关联的学习任务。

任务一：选美景，学生确定推介地，设计推介路线图；

任务二：赏美景，学习按一定顺序写景物并把印象深刻的景物写清楚的写法；

任务三：写美景，完成习作——推介游记。

【反思】

教师在课堂上提供平台，由此提高学生们的课堂积极性、参与度。而设计情境活动，以《记金华的双龙洞》第一课时为例，能将传统的"教"模式较快转变为以学生学为主，让孩子们思维活起来，身体动起来，在积极参与中主动探究课堂，人人争当小先生，课堂提质增效也就自然而然发生。

从"让我学"走向"我会学"：以《坐井观天》教学为例

冯观虹

2021年，"双减"号角吹响；2022年，新课标颁布；面对这两个教育方向的新政策、新改变，作为新时代教师，我们更应该积极响应，认真学习并运用于自己的实际课堂教学中。"师傅领进门，修行靠个人。"老师不能一味认为只有学习好的孩子才能成为小先生，而要发挥每个孩子的长处。于是我对全班学生进行了分组，让不同程度的学生同为一组、相互带动、相互学习。

一、"小先生制"课堂实例

（一）学习对话——体验

自我执教以来，发现学生们在对课文所表达的情感的把握方面比较薄弱，常常很难体会一篇文章或故事所表达的感情。在《坐井观天》这篇课文中，对话虽然较短，但是包含的感情却很丰富。学完了朗读方法之后，我请朗读体验组的同学们通过佩戴头饰的方式营造一种情境，让学生代表们以这样的方式去启迪，从而给其他学生以身临其境的感受。学生代表们戴上头饰之后，开始角色扮演，仿佛自己就是一只青蛙或小鸟。表演后，每组请一位或两位学生评委，说一说他们的表演分别体现了青蛙或小鸟的何种心情和状态。兴趣是最好的老师，遵循低年级儿童的心理规律，联系学生实际，通过学生之间互相提问，激发学生思维，帮助他们感知故事内容，从而体会其中的情感。

（二）圆筒实验——感悟

学习完对话之后，为了让孩子们有更深的感悟，我便在课上询问孩子："小青蛙看到的天空只有井口那么大，我们有没有什么办法，能感受到小青蛙看到的大小呢？"通过不断地提问，激发孩子的想象和思考，其中有一位孩子自告奋勇地到前面来，带着大家闭上一只眼睛，把自己的语文书卷成一个圆筒，举起来看天。孩子们都饶有兴趣地摆弄着，试着体会小青蛙的心情，因而对这篇寓言故事有了更深的感悟。

（三）生字讲解——实操

每一个生字选一位讲解员，通过课前的预习和知识储备，在课上一边讲解一边提问。我选择了两位讲解员，分别讲解了"话"和"际"的生字结构、生字笔顺，再通过请学生提问组词的方式完成了学习,同学们都乐在其中,学困生也逐渐找到了自信。

二、"小先生制"作用体现

(一)开展"共生效应"的教学

"小先生制"是基于生活教育发展的一种组织形式,通过产生"共生效应"的教学,为小学语文教育注入了新的活力。一是革新了语文教育的学习方式,学生在讲解内容时,往往会遇到各种问题,需要询问老师或通过其他途径解惑,从而开发了学生的自主学习能力;二是丰富了语文教育的思想内涵,学生自主合作,将知识传授给了其他同学,构建了学习共同体,在浓厚的氛围中实现良好沟通,形成了合作精神;三是赋予了学习新的意义,使学习除了可帮助学生自我提升,还可以让学生帮助他人进步。当学生作为知识的传播者时,巨大的责任感会使学生对学习产生更大的内驱力,真正从"让我学"走向"我要学、我会学"。

(二)成就全情的小先生

儿童天生具有强烈的交往需求,将"小先生制"融入小学语文教学,即让学生在交往中完成创作实践。陶行知曾言:"小孩子最好的先生,不是我,也不是你,是小孩子队伍里最进步的小孩子!"在全情投入的学习氛围中,学生的深度学习能力与终身学习能力都得到了提升。学生能够通过互教互学共同发现问题,在交流中碰撞思维,完成一次次深度学习。"小先生制"让学生成为课堂的主导,产生了学习内驱力,有了主动学习的意愿,在掌握一定教学策略后具备了学习的能力,在成就感与责任感的驱使下有了学习的毅力,能够最大限度地发挥主观能动性。

(三)以多元评价、及时反馈为教学总结

教学评价在整个教学过程中扮演着重要角色,"小先生制"的实施需要借助成果评价来逐步完善,以提高学生的自我认知能力和反思能力。如每节课、每单元完成之后可进行综合性评价,除了由老师进行评价,也可以大胆放权给学生,让他

们自由发挥，大胆评价。在此过程中，学生学会了取长补短，有助于他们良好个性的形成。评选"超级小讲师"或"超级小助理"，甚至还可以评选"本周最优组"等，并在班级公示结果，这不仅对小先生们是一份荣耀，而且对其他同学也是一种激励，激励人人争当小先生。

三、结语

目前陶行知先生的"小先生制"在我的课堂上只是初步的一些体现，但其优势却是显而易见的。它不仅可以达到小学生当小先生、小先生教小学生、"三人行，必有我师"的目的，还可以增强学生的表达能力、团队合作意识、自主学习意识，规避传统教育模式的弊端，强调师生教学角色的灵活性，真正地实现以学生为中心。未来我还会继续挖掘更多的、不同的小先生，真正让学生从"让我学"走向"我要学、我会学"。

费曼学习法让数学教学向深度漫溯："鸡兔同笼"问题教学片段与思考

郑仕晴

"鸡兔同笼"问题是北京版数学教材五年级上册第六单元数学百花园的内容，教材中呈现了画图法和列表法两种方法，画图法直观呈现鸡和兔腿数的变化过程，列表法直观反映数字的变化。对比人教版教材和北师大版教材，发现人教版教材中除了呈现列表法外，还呈现了列式法和抬脚法，列式法对学生来说具有一定的难度，需要学生有较强的逻辑性；北师大版教材只呈现了列表法。通过对比分析，发现不管是画图法、列表法、列式法，还是抬脚法，都蕴含着假设的思想，并且在三个版本的教材中均呈现了列表法。通过有序猜测和计算得出结论，学生感受到尝试、调整是数学探索的一种有效途径。

在教学中，有些教师会在一节课中呈现画图法、列表法、列式法、方程法等多种方法，体现出方法的多样化。但一节课的时间有限，如果在一节课中呈现多种方法，可能会使学生对于方法的挖掘深度不够，缺乏对数学概念的深度建构与关联把握，无法促进深度学习。结合费曼学习法，我选择把这节课的教学交给学生，让学生充当小导师在课堂中讲授。本节课主要呈现了画图法和列表法，小导师能够讲清楚解决问题的方法，但意识不到要引导学生深入分析方法背后的数学思想。因此，在课堂中，我采用小导师讲解教师补充的教学方式，下面是"鸡兔同笼问题"这节课的教学片段与思考。

片段一：开门见山，直接导入

小导师：同学们，今天我们来研究这样一个问题。

课件出示：

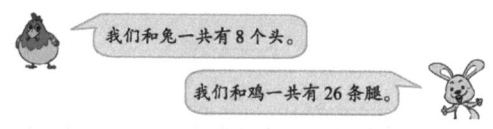

鸡和兔分别有多少只？

我们和兔一共有8个头。

我们和鸡一共有26条腿。

小导师：大家从上面的图中能得到哪些数学信息？

生：鸡和兔子一共有8个头，26条腿。

小导师：对，这是我们一眼就能看到的信息，你还能从中看出其他隐藏的信息吗？（备课时，在教师的提示下小导师增加的问题）

生：一只鸡有2条腿，一只兔子有4条腿。

小导师：那数学问题是什么？

生：鸡和兔分别有多少只？

此时教师进行补充：在解决这个问题之前请同学们先猜一猜鸡和兔的只数。

生1：鸡有2只，兔子有6只。

生2：鸡和兔分别有4只。

生3：鸡有5只，兔子有3只。

教师：同学们有这么多不同的想法，大家猜测的依据是什么呢？

生：题中告诉我们鸡和兔子一共有8个头，也就是有8只，猜的时候要保证鸡和兔子的总只数是8只。

教师：说得有理有据，在解决这个问题时要保证鸡和兔的总数是8只。看来我们在猜测的时候不能胡乱地猜，而是要根据已有信息有依据地猜。

【思考】通过读图，学生挖掘其中的显性信息和隐性信息，并提出数学问题，培养学生发现数学信息、提出问题的能力。学生在面对一个新问题时，往往会无从下手，这时用猜一猜的方法为学生指明方向，这也为下一步解决问题做铺垫。在课堂中，学生对小导师讲课的方式特别感兴趣，这种教学方式学生此前没接触过，因此感到新奇。

片段二：交流方法，深挖道理

小导师：请同学们借助画图法、列表法等你们喜欢的方法来解决这一问题。

学生独立完成任务，小导师和教师进行巡视指导，收集具有代表性的作品进行展示。

展示学生作品。

（1）画图法

①假设都是鸡。

生：我想到的是如果8只都是鸡，1只鸡有2条腿，共有2×8=16条腿，比26条腿少，因此要把鸡变成兔。1只鸡变成1只兔，这时有18条腿；再把1只鸡变成兔，20条腿……1只1只地调整，最后是5只兔和3只鸡。

小导师：你们听懂了吗？

学生点头。

教师：谁能再概括说一说这种方法是怎么做的？

生：把8只都看成鸡，然后增加兔的只数，减少鸡的只数，最后找到答案。

教师：为什么要增加兔的只数，减少鸡的只数？

生：计算出来的腿的数量少了，原因在于把这8只都看成鸡，没有兔，需要调整，而1只兔比1只鸡多2条腿，所以要增加兔的只数，减少鸡的只数。

动画演示这一方法的过程，学生仔细观察发现规律，并进行交流。

生：我发现增加1只兔，就减少1只鸡，总腿数就增加2。

②假设都是兔。

生：如果8只都是兔，1只兔4条腿，共有4×8=32条腿，比26条腿多，原因在于把它们都看成兔，没有鸡，而1只鸡比1只兔少2条腿，所以要增加鸡的只数，减少兔的只数。1只兔变成1只鸡减少2条腿，共30条腿；再把1只兔变成鸡，28条腿……最后是3只鸡和5只兔。

③对比总结。

教师：同学们借助画图的方法解决了问题，我们再来回顾这两种方法，有没有相同点？

生：都是画图解决问题，一种是都看成鸡，一种是都看成兔，调整后解决问题。

教师："看成"这个词用得特别好，它背后其实蕴含着一种数学思想，你们知道是什么吗？

生：假设！

教师：就像同学们说的一样，两种画图的方法都蕴含着假设的思想，这种数学思想在解决某些问题的时候经常会用到。

（2）列表法

小导师：我们再来看列表的方法。

①依次减少鸡的只数，增加兔的只数。

鸡	8	7	6	5	4	3	2	1	0
兔	0	1	2	3	4	5	6	7	8
总腿数	16	18	20	22	24	26	28	30	32

小导师：我从8只鸡、0只兔开始把所有情况都列出来，8只鸡16条腿；7只鸡，1只兔，18条腿；6只鸡，2只兔，20条腿；5只鸡，3只兔，22条腿；4只鸡，4只兔，24条腿；3只鸡，5只兔，26条腿；2只鸡，6只兔，28条腿；1只鸡，7只兔，30条腿；0只鸡8只兔32条腿。其中当鸡有3只，兔子有5只时，符合条件中的26条腿。

小导师：大家仔细观察这个表，有什么发现？（在教师的提醒下小导师引导学生观察表格）

生1：我发现不管怎样，鸡和兔的总只数都是8只。

生2：从左往右看，每减少1只鸡就增加1只兔，总腿数就会增加2。

教师：同学们都非常善于观察。这个表格把所有的情况都列出来了，做到了不重不漏，不光解决了问题，还发现了其中的规律，真了不起。

②跳跃减少鸡的只数，增加兔的只数。

鸡	8	6	4	2	3
兔	0	2	4	6	5
总腿数	16	20	24	28	26

生：我从8只鸡、0只兔开始列，8只鸡16条腿；6只鸡，2只兔，20条腿；4只鸡，4只兔，24条腿；2只鸡，6只兔，28条腿。这时候总腿数比26条多，而4只鸡4只兔时总腿数是24条，比26条少，所以就是鸡有3只，兔子有5只。

教师：同学们对这种方法有什么问题想问他吗？

生：你是怎么想到要2只鸡2只鸡地减少？

生：我在试完8只鸡0只兔时发现一共16条腿，比题目中的26条腿少得多，如果

1只鸡1只鸡地减少比较慢,所以就2只鸡2只鸡地减少。

小导师:对于这种列表方式,你有什么想说的?

生:这种方法比刚才的更简洁,很快就帮助我们找到答案。

教师:同学们真善于思考,在解决这个问题时不是一味计算,而是停下来加入自己的思考。这也提醒我们,在以后遇到问题要解决时,可以边做边静下心来想一想,也许就会出现更容易的解决办法。因此,我们不仅要会做,还要会思考。

③从鸡和兔分别有4只开始尝试。

鸡	4	3
兔	4	5
总腿数	24	26

生:我是假设鸡和兔子各有4只,这时一共24条腿,比26条腿少,因此减少鸡的只数增加兔的只数,鸡有3只、兔子有5只的时候正好26条腿。

小导师:你是怎么想到直接试鸡有4只兔子有4只的?

生:因为鸡和兔一共有8只,正好能平均分。

教师:平均分完以后呢?

生:平均分完后算总腿数,因为1只鸡比1只兔少2条腿,如果总腿数比26条少,就说明鸡的只数多了,兔的只数少,应该减少鸡的只数,增加兔的只数。如果总腿数比26条多,说明兔的只数多,鸡的只数少,应该减少兔的只数,增加鸡的只数。

教师:这种方法真巧妙,用更短的时间就解决了问题。

④对比总结。

教师:同学们通过列表的方法,在不断地尝试、调整中解决了问题,对比这三种方法,你觉得哪种方法更好一些?

生1:我觉得方法③更好,能更快地解决问题。

生2:我觉得方法②也不错,跟方法①比能很更快找到答案。

教师:这么看来,方法①是不是一种笨方法呢?

生:方法①虽然把所有情况都列出来了,看起来比较麻烦,但是从表里能看出变化的规律,不是笨方法。

教师:说得真好,每种方法都有它存在的价值,看似是一种笨方法,但是背后蕴含着重要的规律。这也提醒同学们，在解决问题时你用的方法可能不是最简单的，比较烦琐，但是在经历这个过程以后，你一定会收获更多。

（3）对比方法，总结提升

教师：同学们用画图和列表的方法解决了问题，回顾两类方法，有没有相同的地方？

学生不语。

教师：画图法假设都是鸡或都是兔，调整鸡和兔的只数解决问题；列表法是先假设鸡和兔的只数，在不断地尝试和调整中解决问题，它们的共同点是什么呢？

生：它们都是通过假设得到的。

教师：总结得真好，不管是画图法还是列表法，都蕴含着假设的数学思想。回顾刚才我们解决问题的过程，可以利用多种方法解决，但我们的目标不只是找到问题的答案，更要注重解决问题的过程，因为在探究的过程中我们往往能收获更多。

最后出示未完成任务的学生作品以及讲述爱迪生发明电灯的故事，引发学生讨论，使学生意识到如果带着坚持的态度去探究，一定会解决问题。

【思考】

费曼学习法是一种能够帮助学生深入理解知识点，让学生记忆深刻、学以致用的方法。解决"鸡兔同笼"问题的方法众多，但不是每种方法都割裂存在，它们之间存在着一定的联系，小导师在教学中并不能深入挖掘解决问题方法背后的数学本质。因此，在教学中需要教师适时地参与到教学当中，引导学生在深入理解画图法和列表法的基础上，沟通"画"和"列"的联系，剖析本质，就能发现其内在本质都是蕴含假设的数学思想。

片段三：渗透文化，建立模型

师：同学们，刚才我们探究的问题是一道数学趣题，早在约1500年前就记录到了《孙子算经》当中。

课件出示：

今有雉兔同笼，上有三十五头，下有九十四足，问雉兔各几何？

小导师：你们理解题目的意思吗？

生：鸡和兔一共有35只，有94条腿，鸡和兔各有多少只？

小导师：现在你们能解决问题了吗？

生：能。

教师：先不急，我们接着看下面这个问题。

课件出示：

有一群乌龟和鹤圈在一个笼子里，从上面数共40个头，从下边数共112条腿，求龟、鹤各有多少只？

小导师：这是日本的"龟鹤算"，看完以后你有什么想说的？

生：它和我们中国的"鸡兔同笼"问题的本质是一样的。这里的鹤有2条腿，相当于鸡，乌龟有4条腿，相当于兔，都是告诉我们总只数和总腿数，求分别有多少只。

小导师：那下面这个问题和我们今天所研究的"鸡兔同笼"问题有联系吗？

课件出示：

现有2元和5元人民币共10张，总面值41元，2元和5元的人民币各有多少张？

生1：好像跟鸡兔同笼没有联系。

生2：我觉得有联系，这道题看似是2元和5元人民币问题，但本质上还是"鸡兔同笼"问题，2元和5元分别相当于鸡和兔，总张数相当于总只数，总面值相当于总腿数，它们都是一类问题。

教师：同学们观察问题太深刻了。原来"鸡兔同笼"问题不光能研究鸡和兔、龟和鹤的只数问题，还能研究2元和5元人民币问题。现在如果让你来研究，结合生活实际，想一想，"鸡兔同笼"问题还能研究什么呢？

生1：我打算研究人和狗的问题。

生2：我想研究自行车和三轮车问题。

……

教师：同学们的探究意识真强，课下请同学们带着你们想研究的问题跟同伴进行交流。并且大家可以继续探究《孙子算经》中的这一问题，看看是否还有其他解决问题的方法。

小导师：同学们，通过这节课的学习你有哪些收获呢？

生1：可以通过画图法和列表法解决"鸡兔同笼"问题。

生2：画图法和列表法的本质都是假设。

生3：在解决这个问题时可能不会一下就找到答案，需要不断地尝试、调整。

……

教师：在解决问题时我们除了要关注结果以外，还要关注我们探究的过程，发现方法背后的道理，找到它们之间的联系，学会思考。

【思考】

借助数学文化，增强学生数学学习的兴趣。通过呈现"龟鹤算"及人民币问题，引导学生分析其背后相同的本质，从而学会透过现象看本质，实现学"一个题"到会"一类题"，从而构建"鸡兔同笼"问题模型，促进模型意识的形成，达到举一反三、触类旁通的效果。课下学生继续探究其他解决问题的方法，带着问题走出课堂，促进学生的课下思考，让学习探究不只停留在课堂上，更延伸到课下。

费曼学习法在数学课堂中的应用是一种变被动为主动的学习方式，小导师在学会知识以后将所学内容教给他人，从而起到巩固内容并传授给他人的作用。听课的小学生对于这种学习方式感到新奇，通过课堂观察发现，平时容易课堂走神的学生在小导师课堂中注意力能更集中，对于同伴之间的讲授更有兴趣。这种以教代学、把课堂交给学生的方法，给学生提供当小导师展示的机会，为他们打开一扇窗，帮助学生看到更优秀的自己，激发学生对数学学习的探究欲望，培养学生勤思考、善表达的综合能力，不断增强学习的主动性和学习能力。

《狮王进行曲》教学设计

李媛洁

一、指导思想与理论依据

（一）指导思想

音乐教育以审美为核心，根据一年级学生认知特点和授课班级已有能力，抓住

《狮王进行曲》的音乐特点，以引导学生积极参与音乐体验、表现和创造为目的进行设计。

（二）理论依据

本课依据课程标准中感受与欣赏部分的相关建议，采用多种形式引导学生积极参与音乐体验，注重过程性评价。贯彻以音乐审美为核心的基本理念，激发和培养学生的学习兴趣，全部教学活动应以学生为主体，师生互动，将学生对音乐的感受和音乐活动的参与放在重要的位置。

二、教学背景

（一）教学内容分析

对作品音乐风格的分析：

《狮王进行曲》是法国作曲家圣-桑所作管弦乐组曲《动物狂欢节》中的第一曲。乐曲以钢琴的颤音开始，营造威严的森林气氛。接着，弦乐与两架钢琴一起奏出逐渐增强的音响，进一步渲染这种气氛。随后，钢琴用很强的力度奏出音阶式的经过句，引出《狮王进行曲》。这一进行曲采用对比性中段的单三部曲式，沉重有力的顿音，浑厚低沉的旋律，表现了万兽之王威风凛凛的神态和坚实的步伐。这个主题重复一遍以后，出现了由低音区的半音阶经过句组成的模仿狮子吼叫的对比性中段。然后，钢琴在高音区再现狮王主题，最后在狮子的吼叫声中结束。

（二）学生情况分析

1.学生已有知识储备的分析

大部分学生已经能够认读do、re、mi、fa、sol、la、si这七个音符，音高概念也正在不断地形成，简单的四分音符、八分音符也已经能够演唱，这让学生欣赏和演唱这首乐曲有了最基本的条件。

2. 学生已有欣赏能力的分析

音乐表现要素的听辨：学生初步具备分析音乐作品表现要素的能力，听辨音响时能感受速度、力度的变化。

（三）教学方式与手段说明

教学方式：引导参与，过程体验。

教学手段：采用先复习歌曲后提问的教学形式引出教学话题，再运用多种形式引导学生主动参与。通过感受、模仿、尝试、探究等多种音乐活动，引导学生自主体验。从聆听第一乐段开始，通过师生配合的形式给学生体验的过程，在"听""唱""动"的活动中，感受音乐要素的变化。

（四）技术准备

1. 使用演示软件制作课件。
2. 使用音频软件编辑声音文件。

（五）前期教学状况、问题与对策

前期教学状况：就学生学习情况来看，通过聆听能够听辨乐曲的强弱和一些常见的乐器，但是还达不到准确分辨弦乐器的程度。

问题1：作品的篇幅较长，这对于学生的注意力与理解力造成了困难。

对策：采取从局部到整体的聆听方式，分段理解，整体感受。

问题2：乐曲第一乐段旋律的记忆对学生有困难。

对策：通过歌词创编演唱，激发学生学习兴趣，熟悉旋律。

三、教学目标

（一）知识与技能目标

能够听辨音乐中力度强弱的变化，初步理解作品的结构。

（二）过程与方法目标

运用想象、体验、模仿、对比等方法，使学生喜欢《狮王进行曲》并能跟着音乐模仿狮王的相关动作。

（三）情感、态度与价值观目标

通过聆听管弦乐曲《狮王进行曲》，感受乐曲所表现的狮王威武的音乐形象。

四、教学重点与难点

（一）教学重点

感受乐曲所表现的狮王威武的音乐形象。

（二）教学难点

听辨音乐中力度强弱的变化和对音乐作品结构的理解。

五、教学过程

（一）创设情境，激趣导入

环节目标：激发学生学习兴趣，引出课题。

活动1.1——组织教学，师生用音乐相互问好。

活动1.2——创设情境，提问导入。

环节导语：同学们，今天老师带大家走进大自然，去参加动物的狂欢节！大家猜一猜都有哪些动物来参加？

预设学生回答：小鸟、兔子、大象、猴子……

（二）聆听全曲，感受音乐形象

环节目标：初听全曲，感受音乐所描绘的狮王形象。

活动2.1——完整聆听音乐，感受音乐的形象。

（1）教师活动：教师播放全曲。

环节导语：有体型较小的兔子、小鸟，也有体型庞大的大象、老虎，等等。现在还有一位重要的朋友也来参加，听一听它是谁。

（2）学生活动：欣赏全曲谈感受。

活动2.2——揭示课题《狮王进行曲》。

教师导语：这首乐曲中出现了浑厚低沉的旋律，力度较强，它表现的是一只体型庞大的动物——狮子大王，这首乐曲的名字叫《狮王进行曲》。

（三）分段欣赏，记忆主题音乐

环节目标：分部分聆听，听辨乐段的情绪、音色、速度、力度、节奏等要素，进一步体会乐曲。

活动3.1——聆听引子部分，感受森林气息。

聆听引子部分，思考音乐的情绪。

教师设问：你会用下面哪些词语来形容这段音乐的情绪？紧张、神秘？

活动3.2——聆听第一乐段，记忆主题旋律。

（1）初听主题旋律，了解弦乐乐器并听辨音色。

教师提问1：狮子大王就要出场了，听一听它出场时的音乐是用什么乐器来演奏的。

教师提问2：这些乐器谁的音色最明亮？谁的音色最低沉？

（2）复听主题旋律，教师演唱创编歌词。

（3）出示旋律谱，学唱主题旋律。

（4）学生模仿狮王的动作进行演唱。

活动3.3——聆听B段音乐，表现"狮吼"。

（1）聆听B段音乐，分析音乐特点。

教师提问1：下面三幅图哪个最像狮王的吼叫？

教师提问2：这幅图有什么特点？音高和力度发生了怎样的变化？

预设学生回答：音高由低到高再到低，力度由弱到强再到弱。

（2）教师指导学生结合动作表演"狮吼"。

教师导语：音乐中出现了几次狮王的吼叫？请用动作来模仿。

（3）复听B段音乐，教师画出"狮吼"旋律线。

活动3.4——聆听再现部，发现特点。

环节导语：聆听第三段音乐，和前面哪一段相似？

（1）聆听再现部，找特点。

教师提问：有几次吼叫声？跟之前四次有什么不一样？

（2）复听再现部，听到吼叫声用动作来表示。

（3）师弹琴，与第一段音乐主题对比找特点。

（4）与老师一起完整表演再现部。

（四）介绍作者及《动物狂欢节》

环节目标：了解作品的创作背景。

活动4.1——认识作曲家圣-桑并了解管弦乐组曲《动物狂欢节》。

教师导语：同学们表演得太棒了，这么好听的乐曲是谁写的呢？它是由法国著名作曲家圣-桑创作的，圣-桑爷爷专门为小动物创作了一首管弦乐组曲《动物狂欢节》，其中有14首专门为小动物写的歌曲，比如天鹅、大象、袋鼠，还有之前学过的公鸡和母鸡，等等。今天学习的《狮王进行曲》是14首乐曲中的第一首，凸显了狮子大王在森林小动物中的地位。

（五）完整表演乐曲

环节目标：通过回忆全曲结构，引导学生横向梳理乐曲结构。

活动5.1——对乐曲结构进行回忆总结。

活动5.2——师生一起完整表演。

（六）课堂小结，欣赏艺术家演奏视频

环节目标：通过观看艺术家演奏视频，整体感受乐曲，熟悉乐器的演奏方式。

教师导语：下面让我们看看艺术家是怎么演奏的，一起来欣赏。

结语：艺术家们表演得真精彩，期待今后学到更多圣-桑爷爷的作品。下课！

六、学习评价方式

评价采用过程性评价与终结性评价相结合的方式，对学生进行综合性评价。鼓励学生参与音乐活动、表现音乐。

过程性评价，关注学生音乐素养的提高，这类评价主要运用于实践活动中。如在聆听乐曲或演唱的练习过程中，学生是否能关注整体的音响，是否具备聆听的能力和习惯，在此过程中教师应及时给予评价。当学生成功时，或用微笑的表情给予正面评价，或竖起大拇指给予赞美，都是对学生良好水平的认可和鼓励。

七、教学设计的特点

（一）创设情境，调动学生学习的积极性

教学中以音乐故事为主线贯穿全课，创设情境，让学生始终在老师创设的情境中去感受、体验、表现、创造，激发了学生的学习兴趣和求知欲望。在教学中采用以表演展示情境、以语言描绘情境、以聆听狮王的叫声模仿情境等手段，积极引导学生发散思维，使学生在听赏和律动中，感受音乐旋律的优美及音乐表现的多样性。

（二）调动多种感官，增强音乐鉴赏的实效性

欣赏教学要以感受音乐音响为重点。运用视听结合的方式，让学生多感官地体验和感受音响变化。学生在音乐中体验，在体验中生成情感，并将情感通过聆听、演唱、表演等形式表现出来。通过师生、生生的相互交流，感受优美的音乐旋律。

（三）巧妙设计教学环节，解决时间与学习内容之间的矛盾，增强学习效果

首先，乐曲的篇幅比较短，这就为整首乐曲的学习带来时间上的压力。其次，乐曲的结构对于二年级学生来说相对复杂。如何让学生在充分聆听音乐的基础上，感受乐曲速度、节奏、旋律的变化，并能记忆乐曲的主题，了解乐曲结构，如何解决教学内容与时间上的矛盾就成了本节课最大的难点。所以在设计本节课时，我引导学生通过多种形式熟悉音乐、表现音乐、记忆主题。例如，在乐曲主题乐段的听赏中加入创编歌词演唱的环节，通过启发学生边唱边演的形式，加深了学生对乐曲的理解，培养了乐感。

八、教学反思

在教学设计中以音乐故事为主线，为了让学生能够充分感知、体验、分辨出乐曲三部分不同的情绪，教学中在学生初次完整听赏的基础上，采用分段欣赏的方式引导学生听赏，分段感知、体验、想象、表现。每一段除了感受音乐情绪、力度外，还通过视听、律动、情境表演等学生喜欢的形式帮助学生熟悉乐曲主题，激发和培养了学生对音乐的兴趣，开发了他们的音乐感知力、想象力、创造力，也让学生体验了音乐的美感。

反思本课教学，有以下几点收获：

1. 在设计这节课时，我对学生情况和教学内容进行了综合分析，设计了切实可行、符合实际且细化的教学目标。

2. 通过对教学环节的合理安排、巧妙设计，解决了时间与学习内容之间的矛盾，让学生循序渐进、层层深入地获得音乐感受和知识。另外，注重细节的设计，包括每个教学环节的衔接、教师的引导语言、课件的设计等，在有限的时间内，在乐曲篇幅较短、结构相对复杂的情况下，依然安排了两次完整的听赏，让学生在听、演、唱、奏等活动中感受到了音乐所表达的情绪，了解了音乐所描绘的狮王形象，体验到了参与活动的快乐，在保证教学时间的基础上，很好地完成了教学目标，收到了良好的教学效果。

3. 这节课遵循了以音乐为本的教学原则，始终引导学生关注音乐。如聆听方式有分段聆听，也有完整聆听。在聆听过程中设计了随音乐律动、演唱、对比音乐要素等音乐实践活动，让学生能透彻地感受音乐、表现音乐。

《小小牵牛花》教学案例

郭晓彤

一、教学目标及教学重、难点

（一）教学目标设计

1. 知识与技能

学生能用欢快、活泼、兴奋的情绪，有感情地、自信地、完整地演唱歌曲。

2. 过程与方法

让学生积极动口、动手、动脑，引导他们在音乐活动中听、唱、思、记、看，全方位开拓思维空间；启发学生通过模仿的方法，表达自己的感受、意见或看法；培养学生对音乐的感受力、鉴赏力、表现力和创造力，促进学生个性自由和谐地发展，达到艺术熏陶与塑造人的目的。

3. 情感培养

引导学生在演唱歌曲及表演中增强对歌曲的理解与表现，了解不同形态的牵牛花，激发学生热爱大自然的感情，使学生在音乐创作实践中感受大自然与音乐的美。

（二）教学重、难点分析

1. 教学重点：能用自然的声音，按照节奏和曲调有表情地演唱《小小牵牛花》，并能有艺术性地表现歌曲。

2. 教学难点：低音la的认识与学习，八分休止符的感受与体验。

（三）教学用具

多媒体、钢琴。

二、教学过程设计

（一）设置情境，导入新课

展示牵牛花的图片，引导大家认识牵牛花，感受大自然的美丽。引出课题——小小牵牛花，引导学生想象牵牛花与喇叭的相似之处，出示图片。

（二）熟悉歌曲，深入学习

1. 教师提问：喇叭会发出怎样的声音呢？学生自由发挥。

2. 教师模仿喇叭的声音，引出吹奏声——嘀嘀嘀嗒，并带有拍手、拍腿的动作，学生跟着老师的节拍一起做动作。

3. 师生合作打拍子，模仿喇叭吹奏的声音。

4. 教师带领学生认识前八后十六音符，并提问：拍子是怎样的？（2/4拍）

5. 邀请个别学生当小老师，自行编创节拍，再带领其他同学通过拍手和拍腿的方式去感受歌曲的节拍。

6. 给小喇叭配上音高，认识低音la，明确音符唱名和音高位置。

7. 教师给小喇叭的声音配上音乐片段，再弹琴，带学生反复练习。

8. 完整播放曲目《小小牵牛花》，让学生找出歌曲中相同音符la的所在位置，并找出相似的歌词与乐句。

9. 复听歌曲，教师提问：歌曲的情绪是怎样的？（欢快、活泼）

10. 引导学生辨别两段歌词，分别熟悉每段歌词。

11. 师生共同歌唱并配拍手、拍腿的动作；教师弹琴，带学生反复练习歌曲。

（三）巩固歌曲，小组合作

1. 教师选择合适的打击乐器为歌曲伴奏，学生做拍击动作，与教师一起合作。

2. 邀请学生上台当小老师，模仿教师用打击乐器带领同学们为歌曲伴奏。

（四）课堂小结

再次强调大自然的美丽，让学生懂得要保护大自然、热爱大自然、拥抱大自然。

三、教学反思

本课是小学音乐三年级的内容，要求能用活泼、热烈的情绪演唱歌曲并用各种形式来表现歌曲。《小小牵牛花》是一首具有民歌风格的儿童歌曲，2/4拍。歌曲的旋律流畅，节奏紧凑，呈现出活泼、欢快、热烈的情绪，且欢快的情绪起伏有致，生动地表现了农家儿童开朗、活泼的性格，歌唱了党的好政策给山村带来的可喜变化。歌曲虽然长，但是唱起来朗朗上口，再加上歌曲是一首带有浓郁乡村气息的歌曲，气氛热烈，催人向上，所以唱这首歌的时候，一定要让学生活跃起来。

本节课的最大亮点在于运用学生们的智慧，邀请学生自己勇敢走上讲台，带领其他同学一起学习，成为同学中的小先生。这既锻炼了自己，同时也充分活跃了课堂的氛围，提高了学生的专注度，让学生在教中学、学中教。同时，教师再加以辅助和引导，突破重难点，让学生回归到课堂主题，成为课堂真正的主人。

本节课也存在很多不足，比如忽略了对学生的德育渗透，导致学生后面学唱歌曲过程中对音乐的把握有些欠缺，没有把牵牛花象征的那种积极向上的精神表现出来；再如，引导学生解读歌词不是很到位，分析旋律有些欠缺，等等。

鉴于这些不足，我将在以后的教学工作中努力做到多给学生表现与互相学习的机会，使其更加乐学与悦学！努力争取把我的音乐课堂变成孩子们知识的乐园！

《洋娃娃和小熊跳舞》教学设计

于帅

一、教学信息

主题：《洋娃娃和小熊跳舞》。
学科：音乐
年级：二年级。
时长：40分钟。

二、背景分析

1. 教学内容分析

本课是人音版音乐二年级上册第6课的歌唱内容。《洋娃娃和小熊跳舞》是一首二拍子、大调式、四乐句构成的一段体波兰儿童歌曲，歌曲以明快舒畅的旋律、活泼跳跃的节奏，生动地表现了洋娃娃和小熊跳舞时憨厚可爱的神情。歌曲四个乐句运用了旋律重复变化的手法，歌曲结构方整，其中前十六分节奏型贯穿全曲，节奏明快，舞蹈性很强，适合于边表演边歌唱。歌曲属于经典儿歌，二年级大部分学生已经会唱基本内容，显然歌曲的重难点不再是情绪内容的体验，而是需要通过熟知的音乐作品，向学生传递情感并引领学生在音乐要素上进行更深入的音乐体验。

2. 学情分析

情感、态度与价值观方面的学情分析：活泼好动，想象力丰富，表现力强，喜欢欢快活泼的乐曲，乐于参与音乐活动，能主动地表现音乐。

过程与方法方面的学情分析：对模仿创编的学习方式接触较少，对于对比聆听的学习方式比较熟悉。

知识与技能方面的学情分析：多数学生已经初步建立移动do的演唱方法，能够听辨并模唱出老师所唱旋律，音准较好。

3. 教学方法

在导入环节，通过闯关游戏吸引学生注意力，激发学生的学习兴趣，将学生引入"洋娃娃和小熊跳舞"的教学情境中。

在学唱歌曲旋律时，采用师生接龙的形式，帮助学生较为容易地掌握歌曲旋律。

在教学中还运用了合作法、模仿法调动学生学习热情，更好地演唱歌曲。

4. 教学目标

情感、态度与价值观目标：乐于参与歌曲《洋娃娃和小熊跳舞》的演唱与表现活动，感受歌曲"洋娃娃与小熊跳舞"的生动形象。

过程与方法目标：通过闯关游戏、聆听、表演的方法，学会歌曲《洋娃娃和小熊跳舞》。

知识与技能目标：能够用欢快明亮的声音演唱歌曲，能够积极参加音乐活动。

三、教学重点

歌曲《洋娃娃和小熊跳舞》的演唱。

四、教学难点

乐句末尾音的高低走向。

五、教学准备

多媒体、钢琴、打谱软件、音频剪辑软件、响板。

六、教学过程

1. 游戏导入

师：同学们，今天早上洋娃娃给大家布置一个闯关游戏，谁可以闯到最后就能获得一个神秘惊喜。同学们，你们敢接受洋娃娃的挑战吗？

2. 第一关

（1）唱名练习：告知学生D大调的d，找出m、s在五线谱上的位置，并跟着钢琴唱 dms、smd、ssm、smd、ddm、dmd。

（2）音阶练习：伴随钢琴演奏唱一唱D大调的音阶，熟悉"1""3""5"在音阶中的位置。

3. 第二关

听力练习：聆听歌曲。

（1）洋娃娃正在和谁在跳舞呢？（小熊）跳的是什么舞呢？（圆圈舞）

（2）从选项里选择一个符合歌曲的情绪。（铿锵有力的、欢快活泼的、优美抒情的、忧伤的）

（3）聆听教师演唱，划分乐句，数一数歌曲由几句组成。（四句）

4. 第三关

学唱练习：学唱歌曲。

（1）按节奏朗读第一段歌词，教师示范一句，学生有节奏地跟读一句。（纠正一字多音，强调韵母部分）

（2）师生接龙唱谱，老师打节拍并唱前面部分，学生唱dms、dmd部分。

同学们，你们唱完这两句有没有发现什么规律？"135""131"它们两个有些……（相似）你们真是太厉害了！那可以和老师再合作一次吗？

（3）再次聆听歌曲，学习第一段歌词。（第一遍小声跟唱，第二遍跟音频唱）

（4）自主学习第二段歌词。（跟钢琴唱）

（5）跟钢琴完整地演唱歌曲。（要求：轻快地演唱，注意气口，面带微笑）

5. 表现歌曲

恭喜同学们顺利通过洋娃娃的考验，原来今天下午洋娃娃要举办一场音乐舞会，只有通过考验的人才能获得入场券，拥有登上舞台表演的机会。

（1）舞蹈欣赏：接下来上场的是波兰舞蹈团，让我们一起来欣赏波兰舞蹈吧！

（2）律动创编：我看有的同学已经跟着舞蹈动起来了，那同学们想不想上台表演一下呢？（即兴发挥，教师也可示范拍手跺脚）同学们的想法真棒，老师都没想到这个方法呢！给你一个大大的赞。

（3）师生合作：马上就到我们表演了，记住上台表演的时候要面带微笑，舞蹈要自然一些。同学们，你们准备好了吗？（跟音频表演）

七、小结

师：洋娃娃说今天非常开心，她说我们的舞蹈是今天最特别的表演。可是，天渐渐黑了，洋娃娃也要休息了，让我们和她说再见吧！好了，今天的这节音乐课就上到这里，同学们下课。

八、教学总结与反思

这是一首富有童话色彩的儿童歌曲，节奏明快，舞蹈性很强，适合于边表演边歌唱，所以本课我不单单停留在歌唱的教学上，而是以舞会为主线，让洋娃娃和小熊来跳舞，增加了舞蹈表演等内容，引导学生加深对歌曲的认识，从而感受美、发现美、创造美。

在新歌教学中，我请学生通过做游戏和肢体语言，如拍拍手、跺跺脚等动作表现歌曲的节奏，让孩子们来学洋娃娃和小熊跳舞的样子，从而更好地感受歌曲的情绪。这节课总体来说我还是比较满意的，但仍有一些地方不尽如人意。下面我对本节课的不足之处做一下总结：首先，在对学生进行歌唱指导时，学生将第二句总唱成第三句，而我处理不到位，耽误了一些教学时间；其次，每个乐句的结束小节"135"和"131"处，有个别同学唱错，我没能及时发现与纠正；最后，结束部分组织学生去参加生日舞会，但有的学生不爱表演，站在那里显得有点儿手足失措。

今后需要做如下改进：在引导学生演唱易错的地方时，可以加上手势动作，帮助学生区分音的高低及旋律走向。表演环节，喜欢表演的学生表演舞蹈，不喜欢表演的学生可以演唱歌曲，分工进行，增加学生的参与度。

通过这次上课，我更加清楚学生喜欢什么样的课堂，也更加明白自己的不足之处。以后一定努力钻研，弥补自己的不足，完善自己的课堂。

《上一（三）步投掷轻物》单元教学设计

张静婵

一、单元名称

上一（三）步投掷轻物。

二、单元教学设计说明

单元教学设计建构的主要理论依据是动作发展规律和自身认知发展规律。动作发展是体育教学的基础理论，也是单元设计的重要依据之一，它是构建单元目标、内容、方法和评价的重要逻辑主线。教学计划的先后顺序有利于帮助学生合理学习适合自身发展水平的动作技能内容，教学时长的安排是根据具体动作发展的特征、项目学习难度的大小，并结合该水平段学生的发展特点而制订的。单元教学设计基于学习者的身体、环境和认知，设计出具有交互性、开放性、体验性的学习情境，在满足学生技能学习需要的同时，又为学生创造更具有效率和活力的课堂体验。

三、单元教学背景分析

（一）教学内容分析

投掷是三年级体育教学的主要内容和锻炼身体的重要手段，也是在一、二年级学习自然挥臂、自然投掷动作基础上的进一步发展和提高。大单元教学设计的目的是，让学生通过投掷基本动作的学习，体会由原地投掷到进一步上一（三）步投掷的进程，思考怎样才能获得更大的投掷远度，体现自己的投掷能力。在教学内容安排上，基于对教学目标、教学环境及教学对象的系统分析，以具体教学内容为抓手，精选出有针对性的教学方法、组织方式、情境设置和评价手段，让课堂教学内容丰富、形式多样、游戏性强，符合小学生的生理特点、心理特征，从而激发学生参与投掷项目学、练、赛的积极性和主动性，有效地培养学生的投掷能力。投掷教学主要偏重发展上肢力量，在教学实施中，搭配注重发展下肢力量的教学，以促进学生的全面发展。

（二）学生情况分析

三年级学生活泼好动，注意力不集中，自我约束能力还不够强，但其表现欲和模仿能力较强，已经具备和同伴合作学习的意识和能力。学生对于说教过多、技术要求过高的教学会因其理性思维还不完善而不易接受，也不感兴趣；相反，对于直观的、易于模仿的偏感性思维的体育课比较喜欢，学习兴趣比较高。为此，本单元教学将从学生生活经验入手，采用模仿练习、合作学习与游戏活动相结合的教学方法开展教学。投掷是小学生基本运动能力的主要内容之一，学生在小学低年级已经学习过持轻物掷远、看谁投得准、小沙包投准、持轻物投过一定高度的横绳等自然投掷的方法。

（三）教学方式

讲解示范、游戏竞赛、小组合作、优生展示。

（四）教学手段说明

教师示范、图例讲解、自制教具。

（五）技术准备

由复习巩固原地侧向投掷过渡到新授的上一步投掷。

（六）前期教学状况

在一、二年级的教材中已有原地肩上投掷轻物、原地侧向投掷轻物、原地双手前抛轻物等内容，学生已经基本掌握这三种投掷方法。在原地侧向投掷轻物的教学中，学生的蹬地转体、出手角度以及出手速度还需继续加强，因此在本单元教学第一课时，重点解决这三个问题。

四、单元学习目标与重、难点

（一）单元教学目标

1. 能够说出所学的投掷项目的名称和含义，了解一些基本的健身作用。
2. 掌握原地侧向投掷沙包和上一（三）步投掷的基本技术动作，发展力量、协调等身体素质，提高投掷的准确度和远度。
3. 培养学生勇敢、果断的意志品质，提高学生团队合作能力和主动学习能力。

（二）单元教学重、难点

1. 教学重点：上步后引与蹬、转、挥衔接。
2. 教学难点：动作协调。

五、单元教学计划

课时	技能目标	教学重、难点
1	能够掌握正确的侧向投掷轻物的用力顺序，能做出蹬地转体后展体、收腹带动上肢自然挥臂的投掷动作	重点：出手角度、出手速度 难点：动作连贯

续表

课时	技能目标	教学重、难点
2	学生初步掌握上一步投掷轻物的动作要领，能做出上步后引与蹬、转结合	重点：背后过肩，肘关节向前 难点：上步后引与蹬、转结合
3	学生初步掌握上三步投掷轻物的动作要领，基本能做出上步后引与蹬、转结合	重点：后引留重心 难点：动作轻松、自然
4	学生初步掌握上三步投掷轻物的动作要领，基本能做到上三步动作清楚，比较连贯	重点：上步后引与蹬、转、挥结合 难点：动作自然、连贯
5	学生通过测试了解自己的投掷水平，能比较连贯地完成上三步投掷轻物	重点：上步后引与蹬、转结合 难点：动作协调、连贯

六、单元评价设计

（一）评价方式

学生自评、教师评价、学生互评。

（二）评价指标

技术动作、投掷远度、投掷准度。

第一课时《原地侧向投掷轻物》教学设计

张静婵

一、指导思想

本课坚持以"健康第一"为指导思想，以《义务教育体育与健康课程标准（2022

年版）》为依据，以"学生发展为中心，帮助学生学会体育与健康学习"的理念为指导，遵循循序渐进的教学原则，结合运动技能形成的规律及学生身心发展的特点，由易到难、层层深入地引导学生通过探究、合作学习，增强课堂教学的实效性，从而促进技能的形成和身心健康发展。

二、教学背景分析

（一）教学内容分析

投掷是人体基本活动能力之一，是锻炼身体的重要手段，在日常生活、生产劳动、娱乐活动中具有重要作用。小学中年级的投掷教材水平二，较水平一而言，由原地投掷轻物，变为上一（三）步投掷。此教材的主要内容是掌握助跑上步后引与蹬、转、挥臂结合的动作要领。教师须清楚地指导学生掌握投掷时出手的高度、速度与投掷远近的关系，以培养学生的目测力及空间感应能力，同时培养学生的自尊心、自信心和进取心以及活泼愉快的心理素质。

（二）学生情况分析

本次授课对象为三年级学生，整体而言学生纪律较好，喜欢做游戏，但在师生互动、倾听方面有所欠缺。针对以上情况，我安排了竞赛和游戏，以激发他们的学习动力。本课为大单元的第一课时，首先回顾原地单手向上投掷和原地侧向投掷技术要领，为学习上一（三）步投掷打基础。

三、教学过程

教学内容	1. 原地侧向投掷轻物 2. 游戏：齐心协力			
教学目标	1. 知识与技能：复习原地侧向投轻物的方法，使学生能做出蹬转体、后展体、收腹带动上肢自然挥臂的投掷动作，增强学生的协调性 2. 过程与方法：运用体验、比较、合作等方法，使学生能够掌握正确的侧向投掷轻物的用力顺序 3. 情感、态度与价值观：培养学生乐于合作、勇于展现自我的精神，体验合作的快乐			
开始部分	一、课堂常规 1. 集合整队 2. 师生问好 3. 检查人数 4. 宣布本课内容 5. 安排见习生 二、队列练习 1. 原地转法 2. 原地踏步走	**组织**：四行横队 ☺☺☺☺☺☺ ☺☺☺☺☺☺ ☺☺☺☺☺☺ ☺☺☺☺☺☺ ★ **教法**：1. 教师整队清点人数 　　　 2. 教师宣布本课内容及要求 　　　 3. 四行横队依次转，依次喊出校训以及班训 　　　 4. 踏步时喊班级口号 **要求**：动作快、口令清、队伍齐	2	1
准备部分	1. 韵律操（音乐） 2. 专项练习 第一节：肩绕环 第二节：模仿自由泳、仰泳 第三节：体前屈 第四节：俯身左右转体	**组织**：四行横队 ☺☺☺☺☺☺ ☺☺☺☺☺☺ ☺☺☺☺☺☺ ☺☺☺☺☺☺ ★ **教法**：1. 学生拍手跑步至活动场地 　　　 2. 学生跟随音乐一起练习 **要求**：积极参与、气氛活跃、遵守规则	5	1

续表

基本部分	一、复习导入 学生回顾原地侧向投掷轻物的动作要领。每位同学2个沙包、1个矿泉水瓶	组织：四行横队 ☺☺☺☺☺ ☺☺☺☺☺ ☺☺☺☺☺ ☺☺☺☺☺ ――――― ★ 教法：1. 学生分组练习2次。听到口令，前两排同学每人捡4个沙包 2. 教师总结评价并做第一次示范，强调蹬转配合，学生练习 3. 找优生示范，强调出手角度。学生练习，目标是超过红线。听到口令后前两排同学每人捡4个沙包 4. 教师第三次示范，强调出手速度。学生练习，目标是超过红线 5. 教师总结评价	8	
	二、练习：争当投掷小冠军 学生站在投掷线后面，将轻物投至相应区域。距投掷线5米、离地面约2米的地方有一条红色标志线，过线即为有效成绩，否则为无效成绩	要求：1. 一个同学投掷，其他同学徒手练习 2. 认真观看，学会自我反思，纠正动作 组织：四行横队 ☺☺☺☺☺ ☺☺☺☺☺ ☺☺☺☺☺ ☺☺☺☺☺		

基 本 部 分	**重点：远投练习** 【设计意图】在前面练习的基础上增加投掷远度的练习。通过竞争的方法，增强学生的练习兴趣和积极性。会用不同的投掷物进行练习 三、练习：空中打靶 学生将沙包投至空中靶上，击中得1分，小组所有成员累计得分即为小组得分。共比赛3轮	无效区域 ————————— 5m 小能手 ————————— 8m 小标兵 ————————— 11m 小冠军 ★ **教法**：1.教师讲解投掷要求及规则 　　　2.学生依次听口令练习投掷沙包 　　　3.教师小结 　　　4.学生投掷矿泉水瓶 　　　5.学生听口令统一捡沙包 　　　6.小结评价 **要求**：1.遵守规则，注意安全 　　　2.认真观看，一个同学投掷，其他同学评价 **组织**：分成四组 ☺☺☺☺☺☺ ☺☺☺☺☺☺ ☺☺☺☺☺☺ ☺☺☺☺☺☺ ★ ■ ■ ■ ■ ■ **教法**：1.教师讲解游戏规则和要求 　　　2.学生以小组为单位依次练习 　　　3.学生听到口令后，统一捡沙包 　　　4.小结评价		

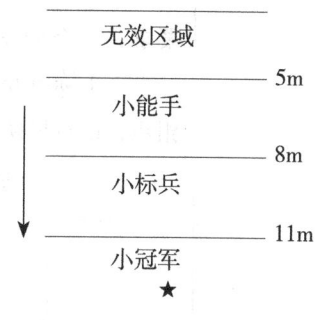

续表

基本部分		**要求**：一个同学投掷，其他同学徒手练习并评价 **组织**：四行横队 ☺☺☺☺☺☺☺ ☺☺　　　☺☺ ↓　　　　↑ ▲▲▲▲ **教法**：1.教师讲解比赛规则及要求 　　　2.学生分组进行练习 　　　3.学生分组接力比赛 　　　4.小结评价 **要求**：遵守规则，注意安全		
	四、游戏：合作跑 两人双手持杆，听到口令后向前跑，绕过标志桶后返回起点	**组织**：四行横队 ☺☺☺☺☺☺☺☺ ☺☺☺☺　☺☺☺☺ ↓　　　　↑ ▲▲▲▲ ★ **教法**：1.教师讲解比赛规则及要求 　　　2.学生分组练习 　　　3.教师引导学生总结经验 　　　4.学生比赛 　　　5.小结评价 **要求**：团队合作，友好沟通		

续表

结束部分	1. 放松练习 2. 课后小结、讲评 3. 宣布下课、师生再见	**组织：** 四行横队 **教法：** 听音乐，教师和学生一起进行放松活动 **要求：** 全身放松，身心愉快	
器材	哨子 1 个、沙包 60 个、音箱 1 个、矿泉水瓶 30 个、红线 1 条、标志靶 7 个、标志桶 8 个		

运动负荷曲线预计	预计练习密度	课后小结
（心率曲线图：0–45 分钟，心率从 85 升至约 145 后降至 90）	35%~40%	原地投掷沙包动作要领：蹬地转体、肩上屈肘、快速挥臂

四、教学效果评价

在练习中，教师提示学生注意动作的要领，鼓励学生克服困难，对完成动作好的学生给予展示的机会。

标准	项目
投掷小冠军	动作技能：蹬地转体动作协调，出手角度正确，出手迅速 投掷距离：超过 11 米
投掷小标兵	动作技能：蹬地转体比较协调，出手角度比较正确，出手较快 投掷距离：8~11 米
投掷小能手	动作技能：蹬地转体基本协调，出手角度基本正确，出手较慢 投掷距离：5~8 米
继续加油	动作不正确，投掷距离在无效区域

五、本课特点

（一）以赛带练，循序渐进

本节课为复习课，通过练习、比赛的形式巩固原地投掷轻物的动作技能。首先复习动作，其次设置掷远的比赛项目，强化出手角度和出手速度练习，最后循序渐进增加难度，通过知识迁移练习掷准。

（二）自制教具，一物多用

本课中，用矿泉水瓶自制的投掷物既可以作为标志点又可以作为投掷物，使学生学会用不同的物体投掷。自制的空中投靶，既可作为投掷的标志线，又可作为掷准的练习靶，而且在第二课时"上一步投掷轻物"中，还可作为挥臂练习的靶。

立足生活促理解，从数到量究本质：以《分数的意义》为例

郭京

分数的产生是数的概念的一次扩展，更是学生在数的认识领域的一次认知飞跃。分数既传承了整数通过数量实现的计数功能，又超越了整数的数量，凸显了数量之间的关系特征，尤其是突出了数量之间"部分与整体"的依存关系，所以在认识分数的过程中，学生的整体认知显得尤为重要，直接影响到他们对分数意义的理解和分数概念的意义建构。本文以《分数的意义》一课为例，阐述了教师在课堂教学中如何着眼于自己教学行为的改进，通过观摩、学习名师的课，进而对自己的教

学活动自我反思，看到自己的教学行为所依据理论的局限性，对教学过程及时进行必要的调整，不断提高自己的教学技能并不断创新。

片段一

（一）探索分数的意义

师：你能给大家指一指哪个是$\frac{1}{6}$？在这里面，除了这个是$\frac{1}{6}$，还能找到其他$\frac{1}{6}$吗？

师：这里面有几个$\frac{1}{6}$？

生：有6个$\frac{1}{6}$。

师：把6个苹果看作一个整体，平均分成6份，其中的一份是$\frac{1}{6}$，那这样的两份呢？

生：$\frac{2}{6}$。

师：$\frac{2}{6}$里有几个$\frac{1}{6}$？

生：$\frac{2}{6}$里有2个$\frac{1}{6}$。

师：也可以说2个$\frac{1}{6}$就是$\frac{2}{6}$。在这样的分法里面你还得到了六分之几？

生：表示这样的3份是$\frac{3}{6}$，表示这样的4份是$\frac{4}{6}$，这样的5份是$\frac{5}{6}$，这样的6份是$\frac{6}{6}$。

师：同学们，我们得到了六分之几这样的分数，你认为这里边谁最重要？为什么？

（二）进一步感知单位"1"的含义和分数的意义

师：同学们，现在还是$\frac{1}{3}$吗？为什么？

生：每份还是$\frac{1}{3}$，把这9个苹果看作单位"1"，平均分成3份，表示这样的1份就是$\frac{1}{3}$。

师：还是$\frac{1}{3}$吗？

生：每份仍然是$\frac{1}{3}$，把这12个苹果看作单位"1"，平均分成3份，表示这样的1份就是$\frac{1}{3}$。

师：还是$\frac{1}{3}$吗？

师：苹果的总数发生了变化，通过平均分以后，为什么最后每份都能用$\frac{1}{3}$来表示呢？

生：不管平均分多少个苹果，都是要把这些苹果看作单位"1"，平均分成3份，每份都能用$\frac{1}{3}$来表示。

（三）拓展分数的意义

师：像$\frac{1}{6}$、$\frac{1}{3}$、$\frac{1}{2}$这样的分数，我们称它为分数单位。今天我们将单位"1"平均分得到了这么多的分数单位，通过分数单位又得到了这么多分数，其实小数也是这样，小数单位有0.1，0.01，0.001……

片段二

（一）感悟单位"1"

师：这个笔筒是空的，你要记录下老师往里装笔的过程。

生：5支、3支。

师：一共是多少？

生：5+3=8。

师：还有不同结果吗？

生：5+3=1。

师：你们猜猜这个"1"是什么意思？

生：把这5支笔和3支笔都放进了一个盒子里，这个1就是一个盒子。

师：5+3=8是传统的故事，我们今天研究这个5+3=1，5支笔里的1是1，3支笔里的1是1，这和等号后面的1一样吗？

师：小1是小1，大1是大1，小1非小1，大1非大1，两个1都不一样，你怎么告诉别人不一样？有没有表示的方法而不用解释？

生：加上盒。

生：改成$\frac{5}{8} + \frac{3}{8} = \frac{8}{8}$。

师：我介绍一个方法，我在1的两边画上引号，它就是一个特殊的1。

生：它是1个整体。

师：谁有新的分数？

生：$\frac{1}{8}$，$\frac{2}{8}$，$\frac{3}{8}$，$\frac{4}{8}$，$\frac{5}{8}$，$\frac{6}{8}$，$\frac{7}{8}$，$\frac{8}{8}$。

师：你能根据这些八分之几讲一个小故事吗？

生：把8个苹果看作是1，平均分成8份，取其中的1份就是$\frac{1}{8}$，2份就是$\frac{2}{8}$。

师：那你认为这些分数中，哪个最重要？

生：$\frac{1}{8}$最重要，因为有了$\frac{1}{8}$才有了后面的$\frac{2}{8}$，$\frac{3}{8}$，$\frac{4}{8}$……

（二）体会倍比关系

师：你是怎么理解的？

生：1是8的1份，8是1的8倍。

师：分数就是研究这个倍数关系。1是4的$\frac{1}{4}$，4是1的4倍；3是4的$\frac{3}{4}$，4是3的$\frac{3}{4}$倍。

师：你家有几口人？

生：3口人。

师：你就是这三口人中的$\frac{1}{3}$。

师：你占全班人数的（   ），占全校人数的（   ），占全国人数的（   ）。

（三）数域的拓展

师：仔细看，数字1，2，3，4……是逐一增加的，而$\frac{1}{2}$，$\frac{1}{3}$，$\frac{1}{4}$……是1分成2份、3份、4份……分数是怎样产生的呢？

生：把1分了。

师：1一个个累加，就成了2，3，4，5……1一个一个细分，就成了十分之一、百分之一……你的感觉真棒！

我的思考

一、在具体与抽象的碰撞中，突破理解瓶颈

对比全国模范教师吴正宪老师的课。吴老师首先借助学生熟悉的生活引出分数知识，化抽象为具体，寓枯燥于趣味，使学生体会到分数来源于生活。吴老师将5支笔和3支笔放在一个笔筒里，一个简单的动作让学生感受整体，新颖独特，妙趣横生，体现了在学生原有生活经验和认知的基础上进行学习的建构主义教学理念。学生自始至终置身于教师为其创设的发现和讨论的情境之中，兴趣盎然，积极主动地参与探讨、质疑、创造等教学活动，让学生在思考、交流、倾听、争论和发现中学习数学知识，并逐步完成对知识的理解和深化，充分发挥了学生的主体作用。

反观我的教学，就是单纯地出示苹果来探究，缺少将抽象的分数与具体的生活实际联系起来。对于学生来说，理解分数的本质是模糊的，应引导学生多交流生活中的整体。同时，一直都是我在引导学生，而应该给学生更大、更深的思维空间去深化和理解。

二、在变与不变的交响中，增进本质理解

分数具有多维和多元的含义：两个维度、四个层面。即从"比"的维度和"数"的维度同时入手感受分数产生的意义。吴老师将分数的意义的学习和生活建立联系，尤其是用部分推知整体，进一步让学生感受部分和整体的关系。在分析分数产生的价值性的同时，也巩固了对分数的再认识。在学习过程中，吴老师关注了新旧知识间的内在联系：平均分、份和分数之间的关系。对于学生来说，"比"这个维度比较陌生，是难点，我们该如何将抽象的分数与具体实物相联系，再从具体的事物中抽象出分数呢？这也是我们老师该思考的问题。

片段三

（一）探索分数的意义

师：同学们，通过平均分我们得到了六分之几、三分之几、二分之几这样的分数，你认为这里边谁最重要？为什么？

生：$\frac{1}{6}$，$\frac{1}{3}$，$\frac{1}{2}$最重要。

师：看来几分之一对于分数是非常重要的，它是组成几分之几分数的基础。

师：接下来我们做个游戏——说一不二。即将你们看到的物体，用合适的语言描述出来，描述时只能用"1"来表示。

生：1个月饼、1个长方形、1米长的绳子、1盘苹果、1群羊、1个班……

师：你们还能说一说生活中还有哪些东西可以用"1"来描述吗？

生：1所学校、1个城市……

师：那今天平均分的这个"1"与我们三年级学习的"1"有什么不一样？

生：三年级分的是1个物体、1个图形和1个计量单位，今天分的是一些物体。

（二）进一步感知单位"1"

师：再仔细观察这些苹果的个数，苹果的总个数在变化，随之分得的苹果数也在跟着变化，那在这变化中有没有什么是不变的？

师：是呀，你找到了分数最关键的地方，那就是部分与整体的倍数关系。是这样吗？（教师把苹果贴纸从黑板上都拿走）

师追问：你们还能找到$\frac{1}{3}$吗？

预设：有，把"1"平均分成3份，取其中的1份就是$\frac{1}{3}$。

师追问：1是3的（$\frac{1}{3}$），3是1的3倍。

师：那2份呢？

生：$\frac{2}{3}$。

师追问：2是3的（$\frac{2}{3}$），3是2的$\frac{3}{2}$倍。

师：这个"1"还可以是什么？

生：一堆苹果、十个橘子……

师：其实分多少个苹果不重要，最关键的就是把单位"1"平均分成多少份，取其中的一份或几份。同时整体与部分之间永远存在着一种倍数关系。

（三）拓展分数的意义

师：量一量数学书的长和宽，并记录测量的结果。

生：把纸条的长当作单位"1"去度量，先量宽，1个1、2个1、3个1，3次正好量完；再量长，1个1、2个1、3个1、4个1，不能正好量完。因此数学书的宽正好是3张纸条的长度，长是4张纸条多一些，不能正好量完。

师小结：用单位"1"可以量出2，3，4……看来整数是可以量出来的。

师提问：多出来的部分不能用1张纸条量完，该怎样继续量下去才能正好量完？如何表示这部分的长度呢？

生：我把纸条对折一次，发现不能刚好量完；我就再对折一次，量了1次正好量完。因此剩余部分是$\frac{1}{4}$张纸条长。

师：在刚才的度量过程中，把纸条对折一次其实就是把这个纸条平均分成几份？

生：2份。

师：取其中的1份就是这个纸条的多少？

生：$\frac{1}{2}$。

师：也就是以$\frac{1}{2}$张纸条作为标准去度量，发现还是不能正好量完，于是再对折一次，也就是把这个纸条平均分成几份？以多少为标准去度量？

生：平均分成4份，以$\frac{1}{4}$张纸条长作为标准去度量。

师：在度量数学书的长的剩余部分的过程中，用单位"1"去量，也就是用整数可以量出来；当用单位"1"不能度量时，我们便要创造更小的单位去度量。以前可以用0.1、0.01来度量，今天我们还可以用$\frac{1}{2}$、$\frac{1}{3}$、$\frac{1}{4}$、$\frac{1}{6}$……这样的单位来度量，其实它们都有相通的地方。

我的再思考

吴正宪老师从不轻易否定学生的回答，总是以热情的鼓励、耐心的等待和巧妙的疏导与学生同喜同忧。同时，她注重培养和激励学生独立思考、勇于创新、善于表达的能力，使学生在倾听与辩论、接纳与赞赏之中，学到与他人交流的技巧，这对于学生的综合能力和人格完善大有裨益。在她的课上，我们不仅能感受到知识信息的传授、思维的碰撞，还有心与心、情与情真诚的交流。

在数学教学中，我们常常不自觉地把重心放在概念、规律、公式的叙述、识记、应用上，而忽视了让学生经历抽象数学模型的形成过程。学生无法领悟知识的内在关系，导致邻近数学概念间的混淆，从而无法从知识结构上去整体把握。华罗庚先生曾经说过："数起源于数，量起源于量。"分数是在分物、度量和计算中产生的。对于《分数的意义》这一课，既要让学生从生活中的大量真实情境去理解抽象的分数，感悟分数单位的重要性，也要让学生经历度量的过程，从度量的角度感悟分数的丰富内涵，促进学生对分数意义的理解，体会度量的价值，从而实现数学核心知识的再创造和数学核心素养的再发展。

巧用费曼学习法促深度学习发生：《倍的认识》教学片段与思考

郭京

深度学习的意义在于通过学习方式的改变，以学生核心素养为重点，促进学生的整体发展；围绕具有挑战性的主题设计与实施有意义的学习活动，促进教师的专业成长。费曼学习法的核心就是用转述、交给别人的方法来巩固自己的知识。通过学生互相交流，从而促进深度学习发生。"倍"是小学数学里一个重要概念，它的产生源于比较。在小学阶段，最初对于两个数量的比较是通过比多、比少来实现的，接着对于两个数的比较又可以通过"倍"实现，之后，还可以通过分数来表示两个数量或事物之间的关系，到了六年级，则出现了用"比"来表示两个数量或事物之间的关系。从"比多少"这种绝对数量的比较到"倍比"这种相对数量的比较是学生对比较关系的认识的一个飞跃，同时倍的理解是后面继续从两个量的关系的角度学习分数和比的基础。如何引导学生实现从绝对数量的比较到相对数量的比较的认知飞跃呢？下面是"倍的认识"这节课的教学片段与思考。

片段一：开放提问，聚焦新概念

师：瞧，农场里真热闹，仔细观察小动物，你收集到了什么数学信息？

预设：公鸡2只，小鸡5只。

师：你能比一比它们的只数吗？

预设：小鸡比公鸡多3只。

师：你观察得真仔细，找到了它们相差3只。这时又跑来了一只小鸡，你还能找到3吗？

预设：小鸡是公鸡的3倍。

师：当比较两个量的时候，可以讨论它们的相差关系，刚刚还有同学提到了"倍"，那倍数关系又是怎样的呢？今天我们就来研究两个量之间一种新的比较关系——倍。

【思考】深度学习情境的创设要体现数学学科的本质，与学生的经验和前概念有冲突，使学生在解决冲突的过程中，通过探究理解数学本质，达到培养核心素养的目的。根据学生的年龄特点，引入富有情趣的农场图，从比多少的直观比较关系入手，观察公鸡和小鸡的只数，学生通过已有经验，可以发现小鸡的只数比公鸡的只数多3只。此时，他们是将一个物体看作单位"1"，谁比谁多几或少几个？当又跑来1只小鸡时，还能找到3吗？这时，学生看单位"1"的眼光开始发生了变化，这时的1不再局限于表示1个物体，还可以把2只公鸡看作1个标准。在对比中，使学生发现两个量之间的关系除了相差关系，还存在着另一种关系，即几个几的关系，从而引出隐性的倍数关系，沟通比较关系的两种情况——差比和倍比，凸显出倍比关系的特殊性。

片段二：数形结合，建立"倍"的概念

（一）直观体验，初步感知"倍"的概念

师：公鸡有2只，小鸡有6只，刚刚有同学说到"小鸡的只数是公鸡的3倍"，我们能从图上看到2、看到6，但3在哪里呢？请同学们在学习单上试着画一画、找一找。

师追问：感谢这位同学用圈一圈的方法帮我们找到了藏起来的3，请大家猜一猜，他为什么每2只圈一圈，3只圈一圈不行吗？

预设：不行，因为他是以2只为一份，有这样的3份。

师小结：正像这位同学所说，以公鸡为标准，把2只公鸡看成1份，小鸡有这样的3份，我们就可以说小鸡的只数是公鸡的3倍。

师：农场里还有母鸡呢！母鸡的只数是公鸡的几倍呢？请同学们在学习单上画一画、试一试。

（二）变中求真，加深对"倍"的理解

1.标准不变，倍数变化

师：瞧，老师改变母鸡的数量（8变2），你还能找到倍数关系吗？（包含一个标准就是公鸡的1倍）

师：如果增加母鸡的只数呢？（2变4）——2倍；（4变6）——3倍；（6变12）——6倍。

师：以2只公鸡为标准，母鸡包含了6个标准吗？我们来数一数。

师：如果包含了10个标准？是它的几倍？包含100个标准呢？无数个标准呢？

师：刚刚我们举了这么多例子，你发现什么变了，什么没变？

师：2只公鸡作为标准没变，母鸡包含标准的个数变了，倍数就变了，包含标准的个数越多，倍数就越多。

2.标准变化，倍数变化

师：咱们再请出小鸡，你能找到它们之间的倍数关系吗？

生：小鸡的只数是公鸡只数的2倍，母鸡的只数是公鸡只数的4倍，母鸡的只数是小鸡只数的2倍。

师：当小鸡和公鸡比时，公鸡为标准；当母鸡和小鸡比时，小鸡自己就成了标准。

师：母鸡都是12只，为什么倍数关系却不同呢？（板书：比的标准不同，倍数关系就不同）

师：不管怎么变，同学们都能找到倍数关系，你们有什么诀窍吗？

师小结：找倍数关系时，要看清谁和谁比，谁是标准。包含几个标准就是它的几倍。

【思考】学生在深度学习过程中，在面对具有挑战性的学习主题时，可结合具体问题情境，引导学生巧用费曼学习法互教互学，让学生独立思考、互动交流、深入探究所学内容的本质，体验学习内容的思维方法，发展核心素养。在课堂上，组织学生观察比较，在不变中感受变，而这个变，就是当标准发生变化时，另一个量里有几个这样的标准，就是几倍也会发生相应的变化，进一步理解倍的本质。接着，通过不断地辨析，加强对倍的理解。在直观对比中，使学生感受到倍数发生变化的原因是标准发生了变化，认识到标准的重要性，深化并拓展学生对倍的认识与理解，渗透函数思想。

片段三：丰富表象，抽象"倍"的数学模型

师：用数学的眼光，你能在这些物品中找到倍数关系吗？完成学习单下面的练习。

师：跟大家分享一下你的想法。

师：大家比较的物品不同，数量也不同，怎么都是5倍的关系呢？和同桌交流一下。

师：现在老师把具体的物品都抹去，你还能看出它们的倍数关系吗？是几倍呀？

预设：5倍。

师：标准在哪里？

师：第二排的5个圈表示什么意思呢？

师小结：两个量进行比较，以其中一个量作为标准，另一个量与他比较，包含几个标准就是它的几倍！

【思考】学生在这样的情境中深度学习，每一位学生都可以参与学习，不同的学生可能有不同水平的理解，教师可再次引导学生当"小先生"，进而引起交流、讨论甚至争论。通过这样的过程，学生逐步理解新的内容。去掉每个圈中的具体事物，抽象出5倍的直观模型图，帮助学生在头脑中建立5倍的基本模型，再让学生由模型回归具体事例，经历由具体到抽象，再由抽象到具体的过程，深化对倍的认识与理解，培养学生的抽象能力。

片段四：自主创造，深化"倍"的认识

（一）编小故事

师：刚刚我们找到了5倍的关系，接下来，哪位同学能根据它编一个关于5倍的小故事呢？

（二）线段图

师：现在你还能找到倍数关系吗？

预设：小兔的只数是小松鼠的4倍。

师：老师给了你们具体的数学信息，你能解决这个问题吗？

预设：7×4=28（只）

（三）拍手游戏

师：老师拍几下，你拍出老师要求的倍数。

师：倍数关系到底是由谁决定的？

预设：和标准量、比较量都有关系。

【思考】将真实世界与学生产生联系的学习内容，才能引发学生通过体验、探究性的学习活动生成理解，进而灵活应用。学生通过自主创造"几倍"，自主完成对"倍"这个概念的模型的有效建构，进一步深化对"倍"这个概念的本质理解。同时，在创造过程中发展逆向思考，通过正向和逆向的对比，理解两个量之间的倍数关系，提升思维。

教学反思

一、在知识生长处创设核心问题，促进深度参与

已有的知识经验是学生学习新知的生长点，以此为基础，在本节课中先引导学生回顾两个量之间的关系——相差关系，顺势增加数量后，打破学生的认知平衡。你还能找到3吗？这里的3与之前的3只完全不同，需要学生改变自己的数学眼光，从另一个角度去分析才能找到3，也就是本节课中提到的倍——3倍的关系。学生带着这种数学眼光探究接下来的一个个问题，为学生埋下一颗倍的种子，促使倍的概念在学生的脑中不断生根、发芽、开花。

二、在整体建构中巧用费曼学习法，促进深度交流

概念的理解并不是一蹴而就的，需要经过多次"建构—解构—重构"的过程。对于倍的理解，需要加强变式突出其本质，从而帮助学生深化理解。巧用费曼学习法以讲促学，可以加深学生对知识的深度理解。倍的概念要抓住三个数量：标准量、比较量和倍数。在本节课中，利用公鸡、小鸡、母鸡的各种变化，引导学生把握倍的概念的内在本质，深化倍的认识。片段二中的变化是标准量不变，比较量变化（两个量之间成正比例关系）；公鸡（标准量）不变，母鸡一直在变化，通过数形结合拓展对倍的认识。在此基础上引导学生认识较难理解的1倍，强调1倍就是同样多。片段二中的另一个变化是标准量变化和比较量变化。教学中通过不同的具体实物探究倍数发生变化的原因，再次感受、比较标准量的重要性，潜移默化地渗透函数思想。学生在不断地对比、交流中深化对倍的理解。

三、在深入建构中挖掘数学本质，促进深度体验

学生经历从正面理解到对比辨析的过程后，还需有效建模。在教学中尝试引导学生将具体实物都去掉，你还能找到5倍吗？有的学生说："无论标准量是什么物体，有几个这样的物体，只要把它们看成一个标准，有几个这样的标准就是它的几倍。"学生在学习中不断经历破与立的过程，层层剥离概念的非本质属性，建立新的数量关系模型。当学生经历从具象到抽象的过程，也是思维的进一步飞跃。

四、在知识延伸处架起桥梁，促进深度思考

在教学中引导学生尝试自主编故事，学生在编的过程中显现出他对倍概念的理解，同时变换形式引入线段图，引导学生通过观察、比较、推理发现数量之间隐藏的倍数关系，发展学生的推理能力。而"倍数关系到底是由谁决定的"这一问题的追问，让学生在思考、辨析中明确了倍数关系和标准量、比较量都有关系，是由这两个数量共同决定的，从而深化对倍的概念的理解，同时为后续学习分数、百分数等架起桥梁、做好铺垫。在第二节课的设计中，应多提供给孩子们开放性的学习空间，寻找生活中的倍数关系并表达出来与同学分享交流，真正地让"三会"落地，让深度学习发生。

让费曼学习法在数学阅读中"生根"

郭京

费曼学习法在于以教促学，用教会别人的知识，巩固自己的知识。阅读并不是语文课和英语课的专用名词，事实上，数学学习更需要培养学生的阅读习惯与方法。新课标中指出，数学不仅是运算和推理的工具，还是表达和交流的语言。随着大数据分析、人工智能的发展，数学研究与应用领域不断拓展，这就需要培养学生通过数学的学习，形成和发展面向未来和个人发展所需要的核心素养。小学低段的

学生，他们刚接触数学，学习热情很高，渴望得到新知。因此，我们应抓住学生的这种心理特征和心理需要，从小学低段开始引导学生用教会别人的知识，巩固自己的知识，培养学生的数学阅读能力和表达能力。

一、甄选阅读内容——激发学生做小老师的兴趣

我们常说，兴趣就是最好的老师。小学低段学生的认知还处在具体形象思维阶段，他们对同一件事情的关注时间短，注意力不集中，所以在选择小学低段的数学阅读内容上非常重要。《数学报》针对一年级有相对应的数学故事，阅读量不大且图文并茂，它不仅能吸引学生的阅读注意力，还能激发学生的学习热情。在课余时间或答疑辅导时间都可以让学生进行自主阅读，同时将课内与课外相结合，互为小老师，选择自己喜欢的内容与其他同学分享并讲解，既能巩固新知，还能让学生感受到数学在生活中的广泛应用。

例如，在教学北京版数学一年级上册加减混合运算时，为了帮助学生建立数学与生活的联系，小老师选用了《数学报》中"小胖打油"的故事。

小老师：星期天，小胖来到爸爸的油坊帮忙。爸爸告诉他："这里有两个勺子，大勺子舀满正好5两油，小勺子舀满正好3两油。"这时，来了一位顾客，要打7两油，并递给小胖一个油瓶。

小老师：小胖小声嘀咕了起来："一大勺不够，再加一小勺又多了，怎么装7两油呢？"请你思考一下，这个数学问题的关键信息有什么？请你把它画出来。

生：大勺子舀满正好5两油，小勺子舀满正好3两油，顾客要打7两油。

小老师：你可真会观察，那么怎么才能打7两油呢？请你先思考一下，用你喜欢的方式画一画、写一写、算一算，然后再和同桌交流一下。

小老师：咱们一起交流一下吧！哪位同学想分享一下他的想法？

生1：我认为他舀了一大勺，又舀了一小勺，之后又倒回一点点，然后就给顾客了！

生2：你说的这个不行，你所说的倒回一点点是倒多少呢？万一倒多了怎么办？倒少了不就亏了？

生3：可以先装满一大勺，再将大勺里的油往小勺里倒满，再将大勺中剩下的油装进瓶子里，之后再舀一大勺装进瓶子里就够了！也就是用5-3+5=7。

在小老师与同学互相交流时，孩子们对故事中小胖遇到的问题产生了极大的好奇心，让他们在轻松有趣的氛围中感悟到数学的好玩，在同学之间的交流中找到解决实际问题的办法，感悟到数学与生活的密切联系，孩子们的思维得到了提升。《数学报》中的这些小故事中的文字不仅包含着数学知识，还大大增加了学生的识字量，打开了他们阅读的大门。

二、推进示范阅读——培养学生表达能力

古人云"授人以鱼，不如授人以渔"。对于一个人来说，学会一种方法比学到知识更重要。在教学过程中，教师可以指定学习内容，提前让学生以小老师身份在课堂上带领其他同学学习，对其在课堂上的表现进行详细研究和分析，找出小老师存在的问题，再通过教师有针对性地指导和教育，使学生对内容理解更加深刻。与此同时，教师还可以及时对学生不同数学思维水平进行掌握，使其在小老师讨论过程中，更清楚教材的重点、难点以及讲解过程。深度学习发生，为数学学习积累基本数学活动经验。课堂上，小老师通过自己的努力和实践得出结论，心情非常激动。例如，在教学北京版数学一年级下册两位数加减两位数时，引入绘本《大猩猩粑粑卖苹果》的故事。

小老师：让我们一起走进一个绘本故事吧！绘本故事的主人公就是这个体型庞大的大猩猩，它的名字叫粑粑，它在熊大叔的苹果店里工作，但是它的数学不是很好，经常需要帮助。今天店里来了许多顾客，让我们一起来看看吧！哪位同学可以根据这几幅图继续编故事？

生：粑粑偷吃苹果被熊大叔说了一顿，让它数一下还有多少个苹果，它数了数一共有40个苹果，这时小田鼠要买13个苹果，还剩下多少个苹果呢？

小老师：刚刚这位同学编的小故事真不错，可是大家又记不住有多少个苹果，买多少个苹果，这时咱们怎么办？

生：可以把这几个关键数圈上。

小老师：你真善于思考，当我们遇到这么多的内容时，需要找到关键字（词），可以圈一圈、画横线等，虽然圈画方法不同，但目的是一样的，就是找到关键信息，以便我们更好地解决问题。圈好后就请同学们先独立思考，再用喜欢的

方法尝试解决吧!

三、提供阅读与交流平台——启迪学生深度思考

如果说数学阅读是输入，那么数学交流则是输出。教师要为学生提供交流的平台，创设适合师生情感交流的情境，让学生在平等、民主的氛围中发表自己的想法和意见。丰富学生的数学词汇，让学生在交流的过程中产生思维的火花，在阅读中产生新的思考，从而使学生丰富和完善自己的数学语言系统，提高数学的阅读能力和交流能力。

总之，阅读能力以及表达能力的培养是一个漫长的过程，在减负提质的大背景下，在新课标的引领下，要引导学生在阅读中学会读懂数学符号和图形语言等，努力加强学生的数学理解与思考能力，实现从具体到抽象、从零散到逻辑的跨越。激发学生自主学习积极性的同时提升学生的语言表达能力和自信心，在教育教学过程中，教师一定要积极利用费曼学习法教学模式，结合学生的实际情况和身心发展规律，开展生动有趣的教学活动。发挥学生的主观能动性，营造良好的互帮互助学习环境，促进学生数学素养的全面提升，为学生终身发展奠定良好基础。

聚焦面积度量本质，关注学生实际获得

郑仕晴

在细细学习和品读吴正宪老师的课堂与讲座后，我发现自己的教学是浅显的，与吴老师紧抓数学本质化相比，我的教学是表面化的。吴老师的课堂回归大道至简，追寻数学本质，培养学生数学核心素养，真正关注学生实际获得，用儿童喜欢

的课堂诠释着对"教书育人"意义的理解。走近吴老师，学习吴老师的儿童数学教育理念，做适合儿童的"真"教育。

片段一：我的教学片段

1. 感知面积单位的总个数等于每行个数乘行数

通过与学生的谈话，发现一些学生已经知道了长方形的面积公式，但没有学生知道这个公式是怎么得到的。基于此，我便从引导学生探究长方形的面积公式开始。学生动手操作，利用面积单位测量长方形1的面积。

师：你得到长方形1的面积是多少？

生：（全部铺满）我是一个一个数出来的，一共有12个小正方形，所以面积是12平方厘米。

生：（全部铺满）我是用4×3=12得到的，一行摆4个小正方形，一共摆3行。（学生边操作边说）

师：多好的想法呀！4表示的是？（学生回答每行面积单位的个数）3表示的是？（学生回答行数）那他是怎么得到面积单位的总个数的呀？

生：用每行面积单位的个数乘行数就得到面积单位的总个数。

生：（只摆一行一列）一行摆4个，一列摆3个，也是用4×3得到12。

师：只摆一行一列也能帮助我们得到面积单位的总个数……

学生借助刚才的经验，测量长方形2和长方形3的面积。

2. 联系长方形的长、宽与每行面积单位的个数与行数之间的关系

师：通过探究发现面积单位的总个数就是长方形的面积。同学们，想一想长方形的面积跟什么有关呢？

生：与面积单位的总个数有关系。

引导学生发现长方形的面积还与每行面积单位的个数与行数有关。

师：有什么样的关系呢？

生：用每行面积单位的个数乘行数就能得到长方形的面积。

师：你说得特别对，那长方形的面积还可以说成什么？

生：行数乘每行面积单位的个数。

师：确实是这样，那还可以说成谁乘谁呢？

引导学生发现每行摆的面积单位的个数与长方形的长之间的关系。

师：谁有什么发现吗？

生：每行摆的面积单位的个数就等于长方形的长。

师：你的发现非常有价值。我们刚才发现了长方形的长就是每行摆的面积单位的个数，你还有别的什么发现吗？

生：我发现长方形的宽就是行数……

师：刚才同学们总结出来了长方形的面积等于每行个数乘行数，现在还可以换一种说法是？

生：长方形的面积等于长乘宽。

片段二：吴老师的教学片段

1. 在比较面积大小中确定度量对象

在教学长方形的面积前，吴老师帮助学生深入理解周长和面积，与学生一起回顾周长的测量过程。通过比较不同长方形面积大小，引导学生探究面积。

师：黑板上有三张不同样态的纸片，我想问，你们一眼看去，哪张纸片最大？

生：1号最大。

师：哪张纸片最小？

生：3号最小。

师：那问题就来了，它（指1号长方形）比它（2号长方形）大多少？它（指3号长方形）比它（2号长方形）小多少？这事儿能解决吗？你打算怎么解决？

学生将两个长方形重叠后比较，发现不能解决"大多少""小多少"的问题，要解决问题得知道长方形的面积是多少。

2. 选择合适的度量工具测量面积

学生讨论用合适的学具测量长方形的面积，有的小组用尺子来测量面积，交流后明确尺子是测量周长的，而本节课度量的对象是面积。学生想到用面积单位铺长方形测量面积，交流汇报。

师：现在这事儿好不好说话了。我们来看看，1号长方形有12个小方片这么大，2号长方形有8个小方片这么大，现在能不能说1号图形比2号图形大了多少个？

生：1号图形比2号图形多4个正方形。

师：这事儿完成了没有。

生：完成了。

3.借助统一的度量单位得到结果

学生测量3号图形的面积，吴老师抓住不能用相同大小的单位铺满，从而引发学生思考，要用统一的面积单位来度量。

师：你摆的那个和咱们摆的这个不一样，说明我们用来比较大小的这把什么变了？

生：尺子。

师：这把尺子变了，尺子是什么，就是标准。比大小的时候，是不是得用同一个标准啊？之前我用这个标准，现在又用这个标准（指着小正方形和小长方形纸条），能比吗？

生：不能。

师：所以得有一个统一的标准。统一的标准是什么？（学生不语）我们在学习长度的时候，你用厘米我也得用厘米，你用分米我也得用分米，那这统一的标准有个名字，就叫测量的什么？

生：单位。

师：这个标准就叫作统一的单位。

学生用统一的面积单位测量长方形2和长方形3的面积，发现用现有的学具不能铺满图形，学生探究出用摆一行一列的方法度量长方形的面积，交流探究结果。

师：这事儿解决了没有。

生：解决了。

师：18大比12大多少？

生：大6。

师：同学们在比较的时候认为谁发挥了重要作用？（学生不语）我们比的是什么？

生：比的是面。

师：用什么比面？

生：用单位比。

......

师：面积单位干什么来了？

生：测量。

回顾测量面积的过程。

4.总结长方形的面积公式

师：你们发现怎么做就能求得它的面积有多大了？

生：用横列乘竖列。

师：再简单点儿。

生：长乘宽。

……

师：今天上课谁说用尺子量来着，有道理吗？假如这是放大了的厘米，这是4厘米，这是3厘米，用4×3得不得12平方厘米？

生：得。

师：但是4厘米在我们的心里已经悄悄地让谁给替代了？

生：单位。

师：真好，已经悄悄地让单位给替代了……所以，这里的长已经不仅仅是那4厘米了，而是4个单位……长乘宽只是得到了多少个，更准确的是多少个已经转化为了什么？

生：单位。

我的思考

对比我和吴老师的教学片段。在课堂引入阶段，我了解到一些学生已经知道了长方形的面积公式，但不知道是怎么得到的，基于此，我便从探究长方形和正方形的面积开始。学生从感知面积单位的总个数等于每行个数乘行数，到联系长方形的长、宽与每行面积单位的个数与行数之间的关系，最后探究出长方形的面积公式。课堂结束后，学生只记住了长方形的面积公式，对面积单位的感知却不深入。

吴老师在课前围绕周长和面积与学生进行深入的交流，帮助学生从本质上理解周长与面积。通过回顾周长的测量过程，唤醒学生已有经验。测量周长的过程同样适用于面积，体现度量的本质。吴老师由比较面积的大小引入，带领学生围绕度量对象、度量工具、度量单位、度量结果探究面积。整堂课紧紧抓住度量本质教学，学生经历如此有深度的学习过程，积累了足够的活动经验，为后续学习其他平面图形的面积及立体图形的体积提供了探究思路。

两节课同样都是用面积单位测量面积，但学生最后的收获是完全不一样的。吴老师的课堂结束后，面积单位的个数影响长方形的面积在学生的头脑中留下了深深的烙印。在反思中我找到了答案，课堂中吴老师拉长了用单位度量的过程，放慢脚步，让学生思考为什么二维的面积可以用一维长度来计算？这样一个有深度的问题促使学生走向真正的学习，引导学生感悟和理解一维、二维、三维的度量可以回归到度量的本质，使学生在今后的学习中能够举一反三、触类旁通。吴老师是基于单元视角开展教学，反观自己只是停留在某一节课的教学中，是一个个孤立的点，没有串成线。在以后的教学中，我应该深入研究教学内容，抓住数学本质进行教学。

片段三：二次教学设计实施时的教学片段

通过学习吴老师的课堂，针对第一次教学中出现的问题，进行二次教学，带领学生经历测量面积的过程，根据度量对象，确定度量工具，选择统一的度量单位，得到度量结果，交流长方形的面积公式。

师：你发现了什么？

生：我发现长方形的面积等于长乘宽。

师：4厘米和3厘米是长度，而12平方厘米是面积。为什么长和宽两个长度相乘就能得到长方形的面积呢？大家看这儿，长4厘米被谁替代了？宽3厘米被谁替代了？

生：小正方形。

师：这些小正方形是刚才我们讲的什么呀？

生：都是面积单位。

师：4厘米和3厘米分别被4个面积单位和3个面积单位替代了，我们用长乘宽实际上算出的就是面积单位的个数。

我的再思考

一、深入研究教学，紧抓数学本质

在小学教材的"图形测量"领域中，长度、面积、体积虽然维度不同，但它们测量过程的本质是一样的。结合《长方形和正方形的面积》再实践，在以后教学长度、面积、体积时，遵循知识本质和发展规律，把握知识前后间的联系，将零散的知识点串联起来，建构清晰的知识体系，筑牢度量知识的"承重墙"，打通度量知识间的"隔断墙"，跨越维度，建立深度思维，紧抓数学本质，学习吴老师追本溯源的寻根课堂，真正关注学生基础知识、基本技能、基本数学思想和基本活动经验的实际获得。

二、真正读懂学生，感悟儿童本质

再好的教学设计，如果没有走进学生，那么其效果都会大打折扣。就像再好的剧本，没有好的演员演绎一样，无法让观众直观地了解你想传递的信息，更谈不上想要达到的效果了。"读懂学生"虽然只有简单的四个字，但做起来却很难，而吴老师却真正做到了。反思自己，我真的了解儿童吗？还是只停留在表面？我设计的那些教学环节儿童能接受吗？带着这些问题再回味吴老师的课堂，发现吴老师真正走进了儿童的思维世界。对于吴老师的每一节课，学生们不愿下课。我想学生之所以喜欢吴老师、喜欢上吴老师的课，正是源于吴老师从心底读懂学生，遵循儿童认知发展规律，真正做到与每一位儿童的心灵交流。

三、关注实际获得，深思教育本质

吴老师的课堂关注学生的实际获得，不光是知识、能力、数学思想、活动经验方面的获得，更重要的是学生精神层面的获得。吴老师曾说："学生学习的根本目的是获得幸福。"我想，这句话道出了教育的本质，也正是我应该关注的。在吴老师的课堂中，学生们幸福地学习着，老师们幸福地成长着，这才是真正地走进生命的课堂。

《爬行》教学设计

张静婵

一、指导思想

本课坚持以"健康第一"为指导思想,以《义务教育体育与健康课程标准（2022年版）》为依据,以"学生发展为中心,帮助学生学会体育与健康学习"的理念为指导,遵循循序渐进的教学原则,按照运动技能形成的规律及学生身心发展的特点,由易到难,层层深入地引导学生通过探究、合作学习,提高课堂教学的实效性,从而促进技能的形成,促进身心健康发展。

二、教学内容

北京版《体育与健康》一年级全一册《爬行》第一课时。

三、单元计划

教学目标

1. 通过练习使学生掌握爬行的基本方法及爬越障碍的能力。
2. 发展学生的协调性、灵敏性及控制能力和时空感。

3. 在爬行活动中，培养学生勇于克服困难、敢于挑战、勇于拼搏的精神及团结协作、积极参与等心理品质，体验爬行活动的乐趣和获得成功的喜悦。

课时	技能目标	教学重、难点
1	学习并掌握1~2种爬行的基本方法（跪撑及俯撑爬行）	重点：上下肢的协调配合 难点：爬行的动作节奏
2	通过游戏和比赛的方法巩固爬行技能，提高爬行速度	重点：上下肢熟练配合 难点：配合娴熟，速度快
3	学习仰撑爬行的动作方法与游戏，发展下肢力量、协调性和灵敏性	重点：上下肢协调配合 难点：爬行中保持身体平衡
4	学习爬行的综合练习及游戏，提高爬行能力	重点：熟练掌握和运用爬行技能 难点：把握方向，保持平衡

四、教学背景分析

（一）教学内容分析

爬行是7~9个月的婴儿就开始学习并能掌握的位移运动。但是，随着年龄的增加、随着直立行走以及跑和跳跃等基本位移能力的发展和提高，许多学生反而不会爬行，不会进行上下肢支撑后的跳跃等很多动物具有的本能活动。因此，小学一年级的学生在学习和掌握走、跑的同时，通过爬行活动来发展他们的协调性、灵敏性是非常必要的。同时，练习爬行通过各种障碍物，可以发展学生主动控制力和空间等立体感觉。本单元分为两课时，本节课为第一课时。

（二）学生情况分析

本次授课对象为一（3）班学生，共38人，男女生各19人。整体而言学生好动，喜欢表达自己的观点，喜欢做游戏，但在师生互动、倾听方面欠缺。针对以上特点，我安排了竞赛和游戏，激发他们的学习动力。

五、课时教学计划

教学内容	1. 跪撑爬行 2. 游戏：捕捉小乌龟			
教学目标	1. 知识与技能：学习并掌握跪撑爬行的基本方法 2. 过程与方法：通过体验、游戏、比赛、合作等方法，使学生巩固爬行技能，提高爬行速度 3. 情感、态度与价值观：培养学生乐于合作，勇于展现自我，体验合作的快乐			
课程结构	课程内容	主要教学方法与组织	时间	次数
开始部分	**课堂常规** 1. 集合整队 2. 师生问好 3. 原地踏步 4. 三面转法	**组织**：四行横队 ☺☺☺☺☺☺ ☺☺☺☺☺☺ ☺☺☺☺☺☺ ☺☺☺☺☺☺ ★ **教法**：1. 教师整队清点人数 　　　　2. 教师宣布本课内容及要求 **要求**：动作快、口令清、队伍齐		1

续表

准备部分	1. 游戏《穿越大森林》（音乐） 动作要求：同学们跟着音乐一起模仿蝴蝶、小鸭子、小兔子、螃蟹、青蛙、小乌龟，当听到"老虎"的叫声，便钻进树洞，一个树洞最多能钻两个同学。老师扮演老虎抓小动物 2. 韵律活动《活力健身操》	**组织**：散点站位 ☺☺☺☺☺ ☺☺☺☺☺ ☺☺☺☺☺ ☺☺☺☺☺ ★ **教法**：1. 老师带着学生模仿小动物一起活动 2. 老师模仿老虎来了，同学们钻进洞里，一个洞里两个同学。 3. 模仿6种小动物 4. 教师小结 5. 学生跟老师一起活动手、腿、膝盖、脚背 6. 跟着音乐一起做 7. 起立、原地踏步，教师总结 **要求**：积极参与、气氛活跃、遵守规则	8	
基本部分	一、基本动作教授 动作要领：双手撑地、膝盖着地、脚背压地、手脚并用向前爬	**组织**：散点站位 **教法**：1. 读主题《爬行》（两边） 2. 教师做示范，学生认真观看 3. 播放录音，学生跟做，教师巡视，纠正动作 4. 起立、原地踏步，教师总结 **要求**：1. 认真听讲 2. 眼看前方，注意安全，不要碰撞		

续表

基本部分	二、练习：爬行小能手 1. 绕树洞追逐 动作方法：两只"小乌龟"分别站在树洞口，听到开始后，都从右边爬行，看谁率先到达对方的位置，并举手示意。比一比，看谁赢的次数多	**组织**：散点站位 **教法**：1. 教师示范讲解要求及规则 　　　2. 同学们分组练习 　　　3. 教师巡视 　　　4. 起立、原地踏步 　　　5. 总结评价 **要求**：1. 遵守规则，注意安全 　　　2. 认真观看		
	2. 钻树洞比赛 动作方法：两个同学排队站在树洞口，一个同学爬，另一个同学追。比一比，看谁追到的次数多	**组织**：散点站位 **教法**：1. 教师示范讲解要求及规则 　　　2. 同学们分组练习 　　　3. 教师巡视 　　　4. 起立、原地踏步 　　　5. 总结评价 **要求**：1. 遵守规则，注意安全 　　　2. 认真观看		
	3. 合作爬行 （1）四个同学爬两个树洞 （2）组队爬树洞 （3）创意树洞	**组织**：散点站位 **教法**：1. 教师示范讲解要求及规则 　　　2. 同学们分组练习 　　　3. 教师巡视 　　　4. 起立、原地踏步 　　　5. 总结评价 **要求**：1. 遵守规则，注意安全 　　　2. 认真观看		

续表

基本部分	三、游戏：捕捉小乌龟 动作方法：分成两队，女生扮演乌龟，男生扮演捕龟能手。被捕到的乌龟要停止爬行，同时抱头。玩完互换角色，比一比能捕捉几只乌龟	**组织**：散点站位 **教法**：1. 教师示范讲解要求及规则 　　　2. 同学们分组练习 　　　3. 教师巡视 　　　4. 起立、原地踏步 **要求**：1. 认真观看 　　　2. 注意安全	1
	四、素质练习 1. 横叉，对着树洞口，身体前伸20个 2. 脚伸进树洞，脚掌相对，两位同学双手牵住，下压20个	**组织**：散点站位 **教法**：1. 教师示范讲解要求 　　　2. 同学们跟着老师一起做练习 　　　3. 教师巡视 　　　4. 起立、原地踏步 **要求**：1. 认真观看 　　　2. 不要用力过猛	
结束部分	1. 放松练习 2. 课后小结、讲评 3. 宣布下课、师生再见	**组织**：散点站位 **教法**：听音乐，教师和学生一起进行放松活动 **要求**：全身放松，身心愉快	
器材	哨子1个、沙包60个、音箱1个、矿泉水瓶30个、红线1条、标志靶7个、标志桶8个、爬行隧道21个		
安全措施	学生穿运动服；对可预见的安全问题进行说明；爬行隧道经过多次测试安全系数较高		

续表

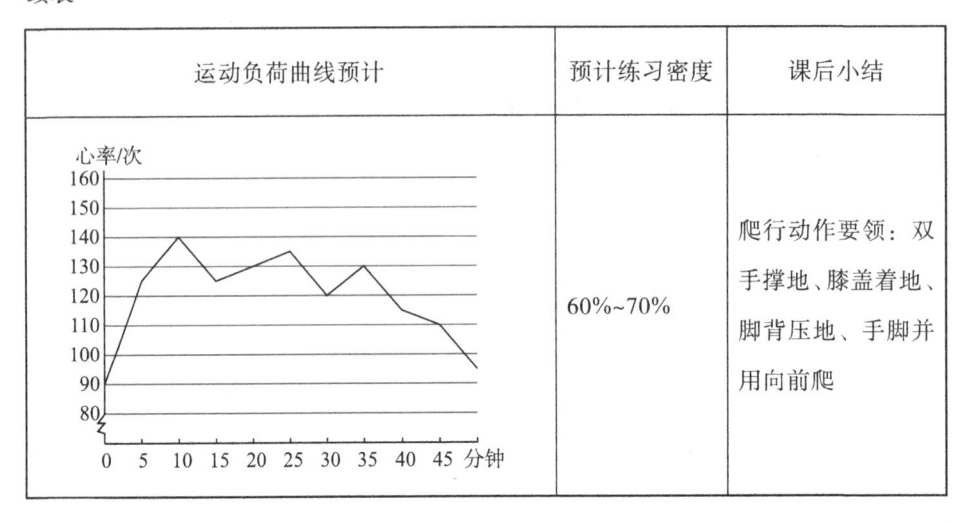

运动负荷曲线预计	预计练习密度	课后小结
心率/次 160 150 140 130 120 110 100 90 80 0 5 10 15 20 25 30 35 40 45 分钟	60%~70%	爬行动作要领：双手撑地、膝盖着地、脚背压地、手脚并用向前爬

六、学习效果评价设计

在练习中教师提示学生注意动作的要点，鼓励学生克服困难，对完成动作好的学生给予展示的机会。

标准	项目
爬行王者	能熟练运用爬行动作进行游戏和比赛，动作协调，速度快
爬行标兵	较熟练运用爬行动作进行游戏和比赛，动作比较协调
爬行能手	能运用爬行动作进行游戏和比赛
继续加油	不能掌握爬行方法

七、本课特点

（一）以赛带练，循序渐进

本节课针对一年级学生身心发展特点，设置情境，激发学生兴趣，通过多次比赛，调动学生积极性，集中注意力。在准备环节，学生们《穿越大森林》，基本部分与同伴比赛、以小组为单位比赛、男女生分角色扮演捕龟小能手等。通过游戏比赛，鼓励人人参与，使学生从中获得竞技的乐趣，并培养他们动脑筋、团结合作、克服困难等品质。

（二）一物多用，便于组织

本课中，充分利用爬行隧道，达到锻炼效果。在《穿越大森林》中，学生们听到"老虎"来了，钻进树洞；在爬行比赛中，学生们把树洞拼成不同长度、不同形状，丰富比赛效果；在《捕捉小乌龟》环节，爬行隧道摇身一变"捕龟神器"；在身体素质练习环节，学生们利用爬行隧道做拉伸练习。

（三）播放录音，提高效率

在教授完爬行动作后，邀请"乌龟"阿姨为同学们讲故事。播放录音，同学们边跟着练习边说动作名称，教师巡视，纠正动作。这样不仅激发了学生的兴趣，同时还提高了学习效率。

八、教学反思

本课中，学生练习密度大，上完课后观察学生，他们虽然满头大汗，但却面带微笑。本节课为异地授课，学生对新鲜事物充满好奇，课堂气氛活跃，但在关注全体学生时有待加强。

绘本剧Pull up the carrot英语学科实践活动课案例

韩秋

一、主题设计与实施

（一）活动背景

《义务教育英语课程标准（2022年版）》指出，英语课程的学习既是通过英语学习使学生形成初步的综合语言运用能力，促进心智发展，提高综合人文素养，逐步掌握英语知识和技能，提高语言实际运用能力的过程，又是他们磨砺意志、陶冶情操、拓宽视野、丰富生活经历、开发思维能力、发展个性和提高人文素养的过程。一直以来，在英语教学中，大力倡导课本剧进课堂，提倡以课本剧为载体，选取最适合改编的篇目，改编成表演性强、可欣赏性强的独幕剧。它是有效培养学生语言能力的途径之一，它是课堂教学的延伸、补充和完善、检验和运用。学生在老师的指导和带领下，以模拟真实的语言情境为平台，通过听、说、读、写、演、唱、跳等方式，感知语言在实际生活中的运用。

（二）设计特色

我校开办了一场戏剧节，小学生们造型百变，个个都打扮成绘本里的经典人物，在舞台上演出绘本剧。这是我校对于"幸福阅读课程"的一种积极探索，也给新课改的实践提供了不少借鉴思路。孩子在小学要学习六年，开发一个什么样的校本课程，既符合课改的要求，又能让孩子一路收获幸福和快乐、收获阶梯式的成长呢？我校把课改的点放在了阅读上，打造了"幸福阅读课程"。绘本剧除了是对教材内容的再一次阅读，其教育的效果还渗透在许多方面，它给了孩子更多的想象空间，激发了孩子分享生活经验的欲望。创作绘本剧让学生通过深入探究文本，理解故事情节的发展，从人物语言、神态、动作中探究人物性格，并体会文中所表达的思想感情，从而对知识的掌握提升到一个新的高度。同时，让学生对课文进行大胆的想象与合理的探索，培养学生的实践能力与创新能力。让学生主动探究文本，并思考如何生动、形象和更具创造性地演绎绘本。剧本角色众多，通过小组共同努力配合完成，让学生在绘本中合作探讨、发挥所长，培养了学生的合作能力。让学生在将课文中的抽象内容转化为人物语言、动作、神情等直观的表演中，掌握探究学习的方法。

（三）实施过程

这次绘本剧创编英语综合实践活动包括三个阶段。

第一阶段：活动准备阶段

这一阶段的基本任务是：

1. 提出问题，确定活动主题。

2. 构建活动小组。

3. 制订活动方案以及准备必要的材料。

第二阶段：活动的实施阶段

这一阶段的基本任务：按照制订的活动方案，运用一定的方法（调查、考察、收集资料、制作），搜集文献资料和第一手资料，进行具体的活动操作，获得实际的实践体验。这是整个课程实施中最核心、最活跃，同时也是最艰难的阶段。

第三阶段：总结交流阶段

这一阶段的基本任务：整理活动过程中获得的资料、经验、结果和感受，形成对问题的基本看法以及问题解决的基本经验，发展实践能力以及良好的情感、态度与价值观。

二、基于主题的教学实践活动案例

（一）主题内容设计

今年我校开展了以"绘本戏剧"为主题的戏剧节活动。我校把课改的点放在了阅读上，打造了"幸福阅读课程"，并在2016—2017年度第一学年纳入了常规教学，每月开设固定戏剧课。如语文老师排演了戏剧《守株待兔》《将相和》，音乐老师、美术老师也参与其中，利用各自的专业知识丰富绘本戏剧内容，提升校园文化。我校英语组则依据英语二年级上册教材内容，确定了英语学科剧本 *Pull up the carrot*。我们做了很多的动物小卡片、操练单词小卡片，把动物园搬上了黑板，通过模仿动作、辨识声音、画简笔画等多种方式复习动物词汇，让学生以小组为单位制作故事绘本。但最让学生激动的则是绘本戏剧表演，学生做主角扮演小动物，把这个小故事利用服装、肢体动作、语言表演出来。

（二）教学目标设计

1. 学生能够掌握并熟练运用教材中的5个动物词汇rabbit、fox、monkey、panda、bear。
2. 在表演独幕剧中，提高学生英语口语表达能力。
3. 在完成独幕剧的过程中，懂得团结的重要性，明白一个人的力量是有限的，集体的力量是强大的，培养团队合作精神。

（三）教学资源与实践条件设计

小故事《拔萝卜》内容非常简单，讲述了一只小白兔在地里找到一个大胡萝卜，它用尽全身力气却拔不出来。于是很多小动物一起拔，终于把胡萝卜拔了出来。但是我把故事中的小动物都创设成教材中出现的动物词汇，又创编了一些故事情节，如小熊猫一直睡懒觉，小狐狸一直在边上看热闹，但是出于好奇也一起拔；身材魁梧的小熊，它高傲自大，认为自己一个人就可以把萝卜拔出来，结果自己却摔得瘫在地上，使动物形象更加生动。

上课前先让学生了解故事中的动物角色和故事梗概，由组长扮演小兔子的角色，再组织组员抓阄，确定其余小动物的扮演者。谁抽到什么动物，就扮演相应的动物角色。组织学生进行 *Pull up the carrot* 绘本创作，确定每个小动物的出场顺序，并将自己在故事中的场景绘制出来。

第二节课教师组织学生进行戏剧表演，分发给每个学生相应的动物头饰。同时，教师对扮演小熊猫、小狐狸、小熊这三个小动物的学生再单独辅导，进行更加深入的角色刻画，再次调动起学生的表演欲望，开展戏剧表演、评议表演等系列活动。

（四）教学过程设计

1. 活动引入

T：Do you know the story of *Pull up the carrot*? What animals are there in the story?

S：the rabbit、the monkey、the panda、the dog…

T：You choose the animal from the cards. You will act the animal you choose.

在这一环节中，主要目的是通过brain storm形式帮助学生复习所学到的动物词汇。同时借助一些PPT图片或是单词卡片确定故事中出现的动物词汇。学生抽签确定各自的角色，为后面制作绘本和进行戏剧表演活动做好铺垫。

2. 分到角色，创作绘本

T：The carrot is very big. I hope you can help the rabbit to pull up the carrot. Please draw a picture about what you are doing in the story. For example, you can draw you are talking with the rabbit.

S1：I draw I find a carrot. I can't pull it up.

S2：I draw a monkey. I help the rabbit. I said："Miss Rabbit, What are you doing? I'll help you. Let's pull it together."

S3：I draw a panda. I sleep in the grass when the monkey ask me for help.

S4：I draw a fox. I am behind the tree.

S5：I draw a bear. I try to pull up the carrot on my own, but I fell.

学生通过制作故事绘本的方式，和老师一起建构故事，熟悉故事情节，明确自己的角色特征。有的学生觉得台词太少，让老师帮着加台词，这是一个修改创编剧本的阶段，在这一阶段，故事绘本创作完成，学生也明确了自己在故事中扮演的角色和台词内容。

附：*Pull up the carrot*独幕剧台词

Pull up the carrot

Rabbit（兔子）：Oh，a carrot！A big carrot！

Monkey（猴子）：I'm a monkey. Rabbit，What are you doing？

Rabbit（兔子）：Hello，monkey. A carrot，a big carrot. Can you help me？

Monkey（猴子）：Ok！Hello，panda. A carrot，a big carrot. Can you help me？

Panda（熊猫）：Sorry，I can't. I want to sleep.

Fox（狐狸）：Hello，I am a fox. Let me help you！

Bear（熊）：I'm a bear. What are you doing？

Fox（狐狸）：Hello，bear. A carrot a big carrot. Can you help us？

Bear（熊）：Go away！Let me pull it.

R，M&F（兔子、猴子、狐狸）：Let's pull it together.

One，two，three！We pull it up！

3.学生进行戏剧表演

将二（1）班35人分成7组，每五人为一组，扮演故事中的五个小动物。每个人拿着自己在第一节课绘制的故事绘本温习台词，教师说明活动要求：You must use English to introduce your role. 违反活动规则者，则出局。随后老师一声令下，每个组轮流进行戏剧表演。每个人绘制的图片也是一张选票，将它投入讲台前7个代表小组的盒子内，本组的同学不允许为自己组投票。投票数最多的前三名，分别颁发一、二、三等奖给予奖励。

小兔子发现了大萝卜，小猴子在玩耍，小熊猫趴在讲桌上睡觉，小狐狸躲在树后，小熊在洗澡，按照出场顺序被同伴招呼过来，或是出于好奇过来一起拔萝卜。小学生戴上头饰就觉得很有意思，各自使出浑身解数，将小狐狸的狡猾、小熊猫的懒惰、小熊的刚愎自用表现得淋漓尽致。有的小组将兔子的着急、猴子的热情劲表演了出来，赢得了满堂喝彩。最后五个小动物齐心协力拔萝卜的表演将整部戏剧推上了高潮，好几个小组直到表演完了依然觉得意犹未尽，舍不得摘下头饰。

在整个表演过程中，教师负责巡视和拍照，提醒学生注意纪律，认真观看，并为一些发音不准的同学及时纠正发音。

最终第一组、第三组、第四组分获戏剧表演的一、二、三等奖，每名同学都得到了老师准备的超人铅笔袋、彩虹笔、恐龙橡皮等精美礼品。

（五）教学效果分析

1. 寓教于乐。把机械地读单词，变成在绘本剧中运用所学动物词汇，通过表演，又刻画出动物的主要特点，进一步对单词与意思产生了深刻的关联。他们会对自己扮演的小动物终生难忘，对自己扮演的动物名称记忆深刻。

2. 注重体验。每组表演完后，每名成员都可以对自己和别人的表演提出意见和建议，生生评价、师生评价贯穿整个表演，加深学生的实践体验。

三、研究与分析

教师在课本剧的编演过程中，充当的是指导者、参与者和配合者的角色，甚至动物的头像制作都可以分配给每个演员，让他们自己设计动物形象，老师只负责打印塑封、美化头像。剧本的单词很简单，主要就是进行自我介绍"I am..."关心他人"What are you doing！""I'll help you. Let's pull it together."和赞叹萝卜巨大沉重"The carrot is big！It is too heavy！"这几句话，词汇比较简单，有利于低年级学生进行表演，同时象声词"Ai—Hay—Yo！"（哎—嗨—呦！）特别像《黄河大合唱》中的船工号子，朗朗上口，将整个绘本剧不断推向高潮。

故事中出现的熊猫，对于同伴的请求敷衍了事，拒绝了帮助也就失去了分享胜利成果的喜悦；小狐狸最终战胜了私心，品尝了胜利的喜悦，两个角色的对比，不仅刻画出两个小动物的性格特点，也让大家懂得了应不计较个人得失，才能感受助人为乐的喜悦。

尽管台词难度不是很大，但是一些学生还是很难胜任自己的角色。下次活动可以设置一些群众演员，不需要什么台词，只负责拔萝卜，这样可以满足一些英语表达欠缺的同学的需要，让他们也有角色可扮演，找到自己在团队中的价值。同时不忽略他们的感受，请他们当评委，让他们有话可说，不会因为自己是次要角色而自卑，激发出他们今后向主角进发的决心。

童话剧、课本剧、音乐剧等丰富多样的英语表演形式一直在历史舞台上经久不衰。我们这次的独幕剧只是在这浩瀚的汪洋中攫取的一个小贝壳，但是希望以此为契机，拉开课本剧的大幕，使创编教材融入经典，成为一种英语学习的常态，不断深化教材，并提高学生的表演水平，真正提高学生的英语实践能力。

在深度学习中有效助推合情推理能力发展：以《分数乘分数》教学为例

梁山

深度学习是在教师的引领下，学生围绕具有挑战性的学习主题，全身心积极参与、体验成功、获得发展的有意义的学习过程。挑战性的学习主题的确定往往来源于核心内容，这一核心内容中的核心概念可以作为学习主题，或者运用核心概念解决的真实情境也可以作为学习的主题。本文以"分数乘分数"为例，对如何借助深度学习理念引导学生将已有知识和经验进行迁移和类比，经历由未知转化为已知的过程，进行整体建构，促进核心概念掌握和数与运算一致性的理解，感悟同类内容本质上的一致性、思维方式的共通性和学习方式的相似性，形成和发展核心素养。

下面我们以"分数乘分数"为例，对如何引导学生经历由未知转化为已知的过程，对已有知识和经验进行迁移和类比，促进核心概念掌握和数与运算一致性的理解，有效促进合情推理能力的形成和发展进行说明。

【教学片段】

1. 复习导入，唤起回忆

出示课件：李伯伯家有一块3公顷的地，种土豆的面积占这块地的$\frac{1}{5}$，种玉米的面积占这块地的$\frac{3}{5}$。你能提出什么数学问题？

生1：李伯伯家种土豆的面积是多少公顷？用$3 \times \frac{1}{5}$计算，结果是$\frac{3}{5}$公顷。

生2：种玉米的面积是多少公顷？用$3 \times \frac{3}{5}$计算，等于$\frac{9}{5}$公顷。

生3：这两个问题都是求一个数的几分之几是多少，所以都用乘法计算。计算整数乘分数时，用整数乘分子的积做分子，分母不变。

2. 初步感知，尝试解决

师：如果李伯伯家的土地面积是$\frac{1}{2}$公顷，种植土豆和玉米的面积还是分别占这块地的$\frac{1}{5}$和$\frac{3}{5}$。你们还会计算李伯伯家种土豆和玉米的面积吗？

生：我解决的是李伯伯家种土豆的面积是多少公顷这个问题。这个问题最关键的就是"种土豆的面积占这块地的$\frac{1}{5}$"，它表示的是种植土豆的面积和土地总面积之间的关系。现在这块地的面积是$\frac{1}{2}$公顷，问题就转化成了求$\frac{1}{2}$公顷的$\frac{1}{5}$是多少，用$\frac{1}{2} \times \frac{1}{5}$来计算。

师：讲解得真清楚，你们也是这样想的吗？那么如何计算$\frac{1}{2} \times \frac{1}{5}$呢？同学们可以借助画图来试一试。

学生自主探究，汇报成果。

生1：我是这样想的，我用一个长方形表示1公顷。将1公顷平均分成2份，其中的一份就是$\frac{1}{2}$，计算$\frac{1}{2} \times \frac{1}{5}$就是将$\frac{1}{2}$平均分成5份，表示其中的一份。但是它是多少公顷呢？我就不知道了。

生2：这个我知道。求$\frac{1}{2}$公顷的$\frac{1}{5}$，就是把$\frac{1}{2}$公顷平均分成5份，我们将这些平分的线延长，可以看出1公顷被平均分成（2×5）份，每份就是1公顷的$\frac{1}{2 \times 5}$，取这样的1份，就是$\frac{1}{2 \times 5} \times 1$，这时就变成了分数乘整数，等于$\frac{1 \times 1}{2 \times 5} = \frac{1}{10}$（公顷）。算式中分母相乘的积就表示平均分的总份数，分子相乘的积表示取了多少份。

师：你补充得特别好，讲清楚了$\frac{1}{2}×\frac{1}{5}$怎样计算和为什么这样计算的道理。我们再听听其他同学是怎么说的？

生：这是我画的图。也是把$\frac{1}{2}$公顷平均分成5份，就相当于把1公顷平均分成（2×5）份，每份就是1公顷的$\frac{1}{2×5}$，取这样的1份，就是$\frac{1}{2×5}×1$，等于$\frac{1×1}{2×5}=\frac{1}{10}$（公顷）。

师：同学们说得都很有条理。虽然方式不同，但道理都是一样的。你们也都是这样做的吗？正如同学们所说，$\frac{1}{2}$公顷就是把1公顷平均分成2份，有这样的1份，这时的分数单位是$\frac{1}{2}$，继续再将$\frac{1}{2}$平均分成5份，就相当于把1公顷平均分成了（2×5）=10份，这时的分数单位由原来的$\frac{1}{2}$变成了$\frac{1}{2×5}=\frac{1}{10}$，有这样的1个分数单位，也就是$\frac{1}{2×5}×1$，这时已经转化成了分数乘整数，得出结果是$\frac{1×1}{2×5}=\frac{1}{10}$（公顷）。

3.再次感知，深化理解

师：通过刚才的探究，同学们对分数乘分数已经有了自己的认识。接下来哪位同学再来说说种玉米的面积是多少公顷？

生：根据前面的经验，我知道解决这个问题最关键的是"种玉米的面积占这块地的$\frac{3}{5}$"，它说明了种玉米的面积和土地面积之间的关系。我用一个长方形表示1公顷，$\frac{1}{2}$公顷的$\frac{3}{5}$就是把1公顷先平均分成2份后，取其中的1份，每份再平均分成5份，也就是把1公顷平均分成（2×5）份，每份是$\frac{1}{2×5}$，分数单位也由原来的$\frac{1}{2}$变为了$\frac{1}{2×5}$，有这样的3个分数单位，就是$\frac{1}{2×5}×3=\frac{1×3}{2×5}=\frac{3}{10}$（公顷）。

师：这位同学是从有几个分数单位的角度来解释的，你们听明白了吗？我们再来看看其他同学是怎么做的？

生：$\frac{1}{2}$公顷的$\frac{1}{5}$就是将1公顷平均分成10份，有这样的1个分数单位。$\frac{3}{5}$里有3个$\frac{1}{5}$，$\frac{1}{2}$公顷的$\frac{3}{5}$就有这样的3个$\frac{1}{10}$，就是$\frac{3}{10}$（公顷）。

问：这位同学通过推理得出了答案，也很了不起。

4.小结方法

师：同学们，我们刚才已经解决了两个分数乘分数的问题，谁来说说分数乘分数该怎样计算呢?

生1:通过刚才的探究,我发现分数乘分数时用分子相乘的积做分子,分母相乘的积做分母。

生2:我同意这个发现,但是根据两个算式还不能得到结论,还需要多举一些例子来验证。

师:你们的数学思维真严谨。那大家也认可这个猜想吗?请大家想办法来验证一下这个猜想吧!

生:我是举例子验证的,$\frac{3}{5} \times \frac{2}{7} = \frac{3 \times 2}{5 \times 7} = \frac{6}{35}$。先把一个正方形平均分成5份,分数单位是$\frac{1}{5}$,$\frac{3}{5}$有这样的3个分数单位。然后再把$\frac{3}{5}$平均分成7份,也就是把正方形平均分成了5×7=35份,得到了一个新的分数单位,是$\frac{1}{5 \times 7}$,取了这样的3×2=6份。这时转化成了分数乘整数,是$\frac{1}{5 \times 7} \times (3 \times 2)$,也就是$\frac{3 \times 2}{5 \times 7}$,得到结果是$\frac{6}{35}$。猜想成立。

生2:我也举了例子。$\frac{3}{8}$里面有3个$\frac{1}{8}$,$\frac{5}{6}$里有5个$\frac{1}{6}$,$\frac{3}{8} \times \frac{5}{6}$就是将原来的分数单位$\frac{1}{8}$平均分成6份,得到新的分数单位$\frac{1}{8 \times 6}$,再看一看新的分数单位的个数是3×5个,所以得到计算结果是3×5个$\frac{1}{8 \times 6}$,是$\frac{3 \times 5}{8 \times 6} = \frac{15}{48}$。所以分母相乘的积做分母,表示的是平均分的总份数,得到新的分数单位,分子相乘的积做分子,表示新的分数单位的个数。猜想成立。

师:这几位同学讲得既严谨又清楚。同学们,你们举的例子是不是也说明了这个猜想是成立的?

生:我们举的例子也都证明猜想是成立的,而且没有反例,所以这个猜想成立。由此我们得出,分数乘分数时,用分子相乘的积做分子,分母相乘的积做分母这个方法正确。

师:同学们,在刚才的探究过程中,我们借助画图,经过猜想、验证,得出了分数乘分数的计算方法,还知道了为什么要这样计算的道理,你们真棒。

【实践反思】

分数乘分数这节课的设计基于数与运算的一致性,力求让学生通过自主探究将未知转化为已知,利用已有的知识和经验自主地、积极地解决问题,深化对知识本质的理解，达到深度参与的效果，使得学生的学习真正发生。

一、紧抓核心，整体建构

分数乘分数属于数与代数领域中的数与运算部分。新课标指出，数的运算重点在于理解算理、掌握算法，数与运算之间有密切的关联。初步体会数是对数量的抽象，感悟数概念本质上的一致性，形成数感和符号意识；感悟数的运算以及运算之间的关系，体会数的运算本质上的一致性，形成运算能力和推理意识。数概念是运算的基础，运算的意义又是数运算的另一基础，而数位、计数单位、十进制、位值制这些都是数概念中的核心概念，其中计数单位是最为核心的概念。那么通过教学片段可以看出，整个学习活动都是围绕计数单位展开的，加法是计数单位个数的累加，乘法是相同加数求和的简便运算，因此从某种意义上来说，乘法和加法是一致的，都是计数单位个数累加的结果。而减法是计数单位个数的相减，除法有平均分和包含除两种意义，不论哪种意义，计算的都是计数单位的个数在运动，如果遇到不能平均分的情况，需要细化单位再继续分下去。由此可见，计数单位以及计数单位个数的运动就是数与运算教学中的重要核心。通过画图理解，两个分数的分母相乘，计算的就是一个数的几分之几是多少，也就是将原有的分数单位细化之后得到新的计数单位，数一数一行有几个，有这样的几行，就是分数的分子乘积得出的结果，也就是新的计数单位的个数，也就是说分数乘分数计算的还是计数单位的个数。充分理解了数与运算内容间的联系，感悟到数与运算这类内容本质上的一致性、思维方式的共通性和学习方式的相似性，为合情推理能力的发展奠定良好基础。

二、关注基础，类比迁移

分数乘分数是在学生已经具备整数乘法、小数乘法、整数乘分数的基础之上开展学习的，学生已经积累了一定的知识、方法以及基本活动经验，知道了求一个数的几分之几是多少用乘法计算，所以这节课的生长点在于分数的几分之几是多少的算理和算法。因此在导入环节设计了"3公顷的$\frac{1}{5}$和$\frac{3}{5}$是多少"的问题，唤醒学生已有基础，自主探究解决"$\frac{1}{2}$公顷的$\frac{1}{5}$和$\frac{3}{5}$是多少"这个挑战性问题。根据已有经验，学生推理得出计算"$\frac{1}{2}$公顷的$\frac{1}{5}$是多少"用乘法计算，接下来设计了"理解$\frac{1}{2}\times\frac{1}{5}$和$\frac{1}{2}\times\frac{3}{5}$的算理，得出其计算方法"两个层次的内容，引导学生逐步理解分数乘分数的算理，总结算法。求$\frac{1}{2}$公顷的$\frac{1}{5}$也就是将1公顷平均分成了10份，产生了新的计数单位$\frac{1}{2\times5}=\frac{1}{10}$，一共有这样的1个计数单位。在解决"$\frac{1}{2}$公顷的$\frac{3}{5}$是多少"的问题时，直接将"$\frac{1}{2}$公顷的$\frac{1}{5}$是多少"的学习经验进行迁移，或画图或类比推理得出结果，从而初步总结出分数乘分数的计算方法。后续将这个猜想进行验证，得出了结论。学生经历了观察、抽象得到猜想，又经过验证、归纳得出结论这一严谨的研究活动过程，积累了推理的相关经验，助力合情推理能力的形成和发展。

本节课的设计紧抓核心概念，借助直观模型引导学生逐步建立分数乘分数与整数乘法、小数乘法、整数乘分数等内容之间的联系，将未知转化为已知，进一步感悟数与运算本质的一致性，体会同类知识学习方式和学习方法的相似性，实现了少量主题的深度覆盖，有效促进了合情推理能力的形成和发展，为形成良好的核心素养奠定了坚实的基础。

拥抱课标新变化，践行教学新理念

张岩

2022年，教育部颁布了2022年版的义务教育课程方案和各学科课程标准。各学科课程标准以习近平新时代中国特色社会主义思想为指导，以落实立德树人为根本任务，完善了培养目标，进一步明确了"培养什么人、怎样培养人、为谁培养人"

这个根本问题，从有理想、有本领、有担当三个方面，明确了义务教育阶段培养时代新人的具体要求。

一、在结构化整合中发展学生核心素养

2022年版课程标准的一个重大变化是根据《义务教育课程方案（2022年版）》的要求，把核心素养设定为义务教育数学课程的统领性目标。那么，数学核心素养是什么呢？它是具有数学基本特征的关键能力、思维品质以及情感、态度与价值观的综合体现；是数学教育与人的行为有关（思维、做事）的终极目标；是学生在本人参与其中的数学教学活动中逐步形成和发展的，对于数学教育具有一致性和发展性（小学、初中、高中、大学）。

新课标强调课程内容的组织重点是对内容进行结构化整合，探索发展学生核心素养的路径。整体把握内容结构，教学中要从两个方面做起：一是将零散的、碎片的数学知识建立起整体化、系统化、逻辑化的知识结构。二是根据共同拥有的数学本质，找准发力点，确定关键能力，促进思维境界发展，落实核心素养。

吴正宪老师的讲座中始终把育人贯穿其中，学科是统一的育人体系，最重要的是培养一个人。教学中我们作为教师不能仅仅停留在知识技能的传递上，而是关注学生通过学习知识技能形成了一个什么样的人，形成了什么样的素养。数学教育和其他学科一样肩负着培养学生的重要使命，同时数学学科也有自己的独特使命，即数学教育的重要目标是帮助学生形成伴随一生的思考和解决问题的能力，使之会想事、会做事，这是发展学生数学核心素养的根本所在。

二、在主题化教学中提高学生解决实际问题的能力

义务教育阶段数学课程内容由数与代数、图形与几何、统计与概率、综合与实践四个领域组成。数与代数、图形与几何、统计与概率以数学核心内容和基本思想为主线，循序渐进，每个学段的主题有所不同。综合与实践强调培养学生综合运用所学知识和方法解决实际问题的能力，采用主题式和项目式学习方式，以跨学科主

题学习为主。

（一）数与代数

数与代数里面，把负数、方程和反比例移到了初中，把常见的量的学习移到了综合与实践领域，把百分数相关知识移到了统计与概率领域。内容的调整，势必会引起教学重点的变化。调整后，小学阶段数与代数领域就彻底被划分成了"数与运算"和"数量关系"两个主题。

（二）图形与几何

图形与几何领域内容变化不大，但是侧重点有所调整。新课标中更强调几何直观，增加了尺规作图相关内容，加强了动手操作。

（三）统计与概率

为了适应大数据时代，把百分数放到了统计与概率里，放到该领域可以进一步帮助学生了解百分数的统计意义。同时，引导学生了解扇形统计图可以更好地表达和理解百分数，体会百分数中部分和整体的关系。

（四）综合与实践

综合与实践领域改动较大，地位有了很大提升，这也是为了适应学生核心素养的培养。把原来数与代数领域中常见的量这部分内容以主题活动和项目学习的形式在综合与实践中进行呈现，强调跨学科融合，提高学生解决实际问题的能力，形成和发展核心素养。

三、在逻辑化探究中感悟数学说理

通过认真研读新课标，我了解到新课标的变化，优化了课程内容结构，研制了学业质量标准，增强了指导性，加强了学段衔接。不仅明确了"为什么教""教什么""教到什么程度"，还强化了"怎么教"的指导。

新课标明确界定了核心素养的内涵，指向三个维度：正确价值观、必备品格和关键能力。通常表述为"三会"，即会用数学的眼光观察现实世界，会用数学的思维思考现实世界，会用数学的语言描述现实世界。重在关注学科融合和内在联系，构建内容结构既要关注数学内容之间的逻辑联系，又要关注核心素养的整体性要求。小学阶段数与代数领域将"数的认识""数的运算"合并为"数与运算"，教材内容组织更注重核心素养发展的一致性要求。让学生经历从数量到数、从数量的多少到数的大小，再经历用字母表示数的抽象过程，为学生进一步学习方程、不等式和函数等内容奠定基础。将负数、方程、反比例等内容放到了初中学段，对数学课程内容进行了结构化调整。核心素养还有阶段性特征，在小学阶段，学生只需要感悟数学的说理，重在体验；而到了初中阶段，学生要会用数学符号表达数学道理，重在理解。

综上所述，素养教学的时代已经到来，教师要继续加强新课标的学习，联系教学实际积极思考，拥抱课标新变化，努力践行教学新理念，不畏迎接新挑战！

积极推进篮球课程，发挥"健体""育人"作用

王占生

校园篮球文化作为校园文化创建的重要组成部分，对于校园文明建设有重要的促进意义。通过校园篮球文化的创建，学生能够更多地接触篮球，增加篮球知识，进行篮球锻炼，丰富课余文化生活。同时，在校园篮球文化的建设中，篮球作为一个集体项目，可以有效培养学生的团队精神。

篮球运动在民间有着广泛的群众基础，在长子营二小学校周边，社区球场随处可见，亲子篮球活动可以说是假日里的一道风景，不足之处就是缺乏专业性指导，

缺少典型成功案例。长子营二小充分考虑学生的兴趣爱好和"以体育人"的教育意义，因地制宜，引进高水平篮球培训机构，开发篮球校本课程，从全员参与夯实"双基"到精品社团带动引领，两年来课程实施效果令人欣喜。

一、政策引领，制度保障

"双减"以来，每周5节体育课被提上日程。随着《义务教育体育与健康课程标准（2022年版）》的颁布，体育课时有了明确的政策支持。学校积极落实每周5节体育活动课的要求，以篮球课程为切入点积极尝试，除每周3节常规体育课外，二至六年级每周还开设2节篮球基础课程，用于普及基本技能和基础知识。

随着"阳光体育"活动的开展，每天早晨校园成了篮球的海洋。为满足不同年龄段学生需求，学校在三个标准篮球场之外，还增设儿童篮筐，让低年龄学生也有用武之地。

除了校本体育课和早晨的"阳光体育"活动，学校充分借助课后活动一小时，组织开展篮球社团活动，促进学生实践提升。

学校课程领导小组审议修订篮球课程实施方案，随即公示课程安排，学生自主选报篮球社团，填写选课意向表，班主任根据每个学生情况给出合理化建议，篮球课程组教师酌情录取，分到基础班和提高班。学员根据学校排好的课表，在规定的时间、地点参加活动。每周确保基础社团活动120分钟，进阶校队每周活动300分钟。

二、保障师资培训，加强课题研究

学校牵头，成立以体育主管和教师为主的课题研究小组，在保证常规教研同时，与专业培训机构签订长期服务指导协议，聘请高水平篮球教练定期指导集训。

课题研究组员积极外出参加高级培训，同时也带队定期外出集训，如到北京石油化工学院等高校篮球馆适应训练，和大兴区高水平球队进行比赛交流，以赛促练，让训练内容得以在实践中检验，更是让农村学生开阔眼界，打破自卑的壁垒。

三、规范日常管理，定期汇报评价

篮球校本课程是对常规体育课程的重要补充，强调校本化，学校课程领导小组也不断完善对篮球课程的管理和评价。

（一）校内自评

对教师的评价由学生、家长、课程领导小组进行。对教师的评价包括教学态度、教学方法、课堂组织、考勤记录、教学材料等。主要通过听课、过程检查和问卷等形式进行。

（二）多元评价

借助督导展示、家长开放日两个契机，每学期开展一次篮球校本课程教学展示交流研讨活动，及时总结汇报篮球校本课程的实施情况，让检查的领导和参与观摩的家长把评价意见反馈给学校和任课老师。

四、篮球文化风生水起，精品社团战绩赫赫

学校对篮球运动全力支持，器材、服装、活动经费足额保障。为交流展示篮球活动成果，学校每年举办一次篮球节，3至6年级参与比赛，班班上场，人人助威，校园篮球文化日渐浓厚。

（一）精神风貌焕然一新

有个班级此前是个"乱班"，几个问题学生不断生事，同学之间纠纷不断，班级学习风气也不浓，整体各方面表现都不理想。但是篮球老师在课堂上看准了其中几个苗子，通过课上及时点拨，以之前自己成才成人的几个学生为榜样激励，不断联系家长争取理解和支持，多管齐下初见成效。课上练、早晨练、课后练，篮球激活了孩子们的正能量。班内纠纷少了，学习环境得以优化，在第二年运动会上班级取得团体第一，班主任和同学们进取的信心逐渐树立起来。

（二）竞赛活动屡获殊荣

两年来竞赛成绩也不断取得突破，一步步增强了学生的信心。在生源少、底子薄的情况下，校队连续两年参加大兴区中小学生篮球联赛，男队2020年、2021年相继获得第8名、第6名，成绩水平稳步提升，女队两次蝉联小学女子组冠军，创造奇迹。

（三）身心健康茁壮成长

学生们在失败中学习，在磨炼中成长。典型代表是张同学，本来是学习成绩平平、不显眼的小个子，可在训练和竞赛中逐渐成长为"体育明星"，成为老师称赞同伴喜爱的好学生。其他几位同学被大兴区体育运动委员会教练相中，选拔到体育运动委员会接受更高水平训练，在成长的道路上跨出关键一步。

现在，校园内不管是朝阳下还是暮色里，不管是班级伙伴还是社团队友，篮球场上矫健的身影、自信的笑容是学校里靓丽的风景。站在大兴区的赛场上，队员们一扫往日的矜持、农村孩子的自卑，眼神中的自信仿佛在告诉大家，我们是最棒的！

现在学生参加篮球活动积极踊跃，家长看到了篮球的育人成效非常认可，都全力支持，篮球课程初见成效，对学校进一步完善校本课程建设发挥了积极引领作用。

实践证明，学校以校园篮球课程建设为契机，探索"教、练、赛"一体化的模式，有效促进了新课标背景下校园篮球课程的育人功能，促进了学生的全面成长。

第三部分　行知理念教学论文

费曼学习法在农村小学数学课堂教学中有效应用的实践研究报告

郑仕晴

一、研究进展情况

（一）研究过程

1. 第一阶段：梳理核心概念的研究综述（2021年5月—2021年10月）

采用文献研究法对提出的课题背景及研究的必要性进行论证，学习了与本课题相关的理论知识，提高认识。再次对本课题的核心概念"费曼学习法"等进行检索，并随时关注最新研究进展，把握研究方向，及时调整研究思路，为课题后续研究奠定了坚实的理论基础。

2. 第二阶段：调研我校学生的数学学习品质情况（2021年11月）

根据本课题研究的需要，课题组核心成员编制本校学生数学学习品质调查问卷，收集数据后进行分析，撰写调查报告，以了解本校学生在数学学习品质方面的情况，为费曼学习法在本校数学课堂教学中的应用提供参考。

3. 第三阶段：开展费曼学习法在农村小学数学教学中的策略及实践研究（2021年12月—2022年10月）

在理论研究与调查研究基础之上，结合北京版教材研究适合应用费曼学习法教学的课程内容，并在数学课堂中进行实践，借助行动研究法及时总结分析研究案例。

（二）阶段研究成果

1. 基于调查问卷的数据分析及建议

课题组成员在阅读大量关于费曼学习法的论文以及相关问卷等材料后，设计新调查问卷，并在全校范围调查研究。

本次调查采取抽查调查，将本校学生作为调查对象，将问卷发放给课题组教师，再由课题组教师发放给所任教班级的学生，共计回收185个样本。调查的内容为学生在数学学习兴趣、学习自信心、学习意志力、学习策略、学习不倦怠、学习自主性等方面的学习情况。通过问卷分析，了解学生对当前数学课堂学习的看法，根据调查结果提出相应的建议。

第一，针对提高学生数学学习兴趣的建议。

（1）在数学学习中设计一些令学生感兴趣的教学活动，尤其是对于低年级学生，让他们在数学学习中获得良好的体验，保持良好的心态。

（2）在日后的数学教学中，根据学生的情况，布置一些具有挑战性的数学任务，增强学生的好奇心，激发学生的学习兴趣。结合本课题，通过费曼学习法的应用，让学生真正充当课堂的小主人，挑战自己，成为小导师。

第二，针对培养学生数学学习自信心的建议。

对于低年级同学而言，他们认为自己擅长学习，不担心自己的成绩，但在解决问题、数学能力方面比较不自信。而对于高年级学生则是相反，在解决问题、数学能力方面比较自信，但认为自己不擅长学习，担心自己的成绩。结合这一特点，在应用费曼学习法时，可以让高年级学生充当低年级学生的小导师，通过高年级学生的讲授，低年级学生在解决问题、数学能力方面又会有所发展，最终实现相互促进。

第三，针对增强学生数学学习意志力的建议。

低年级的学生在数学学习意志力方面还不成熟，而高年级学生相对成熟，结合本课题研究，可以让高年级同学与低年级同学结对，经常聊聊数学方面的相关内容，传授一些经验。

第四，针对培养学生数学学习策略的建议。

结合本课题研究，可以让高年级同学与低年级同学结对，帮助他们科学规划，一起制订学习策略，发挥小导师的力量，带动低年级同学获得适用的学习策略。

第五，针对消除学生数学学习倦怠的建议。

在实际教学中，想办法消除学生的倦怠感，增强学生学习的主体地位，帮助学生认识到学习的意义，以更为轻松愉快的方式让学生参与到课堂学习当中。

第六，针对提高学生数学学习自主性的建议。

本课题结合费曼学习法，在教学实践中，变学生的被动学为主动学，提供给学生学的方法，培养学生的创新能力，把自主权交给学生，真正达到培养学生自主学习的能力。

2. 费曼学习法在农村小学数学教学中的策略研究

研究成果一：在数学教材中选择合适的数学教学内容。

结合当前"双减"政策及2022版数学新课标的要求，学生在数学学习中不仅要获得数学基础知识、基本技能、基本思想、基本活动经验，更要发展学生的数学核心素养。在小学阶段的教学中，并不是所有内容都适合应用费曼学习法让学生充当小导师，需要进行筛选。纵观小学阶段的教材，有些知识适合小导师教学，下面将分别从"数与代数""图形与几何""统计与概率""综合与实践"四个领域具体说明，详见表1—表4。

表1 "数与代数"领域的内容安排

册次	数与代数	数量关系
三年级上册	乘法（整理与复习） 除法（整理与复习）	探索规律（数线段和角的规律）
三年级下册	乘法（整理与复习） 分数的初步认识（整理与复习） 小数的初步认识（整理与复习）	
四年级上册	大数的大小比较 大数的认识（整理与复习） 乘法（整理与复习） 运算定律（整理与复习）	

续表

册次	数与代数	数量关系
四年级下册	小数的大小比较 小数（整理与复习） 小数加、减法（练习课） 小数加、减法（整理与复习）	
五年级上册	小数乘法（整理与复习） 小数除法（整理与复习） 鸡兔同笼问题	探索规律（小数除法中的规律）
五年级下册	因数和倍数（整理与复习）	探索规律（哪些数能化成有限小数）
六年级上册	分数乘法（复习课、练习课） 分数除法（复习课、练习课）	用方程解决简单的分数实际问题
六年级下册	数与代数复习课	数量关系复习课

表2　"图形与几何"领域的内容安排

册次	图形的认识与测量	图形的位置与运动
三年级上册	角的认识 长方形、正方形的认识 长方形、正方形的周长（练习课）	探索规律（数线段和角的规律）
三年级下册	长方形和正方形的面积（练习课）	认识方向
四年级上册	线与角（整理与复习）	根据路线图描述行走路线
四年级下册	平行与相交 观察物体	平移与旋转 轴对称图形 图形欣赏
五年级上册	密铺 梯形的面积 三角形的内角和 三角形的面积 组合图形的面积	探索规律（小数除法中的规律）
五年级下册	长方体和正方体的表面积（练习课） 长方体和正方体的体积（练习课）	探索规律（哪些数能化成有限小数）
六年级上册	圆的认识 圆的周长（练习课） 圆的面积（练习课）	用方程解决简单的分数实际问题
六年级下册	图形的认识复习课 图形的测量复习课	图形的位置复习课 图形的运动复习课

表3 "统计与概率"领域的内容安排

册次	数据分类	数据的收集、整理与表达	随机现象发生的可能性
三年级上册			
三年级下册		整理数据	
四年级上册		条形统计图	可能性
四年级下册		统计表（小调查）	
五年级上册		统计表 条形统计图	感受随机现象结果发生的可能性的大小
五年级下册		折线统计图	游戏公平
六年级上册		扇形统计图	
六年级下册		统计图表复习课	可能性复习课

表4 "综合与实践"领域的内容结构安排

册次	综合与实践
三年级上册	做聪明的时间管理者
三年级下册	年、月、日的认识
四年级上册	一亿张纸摞起来有多高
四年级下册	设计和装饰《数学小报》 "周末一日游"旅游计划
五年级上册	节约用水
五年级下册	包装中的数学问题
六年级上册	黄金螺旋线 铁链的长度
六年级下册	绘制校园平面图

研究成果二：结合学生具体情况设置多种形式的小导师。

费曼学习法的关键是以教促学，以小导师形式让学生真正参与到课堂中。考虑到教学应面向全体学生且课堂时间有限，不可能让每个学生都能在一节课中充当小导师，因此结合学生具体情况，设置不同级别的小导师，针对能力较强的学生设置"班级小导师",对于能力一般的学生设置"组级小导师",对于能力较弱的学生设置"小学友",这样每位同学都有自己的学习角色。在组建学习小组时要科学设置,遵循"组间同质、组内异质"的原则,综合各类学生,使学习效益最大化。

3. 费曼学习法在农村小学数学教学中的实施研究

研究成果一:小导师的产生。

小导师的产生方式有两种:自荐和他荐。课题组教师在班级中根据学生的意愿以及其他同学或老师的推荐,产生"组级小导师""班级小导师"和"年级小导师"。

研究成果二:小导师的履职。

小导师的履职主要包括备课、授课。选取教材中适合应用费曼学习法的教学内容,考虑到学生的特点及对知识的理解掌握情况,首先在高年级组应用费曼学习法,即学生在课堂中充当小导师,课题组成员在课堂中进行实践研究。

考虑到小导师是初次登上讲台讲授,因此在开始的课堂实践中,教师只是将一小部分时间交给小导师,由他们讲授一道习题或是一段数学文化,经过一段时间的培养,再将小导师的授课时间延长。

(1)课前预习,激发小导师动力

课前预习是小学数学教学中的重要环节,然而对于很多小学生来说,他们要么不具备预习的习惯,要么不具备预习的能力,始终难以取得良好的预习效果。针对这种情况,发挥小导师的作用,让小导师分享预习方法,展示预习成果,从而提高学生的预习效率和学习动力。

例如,在北京版小学数学三年级上册"角的初步认识"这一课时,教师充分利用课前时间,让学生在生活中寻找含有角的物品,可以通过拍照或者画图的方式记录下来。学生接到这个学习任务后,会认真努力地在家里或教室里寻找角。在上课时,教师可以让寻找到具有代表性作品的学生当小导师,由这些小导师向全班讲解自己发现了什么物品上面有角。再利用这些作品,让学生找一找小导师们介绍的生活中的角有什么共同点,以帮助学生对角的特征进行抽象归类,逐步掌握对角的认识并发现角的特征。最后,教师再让学生根据总结出来的规律,对自己寻找到的角进行分类,看看自己发现的物品中都有哪些类型的角。

这样的学习方式不仅有利于激发学生对预习的积极性,调动学生的思维,还将学生熟悉的场景运用到新知识的学习中，锻炼了学生的语言能力，增强了学生大胆发言的信心。将知识的运用与生活相连，能让数学课堂"活"起来，学生的学习兴趣更浓，教师也可以根据学生的发言，了解他们对知识的掌握程度，就此制订合理的教学计划，进而提高课堂教学效率。

（2）课中研究，创新小导师思维

小学生的思维是活跃而又发散的，教师应充分发挥学生的思维活跃性，让学生尽情地展现自己的思维过程。数学课程标准指出，教师应给予学生充分的时间和空间去思考，在班级内让其他学生结合实际一起思考辨析，有助于碰撞出思维的火花。

①班级小导师

"班级小导师"的定位主要是在班级中充当小老师进行授课，"班级小导师"先在"数与代数"和"图形与几何"两个领域进行尝试。

第一种类型："数与代数"领域。

数与代数是小学数学教学中的重头戏，其难点在于不仅会算还要明算理，学生要经历独立思考、小组合作、自主探究明算理的过程。考虑到教材呈现的内容比较简洁，学生难以挖掘出背后的内容，让学生充当小导师在授课过程中讲清算理对农村学生来说有一定的难度。因此，在"数与代数"领域多安排为整理与复习课或练习课，让学生借助所学知识充当小导师，将知识传授给其他学生，新授课内容则安排较少。

例如《鸡兔同笼》一课，在争取意愿后，本节课选了三名"班级小导师"。小导师们在课前进行集体备课，制作课件，然后与本班数学老师进行简单地说课，将本节课的教学内容及大致的教学环节说给老师听，经过老师的指导后，小导师们进行修改，明确每个人讲授的内容，最后在班级内进行授课。

第二种类型："图形与几何"领域。

对于"图形与几何"领域，以《密铺》一课为例，这节课是在学生学习了平面图形的特征及面积的基础上教学的。在确定两名授课小导师后，进行集体备课、说课、修改，最后在班级内进行授课。在40分钟的课堂中，"班级小导师"的授课时间超过了20分钟。通过小导师课堂观察发现，受益的不仅是小导师，还包括听课的小学友。小导师在授课前提前学习知识、提前思考，在授课中将知识进行内化再巩固。小学友对于这种授课方式感到新鲜，在听课的过程中认真倾听，改变了传统的老师讲学生听的课堂模式。

②组级小导师

"组级小导师"的履职主要发挥在小组中，表现在课中或课后。课中有些教学活动需要小组讨论进行学习，这时小组组员可以在"组级小导师"的指导下共同探讨，完成相应的活动。例如，在学习《圆的周长》时，学生通过小组合作，用绕绳法测量圆的周长，有些学习能力较弱的小学友不知如何操作，在每组"组级小导师"的示范演示下，帮助小学友解决问题，共同完成学习任务。课后有些小学友在进行练习时可能会遇到问题，这时"组级小导师"发挥作用，为其答疑解惑，不仅解决学习上的问题，还增进了同学间的友谊。通过这样的方式，同时解决了小学友"吃不了"和组级小导师"吃不饱"的问题。

（3）课后辅导，培养小导师能力

学生之间存在个体差异，在学习能力、思维水平上会有不同的表现，为让每一位学生都能掌握所学的知识，可选取学习能力强的学生作为"班级小导师"或"组级小导师"，每名小导师带1~2名学生。对于新知，学习能力较弱的小学友可以向小导师提出自己的疑惑，小导师对其不明白的地方进行讲解并使其听明白。对于旧知，学习能力较弱的小学友可以把自己的理解讲述给小导师听，在互动过程中，小导师还要协助判断其想法是否正确，并清除其思维过程中的障碍。在相互讲解过程中，从一人的单打独斗改为两人的合作共生。通过讲解，双方思维更明晰，语言表达更精准，从而起到助强扶弱的作用。

以六年级为例，对于六年级下学期的数学学习来说，学生不仅要将新内容学完，还要复习小学阶段的其他数学知识，时间有限。对于其他年级来说也是如此，如何一边学习新内容一边巩固旧知识这一问题值得思考。同时，对于"组级小导师"和"班级小导师"来说，他们的学习能力相较于基础较弱的小学友来说比较强，"组级小导师"和"班级小导师"都有登台授课的机会，但小学友只是被动地听，课堂参与度并不高，这样不能体现出所有学生的主体地位，而教育应面向全体学生，无论什么样的学生都应该被关注。基于以上两点考虑，设置了"年级小导师"，即学生跨年级为低届学生进行课后辅导，这样不管学生的学习能力如何都能够参与其中，充当小导师。首先在六年级和四年级进行了尝试。对于四年级的数学知识，六年级的学生早已学完，由他们担任"年级小导师"为四年级的学生进行课后辅导问题不大。因此，为四年级的学生配备一对一"年级小导师"，每个六年级的学生辅导一名四年级学生。六年级学生在课后辅导时要先对所辅导的四年级学生进行备课，唤醒小导师的已有知识，了解四年级学生的学习疑难点，在辅导时以四年级学生容易接受的方式进行讲解。"年级小导师"讲解完毕后，出检测题以反馈四年级学生是否真的听明白。对于这样的教学方式，六年级的小学友非常乐于参加，因为在这样的过程中他们也体验到了当老师的乐趣，有了自豪感。以学生教学生的方式，既帮助低年级学生解决了学习上的问题，又帮助"年级小导师"巩固所学知识，还能培养"年级小导师"的授课能力与交流能力，为学生日后发展奠定基础。

二、研究中存在的主要问题

1. 课题组成员多为新手型教师，对教学内容的整体梳理意识不强，会影响小导师对教材的理解深度，以致小导师在课堂中所讲解的知识较浅，小导师的课堂授课能力有待加强。

2. 费曼学习法在农村小学数学教学中的实施研究，缺少对小导师科学的、系统的评价以及激励。

3. 对于课题研究缺乏系统性，以致教师在实践中就如何实施开展小导师课堂教学缺少科学的指导，同时也缺少对小导师的系统指导。

三、下一步研究计划

1. 进一步加强学习，研究学生，结合学生实际情况创造性地使用教材，继续探究适合小导师的课堂教学内容。

2. 继续在数学课堂中开展小导师课堂，探究适合小导师的评价和激励，完善费曼学习法在农村小学数学教学中的实施研究。

3. 探究应用费曼学习法促进学生全面发展研究，通过科学系统的设计，分析费曼学习法在农村小学数学课堂教学中起到的实际作用。

探究"双减"政策在小学美术课堂的落实措施

李娜

研究新课程标准，可以发现新时代教育在教学思想方面更加强调"以学生为中心"和"以学习为中心"，更加重视培养学生的自主学习能力，让教师的教学转变成为学生的主动学习，这样的教学理念体现的就是"小先生制"的内容。在"双减"背景下，对于小学美术学科来说，教师不能忽视美术的育人功能，更要重视小学美术课堂的创新性和有效性，将"小先生制"融入小学美术课堂中，打破传统教育中教师"一言堂"的教学模式，将课堂还给学生，让学生发挥自身的主体作用，提高学生对于小学美术的学习兴趣，将讲授为主导的教学转变为提倡自主探究、引导和发现的教学，从而培养学生的艺术素养和创作能力，取得更加理想的教学效果，更好地实现增效减负。

一、小学美术教学中存在的问题分析

（一）教学模式固定

小学美术教学中存在的普遍问题之一就是知识的讲解、传递是以灌输式、讲述式为主，学生在接受美术知识的过程中存在被动现象，导致学生思维、想象力的发展受到制约，甚至会给学生美术学习兴趣造成直接影响，最终大幅度减弱美术课堂的吸引力。部分美术教师因为缺乏美术课堂的教学经验，在构建小学美术高效课堂方面略显逊色。当前大多数学校缺乏对美术教师进行系统性的培训，导致这一部分教师只能从课本出发来进行授课，而学生在课堂教学环节中仅仅是能够欣赏到课本中所列举的图画，学习内容比较单一，这也说明教师的教学模式存在固定化的趋势。例如，作为艺术表现手法之一的临摹，因课堂中教师对临摹存在过度应用的现象，且在教学中也是引导学生跟随教师一笔一画来学习绘画，致使学生的思维创造力受到了严重制约，不利于学生在作品创造中融入自己的想法、感受，最终必然会给学生的个性化发展造成阻碍。

（二）教学内容局限

从现阶段美术课堂教学情况来看，一些美术教师往往是以美术知识的传递为着重点，并未将广阔的自由发挥空间提供给学生，导致学生个性化发展受到了影响。而产生上述问题的主要原因在于教学内容过于局限，限制了学生的自由发挥和创造。丰富多样的美术实践活动是美术教学最明显的特点，结合多元化的资源可以为学生创建多彩的美术实践活动，但是在实际的小学美术教学中，部分教师受到传统教学思想的影响，多以常见的美术鉴赏和绘画活动为主，设计的美术活动过于单一，影响了教学质量。固然鉴赏、绘画活动是美术课程中的主要活动，但是教师如果不进行创新，重复且单一的美术活动会让学生产生审美疲劳，最终降低学生学习美术的兴趣。

（三）课程结构失衡

在我国小学阶段的教育教学体系中，语文、数学、英语等基础学科受到的关注程度较高；相较之，小学美术学科受到的关注程度偏低。另一方面，由于课程教学占比缩减，小学美术教师在教学过程中将课程设计向美术基础知识偏移，对于学生美术鉴赏能力和美术审美能力的教学引导不足。长此以往，课程结构逐渐失衡，不仅让学生没有通过小学美术学到知识和技能，也让学生对小学美术感到无趣。

（四）美术学科受重视不足

在传统应试教育观念的影响下，人们在美术理念上有不同异议，同时没有充分认识到美术学科的重要性，缺乏全面认识与理解，因此社会中普遍存在美术学科不被重视、长期被忽略的情况。这一问题是小学美术教育遇到的大困难，该问题主要体现在两方面。一方面，有些学校缺乏专业从事美术教育的教师，普遍存在由其他学科的教师代为讲解的现象，而其他学科教师的美术知识不强。另一方面，部分学校虽然设有美术课，但在实际教学活动中常被其他学科所占用。甚至有的学校和家长都认为学生应学习文化科目，像美术课一类的艺术学科可有可无，因此美术课长期受重视不足，这对培养学生美术兴趣造成不利影响。

（五）学生处于被动地位

小学美术教学中，学生常处于被动的地位，要想锻炼学生的美术能力和素养，就要通过科学引导，突出学生的主体地位，发挥学生的主体意识，让学生在美术实践活动中是自主的而不是被动的。在各种美术实践活动中，教师多以讲解为主，不注重引导，限制了学生的创造力和想象力，学生动手实践的机会不多，也就意味着学生的动手能力、思维能力都得不到很好的锻炼。"双减"背景下，教师应该发挥学生的自主意识，多给学生自主探索的时间，鼓励学生在自主探索和实践中获得成长和提升。

二、"双减"政策在小学美术课堂的落实价值

（一）有利于提高学生美术素养

"双减"背景下，小学美术教学应该加强实践探索，寻求新的发展之路，才能响应"双减"政策所倡导的提升教育教学质量，推动学生全面发展。"双减"背景下，美术教学目标仍以培养学生的审美能力和核心素养为主，而要达成这一目标，就必须依靠丰富的美术实践活动，让学生在教师的指导下去体验、实践，才能逐渐提高学生的美术素养，所以加强小学美术实践探索是"双减"政策的内在要求。在应用"小先生制"的教学过程中，教师可以高效利用学生的好奇心和好胜心，帮助学生明确"小先生制"的教育初衷，同时强调课堂留白时间和教师科学的指导，给予学生更多自我展示的平台，提高学生的美术素养。

（二）有利于丰富美术课堂

"双减"背景下，小学教学也对学生提出了新要求，美术课堂上教师必须贯彻以人为本的教学理念，以学生为主。"小先生制"更加强调学生如何将自我学到的知识内容以成体系的方式传输给其他学生，并帮助其他学生深入理解相关知识。在小学美术课堂中，充分发挥"小先生制"在教学过程中的辅助教学作用，不仅有利于减轻教师的教学压力，使其拥有更多的时间来观察学生的课堂表现并制订更加适合学生学习需求的教学体系，增强课堂教学效果，还能利用小先生自我对美术教学内容的理解而帮助与其年龄相仿、理解力相似的学生更快地吸收和理解相关知识，提高学生的学习成效，让学生在实践中培养自身能力，进而构建活动丰富、内容丰富的小学美术课堂。

（三）有利于培养小学生的品德

在小学美术课本内容的基础上，教师通过小学美术教育活动的开展，不仅可以使学生更好地理解作品想要表达的内容，还可以引导学生更深入地探索美术作品的奥妙及内涵。新时代教师应积极吸纳先进、灵活的教育理念，通过引入"小先生制"，引导学生明确人人都有成为小先生的机会，既能充分利用学生对外自我展示的需求，又能帮助小先生在整个教学过程中深入理解美术相关知识，并明确自身担负着的责任，这样能够在无形中培养学生的责任感和使命感。艺术学科与其他课程的不同之处在于其拥有独特的艺术魅力，学生可在艺术海洋中寻求舒适的学习方式，同时还可帮助学生放松身心、解除疲劳，有利于学生发现作品或事物中的美好，培养学生树立正确的认知，使其在面对烦琐事情时有良好的心态及应对能力，有利于培养学生良好的品德。

三、"双减"政策在小学美术课堂的落实措施

（一）创设良好的美术教学情境

要想构建高效、高质的小学美术课堂，美术教师应以具体教学内容为参照依

据，注重良好美术情境的构建，重视发挥小先生职能，为学生美术知识、技能的深化理解提供辅助作用。对此，教师应基于学生年龄特征、心理特征、个性爱好等多方面要素，以学生实际生活为立足点，将一些具备鉴赏价值的美术作品呈现给学生，进而引导学生赏析，在赏析的过程中培养学生的审美意识和审美情趣。与此同时，教师也应注重民间美术艺术及优秀传统文化的适当渗透，通过潜移默化的方式来熏陶、感染学生，逐步提高学生的美术素养和文化素养。

例如，在欣赏评述教学领域时，教师可以民间玩具为例。我国民间玩具具有悠久历史，是以民间艺术为立足点，其在民俗之中根植，密切联系着民间生活。与此同时，民间玩具也能达到启迪学生思想、智慧的目的，借助具备浓郁地方特色的玩具，加之其与时代发展相结合的创新，能将劳动者的智慧充分体现出来。民间玩具种类繁多，且本节课的载体就是不同种类的民间玩具，教师引导、带领学生对民间玩具的材质、造型、色彩、特征等进行欣赏与了解，不仅能使学生智慧得到启迪，同时也能为学生进一步了解民间文化内涵提供辅助作用。具体来说，教师可在课前搜集各式各样的民间玩具图片，进而在课堂上展示出来，借此拓宽学生的艺术视野，激发学生美术学习的兴趣。这一举措能促使学生在参与欣赏活动的过程中，对民间玩具不同材料及用途、地方文化特色等进行认知和了解，进而为我国优秀传统文化的弘扬奠定坚实基础。

（二）融入有趣的绘本教学

在我们所生活的环境中，所有的事物都有其自身的特征和色彩。因此，教师进行美术教学时也应充分抓住这一特点，通过绘本中颜色的搭配，将一些生活化的元素与美术教学进行完美地融合，以色彩为依托，鼓励学生发展思维，大胆想象，促进学生想象能力的提升。在学生不断积累生活经验的同时，教师要引导学生对事物的本质进行观察，这个过程对于培养学生的创造思维有较大帮助。为了能使学生的美术技能获得真正意义上的提升，教师首先要从培养学生的逻辑思维方面入手，鼓励学生多观察身边的事物，并在观察的过程中发散自己的思维，进行想象和联想。除此之外，教师还应将教材、绘本中的内容与学生所处的生活环境进行结合，这样既能有效提升学生对美术的认知，具备较强的美术素养，获得思维上的发展，又能帮助学生实现对美术知识的迁移，并能掌握色彩的运用。

例如，在实际绘画教学过程中，结合小学生热爱自然的天性，教师可以以自然景物为绘画目标，但是如果仅依靠教材中的图片，学生很难获得感官上的体验，这样反而会使学生看待自然景物的思维被限制，对提升学生的绘画技巧没有明显的帮助。为此，教师在进行绘画教学时，为了能够给学生更真切的感官体验，突出学生的创造风格，教师可以组织学生到课外进行写真，让学生能够真切感受到大自然的美好，增强视觉享受，促使学生的绘画想象力与创造力得到自然升华。

（三）关注学生的个体差异

对小学生来说，由于其成长背景和个人经历的不同，其在进行美术学习时难免会出现不同的学习情况和学习特点，而这些不同的个性化特点恰好实现了学生的个性化发展。为此，小学美术教师必须关注不同学生之间的差异性，秉承因材施教的教育理念，助力学生的个性化发展，充分引导学生发展自己的个性，鼓励其在美术课堂上勇敢地表达自己的想法，这对百花齐放的美术艺术创作有着十分重要的作用。值得注意的是，小学美术教师在进行教学时，必须充分尊重学生的艺术观念，不能嘲笑学生天马行空的艺术想法，不能将学生独特的艺术创造风格扼杀于萌芽中。

例如，在教学"影子的游戏"这一课时，教师可以通过手型的联想引导学生独立思考不同的手型艺术创作，学生能够大胆地在手上绘制不同的图案，展现出不同的个性化创作。总之，教师的出发点都是培养学生的想象力和创新、创造能力。在"双减"背景下，小学美术教师的教育宗旨是引导而非压抑，教师必须充分激发学生的美术天性，为学生留足充分的美术艺术创作空间，并且在此过程中进行适当地引导，最大限度地减轻学生的美术创作压力，从而起到减负增效的教学效果。

（四）构建翻转课堂

美术是一门艺术，具有一定的抽象性，需要学生拥有灵活的思维、较高的艺术修养、丰富的生活经验等。然而，小学生年龄小，各方面能力都比较弱，这让他们在学习美术的过程中感到吃力。若是课堂上跟不上教师的思路，吸收率就会受到影响，课后就需要花费大量的时间复习和巩固。因此，在"双减"背景下，教师需要提升学生的听课起点，而最简单有效的方式就是构建翻转课堂。简单来说，在上课前指导学生自主学习新知识，让他们了解下节课需要掌握的重难点，这样他们在听课时就能站在更高的起点上，而且更有针对性，可以让学生及时跟上教师的思路，吸收起来也更快。这样，学生课后就不需要再花费过多的时间复习和巩固，从而实现轻松学习。

例如，在教学"三原色和三间色"这节课前，教师可以通过钉钉平台、雨课堂、腾讯会议等网络平台，为学生提供准备好的视频资源与学习任务单。视频中主要是关于三原色、三间色的知识以及它们的色彩特性，而学习任务单上则是一些基础、简单的问题，如"三原色是哪三种颜色？""三间色是哪三种颜色？""什么样的颜色可以称之为原色？""红色和黄色叠加可能是什么颜色？"等问题，旨在让学生有方向、有目标地学习新知识。在课前储备了这些知识并且了解重难点后，学生在课堂上就能有选择性、有针对性地听。也就是说，学生对自己已经完全掌握的知识，当教师在讲的时候知识的吸收率更高，而对自己认为理解起来比较困难的部分，在教师讲的时候就需要格外专心去听。这样既保证了学生的听课效率，又做到了松弛有度，实现了轻松、高效听课，课后也不需要再花费大量时间进行巩固和记忆。

（五）实施合作学习法

要想构建高效的美术课堂，实现减负增效的教学目标，教师必须摒弃传统的"讲解—接受"式教学法，让学生真正参与课堂教学活动，促进他们对知识的内化。相较于被动状态下接受知识，由学生通过自己动脑思考或动手实践获取的知识更能让他们记忆深刻，而且在深入理解的基础上记住，就不需要课后再花费大量时间去复习和巩固。更重要的是，让学生自主探究知识，不仅可以拓宽其学习深度，还能培养他们的探究能力，如解决问题的能力、整合信息的能力等。为了更进一步提升教学水平，教师可以实施合作学习法，也就是让学生以小组为单位探究知识，它的优势在于：第一，由于同龄人在一起交流，没有与教师交流时的约束感，学生能畅所欲言表达自己的观点，这对他们的个性化发展有重要意义；第二，因为每个人的成长环境以及其他各方面因素不一样，所以在很多问题上出发点不一样，提出的观点也不一样，能碰撞出思维火花，这有助于培养学生的发散思维和批判思维等；第三，有助于培养学生的合作精神、团结协作能力等。因此，"双减"背景下教师可以尝试实施小组合作学习法，从而达到减负增效的教学效果。

例如，在教学"班级小报"这节课时，教师可以先遵循"组间同质、组内异质"的原则分组，要求各小组合作完成一份主题为"低碳生活"的手抄报。在这个任务的驱动下，每个小组都积极参与，小组内成员互相讨论，阐述自己的设计灵感，共同研究问题，如"小报中如何排列文章？""可以在哪些位置放报头？""假如小报中有两篇文章，需要如何分隔？"等。从某种程度上说，完成小组任务的过程就是探究和解决这些问题的过程。在这个过程中，学生对如何设计小报有了深刻的认识，在理解的基础上充分掌握了这些知识。这样，教师课后就不需要给他们布置大量的作业，更重要的是学生在课堂上不仅建立了完整的知识体系，而且获得了愉快的学习体验，达到了减负增效的教学效果。

（六）借助评价促进学生自我反思

课堂评价也是小学美术教学中非常重要的一部分，因而教师一定要重视起来，积极着手于课堂教学评价体系的优化。从美术核心素养的角度出发，教学评价要体现出全过程、多维度的特点，教师给出的评价应该客观而全面，对学生的学习成果进行系统性的观察和点评。教师除了关注学生运用美术的娴熟程度，还需要有意识地培养他们的团队合作能力和自我反思意识，这样才能让他们在美术方面获得迅速且持续的成长。在实际落实阶段，教师要谨记教学评价工作一定要遵循学生的个性化发展特点，根据学生的实际需求给予他们针对性地评价指导。

例如，在教学绘制山水画的时候，有些学生选用了水彩和水墨的绘制形式，还有一部分学生借助油画棒、铅笔等工具进行了绘制，最后将自己绘制的作品上交给了教师。对于学生们交上来的这些作品，教师可要求全班按照小组交叉评价的模式发表并提交本小组对这几幅画的评价总结，然后再向学生阐述自己的看法以及一些具体的改进建议。其间尽量以鼓励为主，避免打击学生们的自信心和创作激情，同时要督促学生不断总结自身存在的问题，引导他们全身心地投入到创作过程中，让他们认识到一个良好的艺术体验远远大于绘画结果。

四、结语

总而言之，"双减"政策的出台让小学美术教学面临诸多新的挑战。一方面，教师需要构建高效的美术课堂，保证学生的学习质量；另一方面，教师需要依据小学生的身心发展规律，减轻他们的学习负担，确保学生轻装上阵。在强调培养学生核心素养的"双减"背景下，小学美术教师要正确认识"小先生制"在美术课堂中应用的教学意义，真正引进灵活、先进的教学理念。教师在应用"小先生制"的教学过程中，要根据学生的学习行为，合理选拔分配小先生，同时提前科学指导小先生，并尊重和信任学生。也要更好地结合"双减"政策，应用先进技术，改善教学模式和教学重点。在新时代，深刻思考"双减"政策对小学美术教学提出的新要求，以此为指引，加强教学的全面分析，既可以满足学生的学习发展需求，也可以回归校园教学本质，进一步优化美术教学效果。

小学数学游戏课程应用的意义

吴慧慧

  数学游戏这门课程，符合小学生的身心发展规律，符合数学学习的客观要求，让学生在游戏中学习，能够帮助数学教师改善教学活动，创造一个自由、和谐、有趣的学习环境，有助于培养学生的学习兴趣和操作能力，提高学生的核心素养，培养学生的推理意识和推理能力，提高课堂教学效率。

  在知识经济时代，数学游戏课程在数学学习活动中起着越来越重要的作用，尤其是在于小学数学教学中，游戏教学是一种十分有效的教学方法。数学游戏教学不仅能够激发学生学习数学的兴趣，发掘他们的潜能，培养学生的探究意识和创新能力，还能增加小学数学学科的趣味性、形象性，进而提高小学数学教师的课堂效率和教学效果。

一、数学游戏的特点

（一）教育性

在教师有计划、有目的地指导下和在学生掌握游戏规则的前提下，完成数学游戏任务。在游戏过程中，主动发现并探索出其中蕴含的数学原理和知识，进而加深对知识点的理解，完成学习任务，同时也能起到宣传数学文化的作用。

众所周知，数学是一门研究空间、结构和数量的学科。很多人认为，数学与游戏没有太多的联系，但是我们不难在游戏领域发现带有数学性质的内容。在数学课堂教学中引入游戏，能更好地为教育目标服务。

（二）趣味性

数学学科包含着丰富的文化内涵，但由于数学专业术语的抽象性，其表现形式比较深奥，而小学生的认知水平有限，很多时候无法接受和理解，因此游戏恰好能补充数学文化的这一不足。游戏能利用各种方式（丰富有趣的环境和情境，多元的元素和道具），将深奥的、抽象的数学知识以趣味化、通俗化、形象化的形式展现出来。不仅满足了学生的好奇心、求知欲，而且学生也乐于接受以这种方式传达出的数学知识，有效地激发学生的学习热情，调动学生的探究精神，促进学生身心健康成长。

（三）参与性

在教学中学生对数学游戏的参与性很强，当教师在教学课堂中使用游戏时，学生能整体参与其中，在游戏中亲自参与思考、练习，既活跃了课堂气氛，又加深了学生对数学知识的认识和理解。

利用小学生年龄较小，自控能力弱，且表现欲、求知欲强的特点。在数学游戏的参与中，学生有展示自我的机会，通过在游戏中的胜利或突出表现能够得到其他同学的钦佩或老师的赞扬，学生的表现欲和成就感得到满足，因而能够积极主动地学习数学课程。

二、游戏在小学课堂教学中应用的意义

（一）激发学生的兴趣

游戏具有趣味性、参与性，是低年级学生喜欢且感兴趣的活动。小学生的思维特点是以具体形象思维为主，其逻辑推理能力不强，他们获取信息的主要途径来自形象可感的具体事物。数学具有相对的抽象性，这对于小学生来说学起来颇有难度，但他们容易被一些新奇的感官刺激所吸引，新颖、活泼、直观、形象的刺激物，最容易引起学生的兴奋。在教学中，通过游戏活动来学习数学知识，通过创设直观形象、生动有趣的游戏，调动学生多种感官参与活动，激发他们的求知欲和好奇心，使学生感到数学学习是一种快乐、一种享受。

例如，教学《骑士的荣耀》，首先学生要了解骑士：骑士是欧洲中世纪时受过正式军事训练的骑兵，后来骑士演变成一种荣誉称号，用于表示一种社会阶层。然后了解部件和游戏规则及游戏目标。学生想要参与游戏，就要积极了解游戏相关的知识。寓学习于游戏活动中，通过宽松又富有竞争的游戏环境，既满足了学生好奇、好动、好胜的心理，又激发了他们学习数学知识的积极性。

（二）发挥学生的主观能动性

游戏教学为学生创造了"做"的环境，学生在进行游戏的过程中，要积极思考游戏的进程，对游戏中出现的问题进行反思，为了取得游戏的胜利，还要调动创造力和想象力，通过最终游戏结果来检验设想正确与否。在游戏教学中，可帮助学生把符号的、实物的、图画的、心智描绘的以及口头的数学概念联系起来，发展和深化学生对数学的理解，让学生真正成为学习的主体。例如，在学习"空间与图形"这一内容时，为了让学生更好地掌握各种图形的形状与平面效果，帮助学生形成空间感，教师可设计了"摸一摸、画一画"的游戏。教师事先准备一些具体的实物模型，让学生轮流上台来摸一摸，然后用语言来描述形状，并让学生根据自己的描述和感知画下来。这样的游戏教学让学生亲自动手摸、动脑思、动口说、动笔画，将学生被动接受变为主动探索，让学生真正学到了有用的知识，也提高了教学效率。

在游戏教学时,课堂中每个成员都参与到游戏中来,实现师生之间、学生与学生之间的沟通交流,锻炼学生与人沟通和团队合作能力。

总之,小学数学游戏的引入,符合小学生的身心发展规律,符合数学学习的客观要求,让学生在游戏中学习,能够帮助数学教师改善教学活动,创造一个自由、和谐、有趣的学习环境,有助于培养学生的学习兴趣和操作能力,提高课堂教学效率。

感悟概念本质,提升分数意义:《分数的意义》教学实践与思考

郑仕晴

小学数学基础知识中,最重要的是数学概念,小学数学概念是整个"数学大厦"的基石,是整个小学数学教学的基础,是提高小学数学教学质量的重要途径,对发展小学生的思维能力有着重要的作用。但在实际教学中,教师对于概念教学,重视的是教,而不是让学生自己去悟。可能在整堂课中,教师只是用几分钟的时间就把数学书中的概念直接授给了学生,但直到课堂的最后学生对这个概念仍然一无所知。本人结合《小学数学教材中的大道理》一书以及所执教的《分数的意义》这一课,浅谈自己对分数意义教学的认识与反思。

在张奠宙教授的《"分数"教材里一个没有解决的问题——谈分数与包含除的关系》一文中提道:"在数学上,这是问,一个小于单位1的量怎么表示?由此引出分数(或小数)。这是分数教学的根本目标之一。"分数的产生与除法运算密不可分。分数来源于测量过程(整体或一个单位的一部分)和计算过程(除不尽时得到的分数)。小学阶段的分数教学分为两个阶段,第一阶段是分数的初步认识,主要通过分和取来认识分数;第二阶段把单位"1"从一个物体、一个图形、一个计量单位扩充到一些物体。分数的意义对学生进一步掌握分数的认识和运算具有承上

启下的作用。

学生在三年级《分数的初步认识》中，已经借助操作等直观方式，初步认识了分数，《分数的意义》这节课要让学生理解分数的意义，知道单位"1"的含义。在学生初步认识分数的基础上学习分数的意义，是从直观到抽象、从简单到复杂的过程。

一、概念唤醒，回顾含义

【教学片段】

课件出示：一块月饼、一个长方形、一分米。

师：这些都是什么呀？看到这些，你们想到了哪些分数？

生1：我看到月饼想到了$\frac{1}{2}$，把一块月饼平均分成2份，这样的一份是$\frac{1}{2}$。

生2：看到一个长方形想到把这个长方形平均分成3份，这样的一份是$\frac{1}{3}$。

生3：看到1分米想到把它平均分成10份，其中的一份是$\frac{1}{10}$。

此环节帮助学生回顾旧知，唤醒学生的学习经验，意识到分数是由平均分产生的。基于以前对分数的初步认识，学生在课堂中能够将一个物体、一个图形、一个计量单位进行平均分得到"几分之一"这样的分数，并且能很好地表达出来。从学生的课堂表现能够看出，学生在三年级的时候对分数的初步认识掌握得不错。但在三年级的教材中，并没有提及为什么要学习分数，然而数学内容的教学总是要提出问题进而解决问题的。张奠宙教授在《与时俱进，推陈出新——谈分数定义的修改》一文中指出，教材缺少"问题驱动"这一教学原理。这给了我很大的启发，在以后教学三年级分数的初步认识时，可以在教学过程中加入两个小朋友的对话"这一小块月饼是多大啊？""一半大。""能不能用自然数表示它呢？""不能。它应该比1小，比0大。"然后引出"这是一个新的数。我们把表示一半大的数叫作二分之一。"通过此环节来体现分数是一种有大小的数，是新的数，是自然数的扩充。通过学习张教授对于分数的初步认识的建议，为我今后教学三年级分数的初步认识提供了明确的指导，也为之后教学五年级《分数的意义》打下基础，意义深远。

二、概念落实，凸显本质

数学概念是数学教学的重要内容，是学生认识、判断、理解和解决问题的基础。在得到分数的过程中，最重要的就是要注意平均分。对于平均分问题，张奠宙教授在《"分数"教材里一个没有解决的问题——谈分数与包含除的关系》一文中提到了两种情形：情形1，先知道"分几份"，然后问所分的那份结果的大小，这是用分数表示"整体里的一部分有多大"；情形2，先知道分到的一部分的大小，然后问"该部分在整体中占多大"。在实际生活中，很多情况下事前并不知道平均分成几份，所以再次教学分数时，可以补充情形2包含除的例子来求出平均分的份数，再用分数表示，这样一来便丰富了学生对分数的认识。等分除的问题是从整体到部分，问的是部分有多大；包含除的问题则是从部分到整体，也就是已知部分的大小，问其整体含有几个部分，部分在整体里占多少。从数学思维的角度来看，如何用一个数表示有多大和占多少，思维的方向和目的是不一样的。

数学概念的建构要经历一个数学化的过程，让学生在理解的基础上感知其意义，并通过具体实例的方式呈现，帮助学生把握本质。《义务教育数学课程标准（2022年版）》将实践活动作为数学学习的一个重要组成部分。其要求是数学教学活动必须建立在学生的认知发展水平和已有的知识经验基础之上，教师向学生提供充分从事学习活动的机会，帮助他们在自主探索和合作交流的过程中，真正理解和掌握基本的数学知识和技能、数学思想和方法，获得广泛的数学活动经验。因此，在本堂课的教学中，我结合学生的实际经验和已有知识设计了"分苹果"活动，放手让学生通过平均分苹果得到分数。操作的过程分为两次，在第一次平均分中，给学生提供6个苹果，学生将这6个苹果看作一个整体，平均分以后得到了不同的分数。通过展示、交流学生们得到的不同分数，使其体会到单位"1"相同时，用哪个分数来表示，要关注平均分得的份数，分的份数不同得到的分数就不同。第二次平均分时，在第一次平均分的基础上，改变了苹果的个数，每份各增加1个苹果，每份仍然可以用之前的分数表示。这样重复两次操作，帮助学生发现虽然整体的总数发生了变化，但是部分占整体的大小没有发生变化，仍然能用之前的分数来表示。学生在经历平均分的过程中，丰富对单位"1"的理解，由之前三年级学习的单位"1"的个数是一个，过渡到现在单位"1"可以是一些物体，加深学生对分数意义的理解。学生在经历两次操作之后，谈谈自己对分数的理解，落实分数的概念。如果概念只是以一种结果的形式存储于脑海里，终有一天会忘记，只有让学生充分经历概念形成的整个过程，学生才能理解其本质，融会贯通，形成数学素养。

对于教材中分数的定义，张奠宙教授在《与时俱进，推陈出新——谈分数定义的修改》一文中也有讨论："把单位'1'平均分成若干份，表示这样的一份或几份的数叫作分数。"对此，张奠宙指出，这样的一份或几份是指那几份物体的本身还是指它的大小，没有表述清楚。因此，他建议将教材中对于分数的定义修改为："将一个整体平均分，这样的一份或几份可以用分数来表示它们的大小。分数能表示小于1、大于0的量。"这样一来，五年级学习的分数内容能够与三年级学习的分数内容相衔接。这也给了我很大的启示，在日后的教学中，除了要深入研究教材外，还需创造性地使用教材，使其能够更好地为课堂教学服务，让学生受益。

三、概念提升，拓展广度

度量是认识分数的重要途径，许多国家也把度量作为分数教学的目标。基于此，在课堂中可以结合数轴知识进行教学，帮助学生深入理解分数单位的含义，让学生直观地感受到分数除了能够表示部分与整体之间的倍数关系，还可以表示一个具体的数量，分数也能够像自然数一样去数，沟通整数与分数之间的联系。

小学数学概念教学是小学教学的重点，在教学中教师如何引导？学生如何探究？是值得我进一步学习和思考的地方。在概念教学中，学生是学习的主体，通过回忆经验引起学生的共鸣，努力在课堂中激发学生的学习兴趣，努力引导学生从"要我学"变成"我要学"，从而深刻认识概念的本质。

浅谈单词听写训练在农村小学六年级英语教学中的实施与运用

韩秋

一、进行单词听写训练符合六年级学生思维发展能力

《义务教育英语课程标准（2022年版）》指出，听、说、读、写及其综合运用等语言技能是语言运用能力的重要前提与基础。我国心理学家认为，少年期是指11、12岁到14、15岁的阶段，抽象思维已占主导地位，并出现反省思维，但抽象思维在一定程度上仍要以具体形象作支柱。对于六年级学生而言，他们的抽象思维已经逐渐成熟完善，因此对其英语听写能力进行着重培养，坚持进行单词听写，既符合新课标要求，又能为学生今后的英语学习扫清单词障碍，减轻英语学习难度，提高学生英语学习兴趣。

二、采用单词听写方式解决六年级学生英语学习困难

北京版英语六年级教材是对一至五年级知识的总复习，但农村小学由于地域局限性、师资力量薄弱、家长重视程度不够、学生英语综合素质较差等原因，很多毕业班学生的英语知识积累不足。教材文本长，词汇量大，但学生词汇量匮乏，整篇文章认识的单词有限，理解文章大意非常困难，传统的授课方式并不适合基础较差的六年级学生。笔者认为，教师应先帮助学生清理掉生词障碍。万变不离其宗，单词是根本，句子是由单词组成，如果每个单词都认识，句子理解迎刃而解。所以，

进行听写训练是直击病原、直达病灶的一剂绝佳良药。

三、听写在六年级英语教学中的运用

（一）听写内容巧设计

由于农村小学六年级学生英语基础薄弱，加之教材词汇量大、词汇并不常见的特点，笔者发现让六年级学生默写出单词的字母是非常困难的。从某种程度上说，让大多数六年级学生准确地读出英文发音都难以做到，所以我放弃让他们默写单词，转而尝试说英文单词，并让学生写出汉语意思。我一共进行了八次听写，成绩平均值分别为：56.2162，56.1895，56.4302，57.8091，58.7023，59.3421，58.0967，59.8796。结果显示，10个单词学生几乎只能写出4到5个单词的意思，正确率非常低。将英语单词打印在A4纸上进行检测，再进行成绩统计，平均值总体上升，但是上升幅度不是特别明显，仅上升了1个百分点。我再进行改进，将听写内容改为：在先读出英文单词，再在黑板上书写出这个单词，一共进行了八次听写，听写成绩平均值分别为：86.2134，85.2134，84.7568，86.3124，86.6541，87.5326，88.2561，89.4178，这次增幅较大。这是因为六年级学生的学习过程已经从听觉认知逐渐过渡到视觉认知，听是根本，而抽象思维水平的发展，让学生对单词的形也更有感觉，这样的听写方式兼顾了学生的听觉和视觉双重感受，因此单词听写正确率的大幅度提高就不难理解了。

（二）听写落实要到位

1. 小组合作

为确保每位学生在教师布置听写任务后，能够及时修正错误、巩固单词，可采用小组合作的方式。可将学生分为四人一组，且尽量保证每组有同等数量的学优生和后进生，以保证公平。教师将单词听写满分者任命为组长，主要负责判预习小卷并监督落实本组所有成员的学习任务。例如，听写判完，发回改好，教师给组长布置重听至满分的任务，组长就要在当天落实此任务。若有组员没有满分，组长则要监督组员立刻订正错误的部分再进行重听，直至满分。

2. 复听

《论语》中有云："学而时习之，不亦说乎？"这里的"习"指的是复习、练习和巩固所学知识。德国心理学家艾宾浩斯的遗忘曲线表明，遗忘在学习之后立即开始，最初遗忘速度很快，以后逐渐缓慢。遗忘曲线呈现的遗忘规律是：先快后慢，先多后少。我根据遗忘曲线，设计了几个复习点：第一个记忆周期5分钟，这个周期就是教学生发音，解释中文，然后马上进行听写；第二个记忆周期30分钟，把背完的单词放到课文中再进行学习；第三个记忆周期12小时，当天留抄写所背单词作业；第四个记忆周期1天，第二天上课重新进行听写；第五个记忆周期7天，即一周后再进行单词听写；第六个记忆周期一个月后再进行单词听写，听写单词的数量在10个左右，任务不多，大多数孩子觉得比较简单，并且不断穿插一些之前背过的单词，尤其是一些听写错误率比较高的单词。

3. 音、义、形巧联系记词义

凡是具有生命的语言都是由音、义、形三部分构成。对于学生，记单词最难的地方就是记住词义。教师如何"架桥"，让学生"过河"呢？比如单词exercise，观察这个单词有3个字母e，可发展为锻炼都是很多人一起，一个人坚持不住；单词afraid，在汉语中，a发"啊"的音，两个a表示"啊啊"地叫，可发展为遇见可怕的事了；单词say，英语发音时嘴是咧起来的，像是一个人在说话，这个单词的形状整体看似一个人的喉结，人就是用喉结说话；pill英文发音像"撇咯"，见到药丸就想扔了；vegetables这么多字母，蔬菜就是多种多样的。这些记忆方式不是笔者的独创，而是学生自己的奇思妙想。教师只需要在课堂上发问，"还有什么好方法？""还有没有更好地记住这个单词的点子？"有学生回应及时表扬。由此，笔者深有感触，只要根据六年级学生认知规律、心理特点及单词难易程度多想方法，静态预设便可轻松转化成单词听写的动态生成。

由于农村小学教学条件的局限性，做好听写环节显得十分重要。教师应切实把听写工作做到位、做得扎实，不要对这个训练效果将信将疑，甚至半途而废，充分利用起听写这把"冲锋枪"，扫除一切英语屏障，抓住听写这块"主阵地"，不断让英语知识开花结果。从听、说、读、写单词开始做起，只有不断积累单词量，才能够实现英语水平质的飞跃。针对农村小学六年级学生英语基础差，新授课常规教学难以开展的情况，学生单词听写能力的有效提升和重点培养，提升了教学实效性，同样可以完成英语教学目标，激发学生学习英语的兴趣，树立信心，有效提高学生的阅读能力。

好的作业设计是教师的好帮手

张友杰

如何检验学生学习效果，除了试卷测试以外，布置作业也是途径之一。如何布置作业？布置多少作业？也是值得我们思考的问题。教师通过作业的完成情况，可以了解学生课堂学习的效果和掌握知识的情况。由于学生学习能力的不同，给学生布置作业的方式、质量、数量也存在很大的差异，设计好课堂练习作业、家庭作业是值得广大老师考虑的问题。

说到作业就有一个不可避免的问题就是学生减负的问题，有些学生家长认为，学生家庭作业太多，不仅有语文、数学作业，还有英语、道德与法治、科学等作业，其实这些作业并不是每天都要布置的，其中语文、数学、英语要多一些，道德与法治、科学的作业完全可以在课堂上完成，这样就可以减轻学生家庭作业的负担。

到底什么是作业？《辞海》解释：为完成生产、学习等方面的既定任务而进行的活动。而《教育大辞典》则把完成学习任务的作业分为课堂作业和课外作业两大类。课堂作业是教师在上课时布置给学生当堂进行检测的各种练习，课外作业是学生在课外时间独立进行的学习活动，是检测学生是否学会了课上的知识点的一种方法，一般都是家庭作业。

为切实提升课堂教学的实效性,把学生从大量的作业中解放出来,有时间去参加各种实践活动和社团活动以激发学生学习兴趣,促进学生德智体美劳全面发展,我校结合实际,在学生作业方面作了如下尝试。

一、设计好课堂作业——提升课堂实效

有一些针对性强的作业,在课堂教学设计中就可以实现。例如,对数学典型的例题立即进行巩固练习,让学生快速熟悉这类习题,这样既可以检验课堂教学效果,也可以减少学生作业布置总量。由于农村学校的学生在家里基本没有英语语言学习的环境和氛围,这就要求老师设计好课堂的语言练习,及时巩固学到的英语对话,减少学生回家后枯燥无味的练习。总之,通过在课堂上设计好作业的形式,可以充分检验学生的学习效果,提升课堂教学实效,完成各项基础训练和任务。

二、设计好家庭作业——巩固实践能力

家庭作业是课堂教学的延伸,是需要学生自主完成的任务,通过家庭作业的布置和设计,可以进一步检验学生学习效果和掌握情况。家庭作业设计不要只留一些重复抄写、机械做题的任务,可以设计一些学生感兴趣且与实际生活有关联的任务和实践性的作业,让学生在实践中进一步理解知识。例如,数学中关于图形面积的作业,可以让学生计算家里桌子、电视、门窗的面积,这样既可以练习面积公式,还可以锻炼学生实践动手测量的能力。布置一些开放性的作业也是学生成长和发展的动力,而精心设计课内外作业,会有效减轻学生的负担,使之更科学、更合理。

三、设计好作业层次——确保学习高效

根据学生学习能力的不同,各项作业要进行不同的设计,不能一概而论。对于学习困难的学生,作业不要太难、太多,以保证他可以完成作业;对于学习能力强

的学生，可布置一些具有挑战性的作业，以激发他们的求知欲望。如果作业设计不考虑这些因素，这些学生往往就会把作业当成很大的负担，会影响他们对学习的兴趣和积极性，会造成问题积累越来越多，学生之间的差距也会逐步加大。

针对教材重点、难点布置作业，让课堂作业像分散复习优于集中复习一样在每堂课中分散完成，突破课堂作业的单一形式，实现分层设计，做到由易到难、由浅入深、内容丰富、形式多样、少精活细、反馈及时，以确保学生的课堂作业训练保质保量，高效完成。

四、设计好作业评价——发挥激励作用

作业的评价对于学生来说是一件非常重要的事情，学生很看重教师的评价，有些时候就是教师忽视对学生作业的评价，或作业评价单调、作业评语刻板教条化，导致一些学生学习出现波动。从作业本检查的情况来看，大部分教师的作业评价，只是一些简单的等次，如优、良、中、差之类。有些作业虽然写了评语，但多数评语没有感染力，缺乏人情味。学生对这样的作业评价司空见惯，久而久之也就麻木不仁了。作业评价严重地忽视了对学生发展的教育激励功能，很难想象在学生毫无反省意识的基础上，学生能够独立面对社会，形成社会责任感！所以，教师作业评价要多样化，多一些积极评价和鼓励。

总之，设计好各项综合学习实践活动，才能让学生的特长和能力得到应有的发挥和提高，进而进一步激发他们的学习热情和创新精神！实践证明，科学合理地设计好课内外作业内容，能够提升教师的课堂教学实效，发挥出作业真正的作用，全面提升学生的学习兴趣，才能真正为社会培养出高素质的人才！

混合式教学方法在小学体育教学中的应用

张静婵

线上线下混合式教学模式是以行为主义和建构主义学习理论等为指导,借助现代教育技术、互联网技术和信息技术等多种技术手段对教学资源进行优化组织、整合、呈现和运用,将传统面对面的课堂教学、实践实操教学与网络在线教学进行深度融合,以寻求两者优势互补,从而实现最佳教学效率和效果的一种教学方法。

从字面意思理解就是同时采用线上、线下两种教学模式。但线上并非辅助学习的方法,而是教学活动的基础,是为了达到学生锻炼效果的目的。

教师应积极探索体育教学的特点和规律,始终将学生的健康放在第一位,推动终身体育的发展。本文以《韵律操》教学为例,谈谈笔者的看法。

一、精心策划,做好课前准备

1. 选择合适的线上教学平台

线上线下混合式教学主要包含在线教学、直播录播、教学互动、课程点播、教学管理等多项功能。为了迅速开展网络教学,满足教师对在线教育平台的需求,本课程线上教学选用了钉钉平台。钉钉是大众化办公软件,线上教学方便,其"视频会议"功能适合线上教学,可屏幕分享、连麦提问,简单易操作而且支持录播回看。"家校本"功能能以视频的形式布置作业,学生也可以提交自己练习的视频作业,教师可在线批改,系统自动统计未提交作业的学生名单,还可通过"钉一下"

功能提醒学生，节省了教师的精力和时间。

2. 选择适宜的教学内容

韵律操是在音乐的伴奏下进行的一种身心表现运动，此项活动具有不受场地限制、趣味性强、练习强度随意调节的特点。此项活动非常适合学生居家进行体育锻炼，深受学生的喜爱。本节课，笔者依据人教版《体育与健康》水平三韵律活动内容，并结合学生实际创编了韵律操《大家一起来》。

3. 根据学生实际分组教学

本节课授课对象是五年级学生，共26人，为保证网络授课质量，笔者将学生分成两组，每次授课人数为13人。该班学生在三、四年级时学习过韵律操，对此类教学内容有一定的基础，通过前两节课的学习，学生已经基本掌握了踏步、并步、一字步、"V"字步等基本步法。根据学生差异，分成提高组和基础组，实现教学效果最优化。

4. 提前录制教学资源

在混合式教学下，韵律操教学利用信息技术的图像、声音和文字等表现形式，通过提前录制课上所用的教学动作，经过后期编辑和处理添加特效（标注、添加字幕、慢放和循环播放等），将教学重难点直观、立体、简单、详细地描绘出来，使教学环节的设计更加灵活、有创意，让其更加简单直观地服务于韵律操教学工作，同时便于学生学习和课下练习。教师通过网络对学生动作适时地反馈，及时纠正并进行指导，提高学生的学习效率。

二、多管齐下，保证教学实效

将线上线下混合式教学应用于体育教学中，有助于实现教师对学生的整个学习过程进行监督，对调动学生的学习积极性以及激发学生潜能有较大帮助。本节课先学习"漫步"。授课过程中，采用播放微课、视频互动、学生展示、教师评价指导以及学生自测脉搏反馈心率等方式，发挥网络授课的优势，保证授课的质量，从而达到全面锻炼学生身体，提高健康水平的目的。

1. 巧用简单教具，提高教学效率

"漫步"的教学对学生的节奏感、灵敏性要求很高，为了便于学生掌握动作要领，笔者采用了引导学生利用地上贴点的方法，帮助学生理解掌握动作的方向和幅度的变化，这样学生很快便掌握了动作的要领。

2. 自测心率，保证学生运动负荷

为了弥补网络教学中学生锻炼效果不好把控的问题，授课中，笔者将学生的心率预设在150次/分左右。在准备部分、基本部分和结束部分分别要求学生自测10秒心率，并结合学生自身身体素质的差别，判断学生运动负荷大小，从而进行及时的调整与反馈，保证学生的练习效果。

3. 循序渐进，逐步掌握完整动作

线上体育课仍然需要按照体育教学的原则循序开展，每次上课前，一定要进行充分热身，使学生养成热身的习惯，防止出现运动意外。笔者通过钉钉视频会议，可同时监控9名学生的练习效果，还可以重点关注个别学生，加强指导。

本节课，笔者选取了三分钟左右的《热身操》，学生跟着教师提前准备好的视频一起练习。经反馈，10秒钟平均心率25次，学生们身体微微发热或出汗。

对于新授内容，通过播放复习旧知的视频，学生跟着一起练习，为新知做准备。通过让学生观看不同角度完整示范的视频，更好地建立动作表象；通过分解示范动作的慢放，使学生明确动作要点。这样循序渐进，使学生逐渐掌握动作技能。

三、多元评价，达到锻炼效果

课后，同学们利用钉钉"家校本"功能，上传作业视频，教师进行线上批改。还可以通过钉钉平台的"群投票"功能，进行多维度评价，让学生互评、家长评价等。完成后，系统即时反馈，自动统计和分析数据，选出最佳表现奖和进步奖。通过"在线奖状生成器"及时为学生颁发奖状，调动了学生练习的积极性，保证了教学的有效实施。

综上所述，为了保证线上线下混合式教学的正常开展，体育教师应该本着健康

第一的指导思想，从锻炼原则和教学原则出发，从课前准备、内容选择、运动符合检测、课堂管理、课后评价等细节出发，全方位、多角度考量线上线下混合式教学的可行性，保证体育教学的高效有序。

基于儿童发展心理特征　培育学生数学核心素养

许健

儿童是有情感、有个性、有独立人格的完整生命体，独一无二。真正的教育就要尊重儿童的成长规律，按照儿童认知发展规律教学。著名教师吴正宪创立的"吴正宪儿童数学教育思想"就特别倡导用心地读懂儿童，专业地读懂教材，智慧地走进课堂。其中用心地读懂儿童就是要读懂儿童、理解儿童，把握儿童发展的心理特征。

小学数学中"图形与几何"领域的课程内容，是以发展学生空间观念、几何直观、推理能力为核心展开。这三大核心概念，每一个都是数学课程的目标点，本质上体现的是数学的基本思想，也是学生应该发展的数学核心素养。其中空间观念作为空间想象力发展的基础受到普遍的重视，也成为"图形与几何"领域教学的主要目标之一。荷兰数学家弗莱登塔尔指出，几何是对空间的把握——这个空间是儿童生活、呼吸和运动的空间，在这个空间里儿童必须学会去了解、探索、征服，从而能更好地在其中生活、呼吸和运动。可以看出，培养学生的空间观念不仅仅是知识的范畴，而且已经上升到与人类生存密切相关的高度，这正是在教学中培育学生核心素养的意义所在。

一、儿童空间观念发展的心理特征

（一）儿童对直观图形的依赖性强且容易感知外显性较强的图形因素

儿童对于一些直观图形较为容易理解，但对相对抽象图形的理解就有一定困难，尤其以低年级儿童较为明显。在图形的认识中，无论是操作还是观察，儿童容易感知外显性较强的图形要素，而对不太明显的属性特征较为忽视。

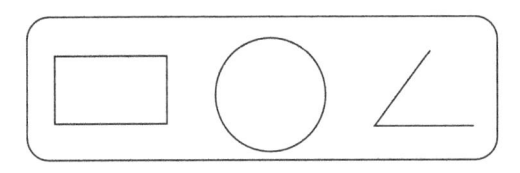

图1　长方形、圆、角

如图1，儿童对长方形性质的理解比对圆性质的理解容易，是因为在儿童的心理中长方形更为直观。在观察长方形时，儿童往往先注意到边的特征，而忽略角的特征。这是因为对于儿童来说，边的特征刺激大于角的刺激。角的认识对于学生来说也较为抽象，在儿童的心理中，封闭区域比开放区域更为直观。在学习角的认识时，学生的易错点往往是边的长短决定角的大小，而忽略角的本质属性是两条边叉开的大小。这也是因为在儿童心理中边的特征更为外显，边长短的视觉刺激要比两边叉开程度的刺激大。

（二）儿童对图形的识别依赖"标准形式"

儿童对几何图形的认识最初的经验都是源于现实世界，同时儿童的注意力往往会集中在特征明显或差异性较大的图形属性上。对一些水平放置的图形，如正方形、平行四边形、三角形或是梯形，识别起来比较容易，这就是儿童心理图形的"标准形式"。而对于斜置的一些图形、平行四边形中斜置的一组垂线、图形特征不明显或差异较大的图形，学生识别起来就有一定的困难，这就是儿童心理的"变式图形"。

标准图形有利于儿童通过观察和操作来发现图形的性质特征，却不利于儿童对图形性质和特征进行抽象概括。因此教学中要通过一些变式图形与标准图形的对比来凸显图形的本质特征，避免只关注表象。

（三）儿童习惯用经验来思考或描述性质概念

儿童对自己观察到的图形的直观特征，往往是利用日常经验的语言来描述的。比如低年级儿童常常用生活语言"三角"来描述三角形，甚至到高年级学习长方体的认识时，儿童还是会用生活化的"角"或"棱角"来描述顶点。虽然在描述图形特征时，教师会引导学生用简洁、精确的数学语言来描述，但儿童思维中更多的还是依赖生活中的直观经验。我们教学中要不断培养学生的抽象、概括和表达能力，但必须正视儿童的这一心理特征。正如吴正宪老师所说："不严谨的理解远胜于严谨的不理解！"

综上所述，在正确把握儿童心理发展特征的基础上，教师要精心设计和组织有利于培养学生空间观念的教学活动。

二、发展空间观念，培育学生数学核心素养

（一）尊重学生的认知特点，为学生创设足够的时间和空间，经历观察、操作、想象、推理等活动过程

儿童依赖直观、习惯和经验来思考。作为教师就要以学生的认知和经验为基础来设计教学活动，引导学生主动参与建构，从直观经验、感性认识上升到数学表达、理性认识，实现自我发展。在课上应该给学生提供足够的时间和空间，让学生通过亲身经历和感受活动再去理解、感悟数学本质，尽可能多地为学生提供活动的机会，调动学生多种感官参与体验。如可以设计看一看、摸一摸、比一比、说一说、画一画、拼一拼等多种形式的活动，让学生全方位、多角度、多感官参与学习活动。在活动中，学生不仅要获得知识与技能，更要体会并感悟到这些知识与技能背后更为本质的东西——知识的产生与发展以及数学的思想、方法，积累一定的数学活动经验。在教育教学过程中，使学生掌握一定的学习方法，养成良好的学习习惯，从整体上促进数学素养的提高，让学生亲身体验到如何"做数学"、如何实现

数学的"再创造",并感受到数学的力量。

(二)为有限的认知插上想象的翅膀,让"超经验"成为学生核心素养的生长点

数学来源于生活却高于生活,数学教学要根植于儿童的生活直观感知。可是儿童的生活直观感知会受到年龄特点、思维发展水平、客观经验等诸多因素影响,是有限的认知,这就形成了数学知识的呈现远远超乎儿童本身的知识结构和生活经验的"超经验"现象。张奠宙教授在《数学概念之间需要融会贯通——评"图形与几何"中一些概念的表述》一文中谈到线段与直线的关系:"将线段向两端无限延长之后称为直线。但是,无限过程是人的经验所不能达到的,人们能够感知的只是有限的'线段'。这就是说,直线是小学数学里遇到的一个超经验的概念。"此时就需要人们的想象力,为有限的认知插上想象的翅膀,走向思维的无限。在线段与直线的教学中,由儿童看得到的线段开始,向一端无限延伸成为射线,向两端无限延伸成为直线。无限延长需要依靠想象力,常用的铁轨、探照灯等实例都是用有限比喻无限,应该更进一步引导学生运用想象力,想象无限延长的直线。还应该在认识概念时建立线段和直线的一致性,沟通有限和无限之间的联系,从有限走向无限。空间想象力是与生俱来的,儿童也是如此。在面对"超经验"概念时,引导儿童展开想象,不但能加深对概念本质的理解,更能够培养儿童的空间想象力。

(三)系统构建知识结构,培育学生数学核心素养

张奠宙在《浅而不错、分而不碎,着眼于数学素质的养成——以"维度"概念为例》一文中谈道:"几何学的整体安排缺乏顶层设计,立体图形和平面图形之间的关联没有叙述清楚,显得十分凌乱。"

小学阶段认识的图形简单概括就是点、线、面、体、角。生活中人们看到的物体都是立体的,所谓的点、线、面、体、角都是从立体图形中抽象出来的概念,这些抽象的概念是不存在的,或者说这样的概念只是一种理念上的存在,它们的特点是"看得见,说不清"的。事实上越是基本的概念就越难说清楚,这是因为在描述的过程中无法借用其他的概念,而小学数学中所涉及的概念基本如此,这给我们的

教学带来了一定的难度。教材编排时依据儿童的年龄特征，按由浅入深、螺旋上升的方式进行编排，分散了难点，但也在一定程度上影响了整体性与系统性。

我们教学时必须拥有全局观，既要见树木，更要见森林，整体着眼，系统构建知识结构。教师首先要自己构建起良好的思维方式，在教学设计时，要提升站位、打开视野，从大单元（大主题）备课的视角进行教学设计。针对具体内容还可以尝试引导学生从运动变化的角度认识图形——点动成线、线动成面、面动成体。我们不一定严格告诉学生这个概念，但是要引导并让学生感受，形成经验。先结合生活实例的现象让学生想象，比如用笔画线、流星划过夜空、雨滴快速滴落等。想象后再用课件或教具进行演示，动静结合帮助学生发展空间观念，并在适当的节点引导学生及时进行梳理总结，帮助学生构建起良好的认知网络，引导学生逐步形成认识事物的良好思维方式和数学基本素养。

儿童几何思维水平的发展具有明显的阶段性，不仅依赖于儿童心理的逐渐发展成熟，还依赖于教师的教学设计和组织。所以，了解、把握儿童思维水平发展的心理特征对教师设计教学活动和组织教学至关重要。只有基于儿童心理发展特征开展的教育教学活动，才能真正培养学生的核心素养，让儿童感受到教育的幸福！

浅谈小学篮球教学对学生主体作用的积极影响

赵一芒

近年来，群体运动在学生中间越来越受欢迎。篮球作为一种常见的群体运动项目，在小学教育中扮演着重要的角色。通过篮球教学，学生不仅可以提高身体素质，还能培养团队合作精神和个人能力。除此之外，篮球教学对学生主体地位的影响不可忽视，而学生的主体作用在篮球教学中的发挥，对于教学效果和学生发展至关重要。本文将围绕小学篮球教学展开，探讨篮球教学对学生主体地位的积极影响，并提出相应的措施和实例。

一、学生主体作用的意义

学生主体作用指的是学生在学习和实践中积极主动地参与和主导学习过程，发挥自己的主观能动性。在小学篮球教学中，学生的主体作用具有以下意义。

1.培养学生的主动学习能力

学生在教学过程中扮演主体角色，能够更加积极主动地参与学习，提高学习效果。篮球教学能够促进学生自主学习和自我管理能力的培养。在篮球教学过程中，学生需要通过自主学习掌握技巧和战术，同时需要自我管理时间和行为。例如，教师可以引导学生组织篮球比赛，让学生自主安排比赛的时间和参与人员，从而培养学生的自主性和管理能力。

2.培养学生的团队合作精神

学生在篮球教学中需要与队友协作，通过主体作用的发挥，可以培养学生的团队合作能力和集体荣誉感。篮球是一项需要团队配合的运动项目，每个队员都需要在比赛中与队友密切配合，进行传球、接球和防守等动作。通过参与篮球教学，学生能够学会与他人协作，培养团队合作和沟通能力。例如，教师可以组织学生进行篮球训练，让学生在小组中相互配合，共同完成训练任务，从而培养学生的团队意识和协作能力。

3.培养学生的竞争意识和适应能力

在篮球比赛中，学生需要与对手进行竞争，并在竞争中不断提高自己的技能水平。通过参与篮球教学，学生能够培养良好的竞争意识，学会面对挑战和适应变化。例如，教师可以组织学生进行篮球比赛，让学生体验竞争的过程，从而培养学生的竞争意识和适应能力。

学生在主体作用的发挥中，需要承担起一定的责任和角色，从而提高自信心和责任感。

二、发挥学生主体作用的教学方法

为了更好地发挥学生的主体作用，教师可以采用以下教学方法。

1. 激发学生的兴趣

通过设置趣味性的篮球教学内容，激发学生的学习兴趣，增加他们的参与度，让学生有更多的选择空间，激发学生的主动性。

2. 创设情境

教师可以创设适当的情境，让学生在实践中发挥主体作用。例如，组织小规模比赛或模拟比赛情境。

3. 引导学生自主学习

教师在教学中应该注重引导学生自主学习，鼓励他们提出问题并思考解决方案，教师给予适当地指导和反馈。

4. 鼓励学生表达

教师应该鼓励学生在教学过程中表达自己的意见和想法，让他们参与到决策和规划中来。

三、学生主体作用的策略

为了更好地发挥学生的主体作用，教师可以采用以下策略。

1. 设计个性化的学习任务

根据学生的特点和能力，设计个性化的学习任务，让每个学生都能发挥主体作用，实现个人发展。

2. 培养学生的领导能力

通过组织小组活动和角色扮演等方式，培养学生的领导能力，让他们在团队中发挥主导作用。

3. 鼓励学生参与决策

在教学中，教师可以给予学生一定的决策权，让他们参与到教学目标的制订和教学内容的选择中来。

4. 提供合理的奖励机制

教师可以设置一些合理的奖励机制，激励学生发挥主体作用，提高学习积极性和主动性。例如，让学生在教学过程中担任教师的小助手，动作示范、同伴保护、活动组织及管理等。

学生主体作用在小学篮球教学中的发挥对于学生的发展和教学效果具有重要意义。教师应该采用适当的教学方法和策略，激发学生的主动性和参与度，培养他们的团队合作精神和自主学习能力，从而实现小学篮球教学的目标。

"双减"带给我们的变化

吴彤

《关于进一步减轻义务教育阶段学生作业负担和校外培训负担的意见》（简称"双减"）要求：有效控制作业总量，科学利用课余时间，保证充足睡眠，合理安排适当的家务劳动，开展适当的体育锻炼等，确保学生身心健康发展。"双减"实施以来，孩子们的生活是否发生了变化？孩子们有什么切身体会呢？我做了初步调查。"作业少了。""我不参加语文和数学课外班了。""纯写的作业好像是少了。""我不去数学思维班了，妈妈给我报了乒乓球班。""很多作业在学校都能写完了。""课后延时的时间活动多了。"这些都是孩子们最直观的感受，我想让孩子们利用科学的方法确定"双减"是否给自己带来变化。

结合刚刚学完的"百分数"单元，我设计了主题为"'双减'带给我们的变化"调查类作业，要求：自由结组，选定调查题目，编制问卷，开展调查，整理数据，撰写调查报告。

学生们以小组为单位，分别从"'双减'前后参加课外辅导班的情况""'双减'前后睡眠时长和质量情况""'双减'前后作业情况""'双减'前后运动情况"四个方面展开了调查。

首先遇到的问题就是如何编制科学合理的问卷。学生们把问题抛给了我，我告诉他们我只能给出一些笼统的建议，具体的可以求助网络和专业书籍。虽然分了四个小组，但此时同学们却团结起来，一起查阅文献资料，学习如何编制调查问卷，然后分头编写自己组的问卷。经过小组成员的多次打磨，问卷编制完成，基本做到了标题明确、调查目的清晰、题目数量适中、问题较有针对性，并体现了前后的对比。

调查对象是本校区六年级的83名学生，虽然样本数量有点儿少，但学生们坚持从自己年级开始，先试一试，以后再推广开来。每小组选了两名调查员，利用班会时间同时在三个班说明了调查目的，并发放问卷、回收问卷。

问卷回收率100%，孩子们很受鼓舞，马上进入数据统计阶段。小组成员紧密配合，把调查数据输入电脑的电子表格中，算出百分比。但我想还是应该让他们动手算一算，顺便复习百分数的意义和百分比的计算。手动计算后，孩子们再利用电子表格验证了计算结果的准确性。

"'双减'给我们带来变化了吗？"解决这一问题，需要用"求一个数比另一个数多（少）百分之几"的问题解答。请学生们用自问自答或一问一答的方式，先提出问题，再说出解决过程，最后给出答案。所提问题基本涉及了问卷中的全部项目，解答过程有直接表述的、有画图说明的，还有举例验证的。

调查显示，"双减"确实给学生们的生活带来了变化，也正如他们感觉到的，作业量在减少，机械性的作业在减少；动手实践性、动脑思考类的作业在增多；如果不是因为贪玩，睡眠时间是足足能保证的；课后延时中的活动涉及德智体美劳多个方面。

每个组最后展示的调查报告内容项目齐全、有理有据，尤其是"'双减'前后睡眠时长和质量情况"和"'双减'前后作业情况"两个组，在报告中还用到自己绘制的或是电子表格数据生成的条形统计图和扇形统计图。

"学习对生活有用的数学""用数学思想解决生活中的问题"是新课标所提倡的，结合课堂所学，依据热点问题，设计基于学生生活的实践性作业，促进学生多方面能力的提高，助力核心素养的形成。

巧用英语教材，促进教师专业化发展

韩秋

《义务教育小学英语课程标准（2022年版）》（以下简称"新课标"）要求学生从简单的语言输出上升到用语言做具体的事情、表达自己的思想。近年来的高考作文也很注重考查学生的语言综合运用能力。我认为，实现这一目标要特别注重在教学过程中提高学生用英语进行思维和表达的能力。教材是学生首先接触到的最主要的课程资源，它为学生提供了大量鲜活的语言。课文题材广泛，体裁多样，难易程度适中。新课标要求，教师要善于结合教学实际的需要，灵活地、有创造性地使用教材。笔者在课堂教学中进行了一些教材使用方面的探索，下面谈几点个人粗浅的认识。

1. 创设有利于英语学习的语言环境

在教学过程中，教师应想方设法为学生创造语言环境，并采取寓教于乐的形式，调动学生学习的积极性，让他们在轻松愉快的气氛中学习和掌握语言基础知识。教材Listen, Look and learn板块，出示了一个课文的功能句，底下是大量的词组，要求学生用这些词组来做句型替换。但是内容缺乏连贯性，七零八散，替换练习做起来机械枯燥。教师在教学中应勤于思考，找出词组之间的逻辑关系，创设一个便于学生理解的情境，将句型替换练习自然地运用到创设的情境中，让学生真正用英语行动，而不是一味地为了替换而说句子。如北京版英语六年级上册L10这个模块，出现了询问出行方式的句型和回答，"How did you go to…""I went there by…"需要利用提供的地方名称和出行方式做替换。地方有"Shanghai""the train station"，出行方式有"by train""by taxi"，等等。教师可以询问学生如何去上海，有学生会回答用乘火车的方式，教师继而提问："Where did you take the train？""The train station."学生会很自然地回答去火车站乘火车。教师继续发问："How did you go to the train station？"询问学生去火车站的乘坐方式，学生思维灵活起来，会根据自己的实际情况产生多种答案。如"by bus""by car""by taxi"，这样就合理地使用了本课的词组和句型。教师通过巧设情境，高效地处理了这部分内容，使学生更易于掌握。

同时，这一板块运用得当可以成为学生知识储备的重要供给场。这就要求教师在备课过程中认真思考、大胆尝试，对适合的课文或课外阅读材料进行整理加工，使这些材料变为趣味的、精练的，符合学生好奇特点，满足学生强烈的求知欲。如北京版英语六年级上册L11，要求学生能够用"Who invented…""…did."询问和回答某种物品的发明人。但模块中只提供了飞机和电话两个物品，教师可将这部分内容进行知识填充。如补充火车、汽车、手机等物品，学生学起来兴致勃勃，不断向老师发问，并竞猜发明人。学生在与教师良好的互动中、在与知识的碰撞中顺利地掌握了本课的重点知识。

2. 利用插图，理解文章

北京版英语教材故事图片内容设计丰富，并与文章内容有很强的契合。它能帮助学生形象地理解课文内容，使学生在头脑中建立起鲜活的形象，促进学生快速进入文本阅读和感悟理解状态，对学生阅读起到了良好的促进作用。然而，这一资源往往被教师忽视。通过与学生交谈发现，学生对插图非常喜欢，而且插图的内容与课文的重点内容相关联，利用好插图可以丰富学生的想象力，促使学生与学前及低年级阶段有过的看图说话训练经验进行知识技能迁移，从而提高学生英语学习兴趣，降低理解难度。如北京版英语六年级L17课文插图，画有北京奥运会会徽、中国运动员传递圣火、金银铜3块奖牌。教师可以引导学生观察图片，说出课文的知识脉络和关键词。如通过观察会徽说出北京奥运会举办时间，说出Chinese athletes（中国运动员），说出奖牌的名称（gold、silver、bronze medal）和数量（3），这些内容正是课文的重难点。大段文本和繁长句型，通过教师引导学生观察图片的方式将这个难题迎刃而解。

令我感慨的是北京版英语一年级上册L18和L19两课，L18要求学生能够看懂图片中"I can..."用来表达人物能够掌握的技能。但是光靠老师讲解人物会什么，总觉得缺少说服力。教师引导学生观察图片，Lingling手里拿着什么？学生争先恐后地回答："乒乓球拍。"老师继续引导："对。证明Lingling总拿乒乓球拍进行练习，Lingling可以说'I can play pingpong.'"。同理，当学生再看到Lingling手里的泳镜，Lala手里的书，Guoguo手里的画笔时，他们很快地进行了知识的正迁移，迅速用"I can..."做出了正确的句型描述。

3. 运用直观的手段使学生感受文化

运用现代化教学设备和手段，激发学生学习英语的兴趣。北京版英语五年级上册L16，listen, Look and learn板块，介绍了3大洲和6个国家名称，教材上这些词汇是单独出现的，功能句考察的是6个国家所在大洲位置的问答。这部分内容对于五年级学生来说是生疏的。教师可以制作幻灯片改编教材，出示世界地图并显示出这6个国家的地理位置，学生可直接利用幻灯片进行问答。如："Where is Autralia？""It's in Oceania."又如学习L16的Listen and say板块，故事讲述了Maomao一家去参观英国伦敦。内容涉及伦敦的地理位置、主要景点等知识，教师可以利用一些声像资料，让学生们随着摄像机的镜头，跟随英语导游游览英国，观赏其独特的风土人情。用多媒体技术展示真实生动的情境，让学生身临其境般地了解英语国家的风俗习惯和人文风光，就如同把学生带到英语国家去，边"旅游"，边学英语，有利于激发学生浓厚的学习兴趣并提高学生的学习热情。

4. 仿写课文句式，提高写作水平

课文中常出现许多习惯表达方式和一些特殊句式，还有一些适合某些特定情境、场合的常用句子，教师要向学生多强调、多示范。如北京版英语六年级上册L9

课文教学中，教师可首先引导学生分析课文是怎样围绕中心来选择和组织素材的，让学生掌握用what（所做的事情或活动）、who（主要人物）、when（事情或者活动发生的时间）、where（出行目的地）和how（出行方式）来完整描述过去发生的事情或者活动，并试着让学生进行文本的复述。然后以"My trip"等为题让学生模仿课文的写作方法进行写作训练。如六年级英语期中考试作文题目如下：

十四、假设你在去年暑假曾经外出旅游，根据表格信息，请写一篇你的游记。

要求：1.条理清楚、语言通顺、书写规范、标点正确。

2.写出表格中涉及的内容，至少写5句话。

Place to go	London	Hangzhou
Go with_____	parents	friends
Ways to go	by air	by train
Weather	warm	sunny and hot
Be famous for	Big Ben	the West Lake
Things to do	visit museums	walk around the lake

这是本班一位学困生利用仿写的方式完成的作文：

Hello! I went to Hangzhou by train. I don't like zoo and Shanghai. I like Hangzhou. I and my friends went to Hangzhou. We are happy. I don't like to come back.

尽管这篇文章有很多语法错误，也没有按照要求写全涉及表格内容的5句话，但这位学生在英语基础薄弱情况下，能写出这样一篇表意完整的作文已实属不易。她正是仿写了L9课Mike一家去杭州旅游的内容，只是把故事的人物换成了自己，较好地完成了这个作文题目。这与教师平时注意引导学生观察、复述、仿写文本的教学方法密不可分。

当然，我认为平时在教学工作中，我们英语老师不仅要懂得教会学生如何学、如何积累知识，还要鼓励学生保持一种大胆的、积极的、兼容并蓄的心态，带着一双放眼看世界的慧眼，与不同地区、不同民族、不同背景、不同文化素养的人们和谐相处，互相学习、互补短长，从而在这个多元化的世界中傲然人生。

"双减"政策下的美育教育指导策略浅探

刘明菘

减轻义务教育阶段学生作业负担和校外培训负担是当前教育领域的一项重要任务，也是全面实现五育并举的重要途径。在"双减"政策下，家庭教育的重要性比过去更加明显，家庭教育同学校教育一样也需要美育。因此，笔者从以下几个方面来作探讨。

家庭教育要尊重学生权利。学生享有全面发展权、受保护权和全面参与家庭文化和社会生活的权利。在升学竞争激烈的情况下，学生的学习负担逐渐增大，甚至很多低学段学生都有了学业压力，且学生的休息时间被大量侵占。而"双减"政策的实施，可以使学生有更多的家庭生活和休息时间，保障学生的睡眠时间，减少学生的负担，让学生有更多自主学习的时间，有利于实现学生的权利，从而使教育回归本源。

家庭教育中建立亲密和谐的亲子关系。在新的教育政策背景下，学生负担减轻，有了更多与家人相处的时间，这也给家庭教育留下了更多亲子相处的时间和空间。建立亲密和谐的亲子关系尤为重要，探索营造维护亲子关系的更多模式，如探亲敬老、家庭阅读、游戏互动、社会公益等，以培养学生多方面的素养，让他们在更广阔的空间发展自己，成长为更优秀的人才。

家庭教育要尊重学生的身心发展规律。过去的家庭教育过于重视学校教的知识和作业，这样做和家庭教育的本质相差甚远。家长要树立科学的家庭教育理念，循序渐进，关注学生需求的多样性。在尊重家长自主性的同时，注重家庭教育与学校教育相联系，彼此不产生分歧，实现五育并举。学生的发展是有规律的，符合学生学习的规律才能促进学生的全面发展。"双减"政策的实施，不仅强调学校教育要遵循学生身心发展规律和学习规律，也是在帮助家长更科学地教育自己的孩子，提高其综合素养。摒弃过去一些违背学生身心发展规律和学习规律的做法，使家庭教育更具发展性的眼光。

在这一方面，我们以培养学生特长为例。我们认为，特长培养中要注意科学性。"双减"政策下的家庭教育将从偏重知识转换到锻造品质和提高学生的综合素养上来。当下教育负担过重不仅是重复性任务过多，更有加重学生学习负担的学习知识的方式多以灌输为主。过多地抄写和重复作业导致学生的学业负担增大，并且普遍太过于看重分数。在学习知识的同时也要学习其他生活常识和基础知识，使学生全面学习。

我们注意到，现在很多家长都会给孩子报一些艺术兴趣班，如画画、舞蹈、乐器、唱歌等。报艺术兴趣班可以培养学生的一些兴趣爱好，这本身是没有问题的，但是现在很多家长给孩子报兴趣班都是半强迫性质的。以画画为例，很多学画画的学生在小学的时候常利用周末去画室画画，画室老师说能考级了就去考级，画的内容也完全是为了考级去画，完全不尊重学生本身的意愿和想法。之后在上初中的时候，两极分化很严重，一种是考完级了彻底不学了；另一种是每天放学都去画室练习，这种是为将来艺考做打算的。我认为不管是哪种情况都压制了学生学习的兴趣体验与艺术素养。完全机械式地学习，抹杀了学生的个性，把学生加工成一个样子。在小学和中学时期学生应该更好地发挥他们本身的创造性，让他们发挥自己的想法主动去创作，在学习和画画的过程中可以获得更好的体验。这样，经常性地满足学生的创作欲可以让学生获得更多的幸福感，能自己主动去创作一幅画作并且沉浸其中，这样学生也会把这种感觉反馈到学习之中。所以家长应加强和学校之间的沟通，了解孩子真正感兴趣的是什么，然后根据孩子自己的意愿和喜好去选择课外兴趣班。这样做可以在真正意义上发展学生自己的兴趣爱好，而不是经过过多机械式的学习而放弃了学生自身的爱好。并且学生在学习艺术的同时也在欣赏艺术，在学生全身心投入到艺术创作之中的时候，可以提高学生的艺术素养和审美能力，开拓学生的思维，提升学生的想象力和审美能力。在无学科压力的情况下，在轻松愉悦的"玩"中学习艺术，使学生拥有快乐的童年和丰富多彩的课余生活。

作品与评价在美育教学中也占有非常大的比重。

1. 作业的设计

由于每位学生天生对美的认识和感知程度不一，因而表现的角度也会有差别，我们不能用一把尺子去度量，应该在作业的设计上多元化、层次化、难易化，让学生根据自己的兴趣和美术能力，灵活地完成表现自己心中的那一种美，这样的作业设计才是完整的美术作业。

2. 美术评价体系的建立

有人就美术评价体系曾做过专门的研究，研究表明，美术评价也要分层评价，根据不同水平的学生给出不同的等级。如同一幅美术作品，能力好的评优加评语，能力差的但特认真的也应评优加鼓励性评语，这样做能使好的更好，使能力差的保持学习美术的兴趣，继续前进。万事怕坚持，万事贵坚持！学生出现学习或生活上的困难时，老师不能只关心或关注一次就可以了，或者只上课关注下课就不管了，而是要从作业、上课表现、日常行为等方面持续关注、持续关心、持续解决他们学习中、生活中遇到的问题。比如我班的一名学生，当我了解到她是单亲家庭后，第一次，我从关爱的角度出发，在下课的时候问她最近学习上有什么困难，然后怎么解决困难，进行了40多分钟的交流；第二次，我是借助她作业认真，在全班进行了表扬鼓励，起到了正面积极引导的作用；第三次，在她举手回答问题后，我及时作出了鼓励；第四次，在评价她的作品时，我不仅指出问题和好的方面，还经常写一些鼓励的话语等。在一阵阵的掌声中、在一次次的表扬中、在一次次的鼓励中，她的学习兴趣和学习能力不断提高。事实证明，对学生的关注，只有在教师的长期坚持下，才能起到提升成绩、改变习惯、提升兴趣的作用。

家庭教育要融入"家校社"共同教育圈。家庭、学校和社会三位一体，密切配合，是学生身心发展的重要需求，也是学生身心发展的必然选择。"双减"政策进一步加强了学校和家庭的沟通，使家庭不再处于辅助地位，而是激活家庭教育的主动性，使家庭、社会和学校共同协调教育，真正做到以学生为中心，促进学生全面发展。家长要能够理解学生的特殊性，并通过有效的心理疏导帮助孩子形成乐观、自信的良好品质，使他们逐渐具备适应未来社会发展需要的良好心理品质。但目前还有很多家庭教育内容和方式需要我们去探索运用，以便让孩子们在"双减"背景下有更美好的童年和未来。

数学图书采购项目

陈冬燕

在新时代，中小学德育工作面临越来越多的新问题和新挑战，因此我们必须不断推进实践创新，以适应时代的需求和发展。只有这样，才能让学生从小就打好品格底色，扣好人生第1粒扣子。我是一名数学老师，为了更好地实现这个目标，我思考在数学学习中能不能促进学生的德育呢？何不直接进行项目学习呢？项目学习是一种知行合一的学习方式，它将知识与实际生活相联系，学生通过完成项目，经历探究、合作的过程，锻炼他们的批判性思维和解决问题的能力，并在此过程中形成良好的意志和品格教育，如有担当、有同情心等。在项目学习——图书采购活动中，让学生经历完整的问题解决过程，学生通过小组讨论制订解决问题的方案，突破各种障碍，完成个人和小组学习成果，获得数学学习的成功体验，提升思考问题的能力，积累解决问题的经验，形成模型意识、初步的应用意识和创新意识。四年级学生能够在活动中独立思考，并且有主动参与合作交流的意愿。通过项目学习，学生可以获得自主思考和动手操作的机会，并应用书本上的理论知识去解决生活实际问题，培养学生核心素养的同时也进行了德育教育。

因此，本学期我带领学生做了图书采购项目学习。在做项目的过程中，我惊喜地发现，不仅学生的核心素养有所提升，而且学生在此过程中更加有担当和爱心，捐给山区小朋友图书的活动可以培养学生的社会责任感。

我们以"图书采购方案"招标书，拉开了活动的序幕。

> **"图书采购方案"招标了！**
>
> 尊敬的少先队员们：
>
> 　　大家好，在现今的社会中，阅读素养的重要性愈发凸显，但是在山区，由于课外读物缺乏，很多小朋友自主阅读的机会极其有限。因此，中队决定为山区小朋友捐赠图书。
>
> 　　中队计划筹集500元，为山区小朋友采购捐赠的图书，来满足山区小朋友们的阅读需求。如果请你来当图书采购员，你如何做一份可行的图书采购方案呢？
>
> 四（2）中队

一、积极参与项目活动，合作交流明确目标

图书采购招标书主要包括项目背景、驱动问题、项目成果及要求等内容。以阅读分享的方式，通过独立思考、组内交流、全班交流，指导学生学会分析招标书，帮助学生厘清"图书采购方案"设计的基本步骤及任务要求，有意识地培养学生的问题分析能力以及规划能力，让学生经历发现问题、提出问题、分析问题的过程，为解决问题（图书采购）梳理基本思路。

在小组讨论确定购书目录以及撰写图书采购方案的过程中，培养了学生的团队协作能力、守承诺的责任感以及站在小组的立场考虑问题的意识。

（一）提高学生的团队协作能力

在此次活动中，要求学生与他人合作完成任务，彼此依靠、相互帮助，因此要求学生对团队负责，承担个人部分的任务。学生只有在有责任感的情况下，其团队工作协调能力才能支撑自己的部分，从而提高个人团队协作能力。

（二）培养学生守承诺的责任感

"说到做到"在日常生活与团队合作中是一项不可或缺的理念，这种理念是

推动个人自我发展和团队成长的关键因素。如果学生有责任感，他将会在团队中取得突破，特别是在面对挑战、压力和团队互动的情况下。

（三）促进个人成长与发展

学生应该从小就培养责任意识，并将这一理念融入活动中，逐渐明白个人自立和自我意识的重要性，最终促进个人的成长与发展。

（四）共享团队的成功

一个具有强烈责任感和站在小组的立场考虑问题的学生，会在团队内逐渐获得其他组员的尊重，赢得更多的支持与信任，增强学生的自信。

二、爱心义卖，钱币流转，家校合作心贴更近

家庭是孩子成长的第一场景，校园则是孩子学习的重要场所。通过家校合作，家长可以更好地了解学校的教育理念和学校工作的计划，从而更好地为孩子提供支持。以下是活动家长告知书。

家长告知书

亲爱的家长：

您好！这封信是通知您，我们即将进行一项非常有创意的学习体验活动。这个项目的活动名称是制订图书采购方案，目的是为山区小朋友捐赠图书。在山区，由于课外读物缺乏，很多小朋友自主阅读的机会极其有限。因此，中队决定为山区小朋友捐赠图书。中队计划筹集500元，为山区小朋友采购捐赠的图书，来满足山区小朋友们的阅读需求，并在此活动中学习相关的数学知识。本次活动将持续四至五周时间。

这个活动的具体内容是通过设计图书采购方案，让学生经历调查、整理、分析数据的过程，并根据数据分析结果体会依据真实可靠数据做出判断和决策的重要性。在对比图书价格、说明优惠方案的情境中，能选择合适的运算方法，并正确计

算小数加减法以及混合运算。在制订方案的过程中，学会与他人合作，提高责任意识，发展沟通能力和审辨思维。

您的孩子将在活动中通过互联网查找相关资料，外出进行爱心义卖，在此项活动中请您给予孩子以下支持：

1.给予您的孩子充分的信任，相信他与同伴可以在团队合作中独立自主完成这项任务。

2.您的孩子如需课后外出调研，希望您能陪同，以确保孩子在活动中安全顺利。

3.如需上网查找相关资料，请您给予时间的保证，同时也监督他们浏览正规网站，不受非法网络诱惑。

指导老师：陈冬燕
2023年4月

（一）爱心义卖，钱币流转

学生参加爱心义卖活动，可以对小学生的消费观产生积极的影响。首先，义卖活动本身就是一种公益活动，可以培养学生的爱心和社会责任感，让他们充分意识到自己的行为对社会的影响。其次，义卖活动通常以低价格出售各种商品，这有助于学生们了解商品的成本和价值，形成理性的消费观念，避免浪费和不必要的购买。此外，义卖活动还能培养学生的独立思考和创造能力，让他们参与到制作商品、设计宣传海报和活动策划等工作中，提高他们的团队合作和领导能力。

学生参加此次爱心义卖活动对他们的消费观具有重要的正面影响，可以为他们的成长和发展提供积极的帮助。

（二）爱心义卖，心贴更近

家长和老师都可以发挥重要作用，共同促进学生义卖活动的顺利完成。家长的积极参与和鼓励，会让学生在义卖活动中有更大的动力和热情，而学生的行为和情感也会改善家校教育，促进家校合作，让学校和家长的心贴得更近。

家长可以在学生参加义卖活动的过程中，通过鼓励、激励或者陪同等方式，给学生提供精神支持，使学生能够展现自己的爱心和热情。爱心义卖活动，需要家长帮助提供义卖所需的物资和设备等，所以在此过程中让学生和家长的心贴得更近。

1. 家长与学生一起参与义卖活动。家长们可以陪同孩子一起收集和制作义卖物品，这样可以增加家长和孩子之间的互动和沟通，增进相互了解和理解。

2. 让孩子参与义卖筹备过程。让孩子了解整个义卖筹备的流程，一起讨论和决策义卖物品的选择和规划。让孩子参与到实际操作中，孩子们会真正感受到自己的参与和贡献。

3. 为家长和孩子提供参与志愿活动机会。不仅可以让他们参与义卖活动，也可以让他们参与到其他志愿活动中，让孩子们学习和体验公益活动的价值，增强他们的社会责任感。

总之，让学生和家长的心贴得更近需要有共同的目标，积极地参与和沟通。这样的过程可以激发孩子们的爱心和热情，增强他们的团队意识和责任感，拉近家长和孩子之间的距离，帮助他们一起成长和进步。

三、捐赠图书不求回报，社会责任点滴相通

通过为山区捐赠书籍，学生可以发现自己有影响其他人的能力和责任。学生通过参与书籍的捐赠活动，可以体验到自己影响社会和他人的能力，同时也可以感受到分享和关爱他人的重要性。在这个活动中，学生需要认真选择书籍，并理解自己的捐赠行为可以帮助那些缺乏资源的人们获得更多的知识和信息。这可以培养学生的慈善意识和社会责任感，让他们更加关注公益事业和社会公益问题。同时，通过与其他学生分享自己的捐赠经历和感受，学生也可以影响和启发其他人的公益意识。

除了对自己的个人成长和发展有益之外，培养社会责任感还可以为学生今后的生活与工作打下良好的基础。同时，这也是学生成为品格高尚的公民所必备的一种素质，可以帮助他们在家庭、社会和国家层面做出有贡献的事情。

虽然我们的图书采购活动刚刚进行到购买图书环节，还没有进行捐赠，但是已

经联系好了相关机构，预计今年年底将爱心捐赠物品送到山区小朋友手里。届时可以将捐赠物品的照片给学生看，这样可以激发学生的责任感和成就感，因为他们能够亲眼见到自己的捐赠物品真正地被送到需要的人手中，对学生的心理产生积极的影响。这些照片可以让学生了解自己参与的公益活动的真正意义，让他们感受到自己的行为对别人的生活产生了巨大的影响。此外，照片可以激发学生的自豪感和成就感，因为他们会意识到自己所做的事情受到了肯定，这样有利于他们进一步积极参与到公益事业中。同时，这些照片还能够增强学生的跨文化理解能力，让他们更加关注和尊重不同的文化背景和生活环境，这有助于增强学生的自我认知和社会意识，并鼓励他们积极参与到公益事业中。助力落实立德树人根本任务，增强了孩子的社会责任感，活动过程中孩子们富有爱心，敢于担当，懂合作。

小学低年级音乐课堂中趣味唱游的实践应用与探析

李媛洁

趣味唱游是2022版艺术新课标中第一学段（1—2年级）唱游·音乐课程中的四项学习任务之一，它是指以歌唱为主，融合演奏、声势、律动、即兴表演、舞蹈表演等多种表现形式及其活动内容，以趣味化游戏方式开展的音乐活动。

唱游是低年级学生学习音乐的主要形式。丰富有趣的唱游活动可以培养学生的节奏感、韵律感和初步的艺术表现能力，对激发学生的音乐学习兴趣，促进学生身心健康成长具有积极作用。

如何上好一节唱游音乐课？教师在教育教学过程中，需要注重营造轻松愉悦的互动式课堂氛围，立足学生活泼好动、模仿力强等身心特点，将游戏与音乐紧密结合，充分调动学生的听觉、动觉、视觉、触觉等多感官去感知、体验、表现音乐，培养学生在乐学的过程中形成节奏感、韵律感和初步的艺术表现能力。

一、玩中学——让"游戏"唤醒课堂

艺术新课标中指出,音乐教学的一个重要目标是要激发学生对音乐的兴趣,情境教学就是实现这一目标的重要手段之一。创设情境,是要根据音乐的情绪、风格和具体内容创设相应的环境气氛。良好的环境可以帮助学生更好地进入聆听音乐的心理状态,充分调动学生的视听感官,激发他们的想象,发散他们的思维,而情境教学就是以生动形象的情境激起学生学习热情的一种教学方法。音乐课的情境教学则是运用音乐特有的艺术魅力,通过声音、图画、形体等各种教学手段,感染学生进入特定的环境氛围,从而使学生在兴趣盎然中学习音乐。

如在学习歌曲《草原上》一课中,先由教师声情并茂地范唱导入,再运用多媒体课件开始教学环节。课件中优美的旋律,辽阔美丽的大草原图片,直接冲击着学生的视觉、听觉,使学生产生浓厚的学习兴趣,很快将学生引入大草原的教学情境中。

肢体语言可以激发学生感受音乐的情绪,对音乐产生兴趣。因此,在带领学生进入情境时,教师可以即兴编一些学生喜欢的容易接受的动作,带领他们表演,让他们在欢乐的气氛中感受音乐。例如,教学《洋娃娃和小熊跳舞》一课,孩子们戴上洋娃娃、小熊的头饰,教室里的气氛马上沸腾起来。学生们一个个非常高兴,争相扮演。歌曲中的角色一下子活灵活现地出现在孩子们的面前,孩子们成了热情的演员或观众,全部进入到教材描写的情境之中。在欣赏《在钟表店里》时,先出示画好的大钟、小钟、动物等图片,指导学生去观察钟表不同的摆动方向,引导学生用身体去表现钟表的走动,鼓励学生大胆表现,用头、用眼、用脚、用手等部位来表现钟表的摆动。学生的情绪一旦被调动起来,欣赏的兴趣就会大大增强,这时再导入课题"同学们,现在让我们一起去钟表店里听听这些钟表的声音吧"。在创设良好的教学情境下,学生们全神贯注地聆听,脸上流露出投入和满足,这时他们已经开始体验到音乐的魅力了。

二、动中学——让"游戏"丰富课堂

声势律动教学是小学音乐课堂教学中常用的教学方法，它可以提高学生的节奏感、视听辨别能力、审美能力以及创造能力。在日常音乐教学过程中，学生可以将身体作为乐器，通过拍手、拍腿、踏步等动作随音乐有规律地律动，这种即兴表演的方式更容易激发学生的表现欲望并提升创造能力。进一步挖掘学生的节奏感，可以有效保证课堂教学效果。如在教学《粉刷匠》一课中，通过播放节奏律动明显的乐段，提高学生感知力，引导学生做一些简单的手势动作来增强学生节奏感，鼓励学生根据自身对音乐的感受来呈现相应的动作，从而加深学生对音乐的感受。如在教学欣赏课《狮王进行曲》时，学生根据乐曲表现内容模仿狮子走路、吼叫等声势动作，并在保证动作与音乐节拍一致的情况下，促使学生加深对乐曲段落规律的掌握，从而保证学生对音乐知识的学习和把握，帮助学生感受音乐旋律特点，培养学生的情感体验及节奏感。

三、创中学——让"游戏"反转课堂

艺术新课标中指出，器乐教学对于激发学生学习音乐的兴趣，提高对音乐的理解、表达和创造能力有着十分重要的作用。打击乐器极其富有表现力和节奏感，教师可以借助沙锤、双响筒、串铃等乐器，让学生合作参与体验，促进学生感受音乐、表现音乐的能力。音乐是听觉艺术，在教学中应注重培养学生听的能力，以此发现每件乐器音色的不同，培养学生通过聆听来感受声音的高低、强弱、长短的能力。例如，沙锤的声音可以模仿下雨，碰铃的声音可以模仿清脆铃铛声，三角铁的声音可以模仿长音，双响筒的声音可以模仿短促有节奏感的短音，等等。通过学会听辨不同乐器所发出的不同音色，在为歌曲伴奏的时候，就可以选择性地搭配。如在教学歌曲《春天举行音乐会》中，学生运用双响筒、沙锤等打击乐器，有节奏地随着音乐伴奏，在互动合作游戏中成为一名合格的小小演奏家。

兴趣是最好的老师。教师在课堂中要有效地运用游戏，这样不仅可以大大提高学生的学习兴趣，还能增添音乐课的色彩，让学生在玩中学、学中做，用唱游的形式让音乐课堂"动"起来，如此将收获事半功倍的教学效果。今后，笔者会继续积极主动地学习，探索趣味唱游在音乐课堂中的作用，让美育之花在趣味课堂中扎根绽放。

小学英语教学中培养学生思维品质的研究

刘卓君

一、问题的提出

在新时代教育背景下，越来越多的外语界专家及一线教师关注到培养学生核心素养的重要性。思维品质是英语学科核心素养的重要组成部分，英语课标中将其界定为，一个人的思维个性，反映其在思维的逻辑性、批判性、创造性等方面所表现出的能力和水平。Dialogue（会话）来自希腊文dialogos一词，Dialogue含有流动的意义，即在个体之间或通过个体而流动。小学英语会话教学具有交际性和互动性的特征，对学生形成口语表达能力和英语思维能力有重要影响。

语言既是交流的工具，也是思维的工具。在小学英语会话教学活动中，部分教师设计教学活动时仅局限于课文的表面，设置的问题也仅关注学生提取关键信息的技能，没有锻炼学生的思维能力，使得课堂活动缺乏足够的深度和广度。部分教师过分关注特定知识点的教学，导致学生所学的知识多为碎片化形态，难以形成整合性能力，因而也就无法使学生运用所学知识参与到分析问题和解决问题中。促进学生思维能力的有效发展，教师应深度理解、分析、思考、设计、实践，开展促进学生思维品质发展的教学活动。

鉴于此，笔者提倡从课堂问题设置、课堂活动设计和教学环节衔接设计方面综合设计课程，在语言教学的同时，通过有层次性地设计引导学生逐步深入思考、层层递进，从而有效促进学生思维能力的发展。

二、在小学英语会话教学中发展学生的思维品质

（一）逻辑性思维能力

逻辑思维是指人们在认识事物过程中借助概念，运用判断、推理等思维形式，能动地反映客观现实的理性认识过程。小学英语教学强调的是培养学生用语言交流的能力，由于语言与思维的密切关系，语言能力的培养有赖于学生逻辑思维能力的发展，而逻辑思维能力的发展可以促进小学生语言能力的发展以及德智体美等各个方面的协调发展。

北京版英语五年级下册Unit 6 WHAT WILL YOU DO IN THE FUTURE？ Lesson 19中的Listen，look， and learn板块主要学习四个有关职业的词汇，分别是a pilot，a dentist，an artist和a barber，以及询问对方未来想从事的职业及回答的功能句"What will you be in the future？" "I will be..."的操练。在职业词汇的学习中，教师设计增加了三个学生熟知的人物，Guoguo，Yangyang和Lingling，吸引学生的兴趣，通过过渡语"We know that Mike will be a pilot， and Baobao will be a professor. How about their friends？ Let's have a look."将两个教学环节有效衔接起来，更具逻辑性。同时，教师引导学生根据描述，依次猜出Guoguo，Yangyang和Lingling未来想从事职业的词汇，启发学生根据自己的生活经验和认知水平，结合课件中呈现的描述性语言，发现内在逻辑关系，作出推断并学习新词，再通过让学生提问的方式对功能句进行操练，培养学生的逻辑思维。之后，教师以思维导图的形式板书呈现三个人物及对应的职业，并就他们为了理想应如何做进行总结，发展学生的逻辑性思维能力。

（二）批判性思维能力

《中国学生发展核心素养》中提出，学生要能够理性思维、批判质疑，发展批

判性思维能力。批判性思维能力包括阐释、分析、推理、评估、解释和自我调整等认知技能，也包括好奇、敏锐、求真等思维习惯。批判性思维能力是思维品质的重要组成部分。在英语学习中，教师可以通过引导学生识别和分析语言反映的态度、隐含意义、预设等培养学生的批判思维能力。

北京版英语五年级下册Unit 6 WHAT WILL YOU DO IN THE FUTURE？ Lesson 19中Listen and say板块以Mike和Baobao在公园里玩航模飞机为背景，两个人互相谈论将来要从事什么职业。此板块共有两段对话，第一段对话主要围绕Mike将来想从事的职业展开；第二段对话则是两人谈论Baobao未来想从事的职业以及应该如何做才能实现理想。在第二段对话中，通过第一遍听力，学生获取关键信息"Baobao will be a professor in the future."接着教师通过问题引导学生思考"Baobao wil be a professor in the future. What should he do？ If he just play basketball or computer games everyday， will he be a professor？"学生基于已知经验加以判断，得出否定结论，锻炼了学生的批判性思维能力。

（三）创造性思维能力

创造性思维能力是利用已学过的知识和经验创造性地思考与解决问题的能力，同时也是一种较高层次的思维能力。英语学习者可以借助语言的创造性，使用新颖的表达方式来表达新的概念，从而促进创新思维能力的发展。在小学英语教学中，课堂提问的设计影响着学生思维能力的发展，因此教师应在教学过程中设计探究式或开放式问题，引导学生积极思考，培养学生的创造性思维能力。

北京版英语五年级下册Unit 6 WHAT WILL YOU DO IN THE FUTURE？ Lesson 19中Listen and say板块，Mike和Baobao在公园里玩航模时谈论未来想从事的职业，Mike想成为飞行员，Baobao想成为教授。在学习两段对话后，教师在课件中以表格的形式带领学生总结归纳。归纳的表格中，Mike和Baobao将来想从事职业的信息都可以从对话中获取，Baobao应该如何做才能实现自己的理想也能从听力材料中获取，但Mike应该如何做才能成为飞行员，对话内容并未呈现。这时教师根据所学对话设计开放性问题，"What should Mike do to be a pilot？"学生们就这个问题进行发散思维，基于事实经验充分想象，课堂中生成不同的创造性答案，比如"He should study hard.""He should exercise a lot.""He should be fit and strong."等。

通过开放性问题的设置，学生根据已知经验创造性地思考问题并解决问题，学生的创造性思维能力得到有效发展。

三、结语

语言与思维的关系十分密切，学习和使用语言要借助思维，同时学习和使用语言又能够进一步促进思维的发展。学习和使用母语以外的语言，可以丰富思维方式，进一步促进思维能力的发展。会话教学的交际性和互动性更有利于教师通过课堂问题等方面的设计激发学生的兴趣，活跃学生的思维。因此，教师应注重激发学生思考的兴趣，设计能促进小学生思维发展的教学活动，以促进学生思维能力的发展和思维品质的提升。

对一次公开课试教过程的回顾与感悟

刘卓君

一、背景介绍

近日，笔者参加了北京教育学院与大兴区教师进修学校联合举办的教研学习活动，并执教了一节公开课。笔者在半个月的时间内经过多次试讲与研讨，不断优化教学设计，从而提高了课堂教学效率。

本节课的教学内容为北京版英语五年级下册Unit 6 WHAT WILL YOU DO IN THE FUTURE？ Lesson 19。本节课为本单元的第一课时，主要呈现了Baobao和Mike在公园里玩航模，互相询问和谈论将来从事何种职业的情景对话，主要涉及询问他人将来从事何种职业的交际用语 "What will you do in the future？" 及其回答 "I will be..."以及部分职业类单词。

二、教学过程对比

1. 导入环节

[试教片段1]

课堂教学前，教师播放一首与职业相关的歌曲，让学生跟着音乐一起唱，活跃课堂气氛。之后，教师与学生就职业话题进行简短交流，师生互动内容紧扣主题，在谈话过程中复习旧知，为引入新知做铺垫。

T： Now let's sing a song together. Then please tell me what jobs can you hear?

S： ...

T： Look, what are these jobs?

S： ...

T： What do you want to be in the future?

S： I want to be...

笔者用课件呈现不同职业的图片，让学生看图说出职业名称，激活已知有关职业的词汇。接下来用学过的句型 "What do you want to be in the future？"与学生交流未来想从事的职业，为后续的学习做铺垫。

[教学片段1]

笔者播放有关职业的短视频，学生观看并说出视频中的职业。接下来自动播放配有音乐的职业类词汇课件，让学生快速激活旧知，并通过竞猜游戏，利用信息差吸引学生注意力，猜出相应职业，在游戏中巩固已知。

T： Now, let's watch a video. After watching, please tell me the jobs in it, OK?

S： OK.

T： What jobs can you hear in this song?

S： ...

T： Look！ What is this job?

S：...

T：Now, let's play a guessing game. What are these jobs?

S：Driver. Farmer. Policeman. Doctor.

T：I am a teacher. What do you want to be in the future?

S：...

笔者通过自动播放配有音乐的职业类词汇课件，让学生在轻松愉快的氛围中激活已知词汇。接着，为了激发学生兴趣，教师与学生共同参与竞猜游戏，课件上遮住图片的一部分，让学生根据信息差猜出相应职业。学生对这个游戏充满兴趣，课堂十分活跃。接下来，根据前面职业词汇的铺垫，教师与学生用学过的问句"What do you want to be in the future？"及回答"I want to be..."交流未来想从事的职业。

[对比分析]

笔者在试教片段1的导入环节虽然播放了歌曲，但学生初次接触难以跟上节奏，未能达到预期的效果。直接出示图片让学生说出相应职业的环节，虽然能起到复习旧知的作用，但活动形式过于单一，未能充分调动学生参与活动的积极性。如何能在上课伊始的导入环节让学生充分参与到课堂活动中？笔者进行了以下调整：首先，将跟唱歌曲部分改为学生观看视频，并说出其中的职业。经过调整，学生只观看视频，注意力更集中，能更准确地说出视频中的职业类单词。接下来，笔者通过自动播放配有音乐的课件，让学生在轻松愉快的氛围中复习已知单词，并通过竞猜游戏，吸引学生注意力，调动学生参与课堂的积极性，取得了很好的效果。

2. 呈现环节

[试教片段2]

笔者先将两段对话的音频进行整体无文字输入，让学生了解对话大意，对对话内容有整体感知。在两个对话的学习中，笔者设计了以下问题"What will Mike be in the future？" "What will Baobao be in the future？" "What should Baobao do to be a professor？"学生带着这些问题学习对话，之后进行整体跟读对话并以分组朗读对话的形式开展分角色扮演活动，完成对话学习。

[教学片段2]

两段对话的学习中，笔者通过不同的问题设置，引导学生积极思考。学习完对话1后，教师提出问题"Mike will be a pilot in the future. What about Baobao? What will he be in the future？"增加的过渡语有效地将两段对话间的逻辑性体现出来，从而吸引学生的注意力，更专注地获取第二段对话的信息。在第二段对话学习的过程中，教师继续提问"What should Baobao do to be a professor? If he just play computer games everyday, will he be a professor？"学生带着问题听第二段对话，提取关键信息。之后进行整体跟读对话并以分组朗读对话的形式开展分角色扮演活动，再在最后增加表格，总结Mike和Baobao想从事的职业和应该如何做，总结的过程中教师设置开放性问题"Mike will be a pilot in the future. What should he do to be a pilot？"将对话内容进行归纳总结和提升。

[对比分析]

在试教片段2中，笔者在两段对话的教学中设计的问题都能通过听力材料直接获取答案，但问题类型过于单一，仅局限于对学生听力能力的训练，缺少了让学生主动思考的机会，因此没有充分调动学生参与课堂的积极性，学生的学习兴致不高。

经过修改的教学片段2，笔者首先通过给两段对话间增加过渡语"Mike will be a pilot in the future. What about Baobao? What should he do in the future？"使学生对两段对话间的逻辑关系有了更清晰地认识，教学内容更有层次性，课堂也更加流畅。其次，在第二段对话的学习中，笔者提问"What should Baobao do to be a professor？"时，增加了假设性问题"If he just play computer games everyday, will he be a professor？"以培养学生的批判性思维能力，同时吸引学生的注意力，学生更专注地通过听对话获取关键信息。在对话学习的最后，增加表格对Mike和Baobao想从事的职业和应该如何做进行归纳和总结，通过"What should Mike do to be a pilot？"这一开放问题的设置培养学生的发散性思维能力，加深对对话内容的理解，同时为接下来的教学活动做铺垫。

3. 拓展环节

[试教片段3]

本环节中，笔者先带领学生学习其他职业单词，如dentist, barber, artist, 并将每个新单词分别带入功能句中进行练习，例如"What will you be in the future？""I will be a dentist."另外两个单词也用同样的方法进行练习。之后让学生通过采访活动用功能句"What will you be in the future？"及答语"I will be..."交流自己未来想从事的职业。

[教学片段3]

完成对话学习后，笔者设计增加了三个学生熟悉的人物，分别对应三个职业词汇进行学习。教师使用过渡语"Mike will be a pilot, and Baobao will be a professor. Look！Who are they？"引入Guoguo，Yangyang和Lingling，通过描述让学生猜出依次对应的职业单词，dentist，artist和barber，并通过询问Guoguo，Yangyang和Lingling将来要从事的职业，让学生在语境中练习功能句"What will you be in the future？"及回答"I will be..."并进行采访活动。最后，笔者增加调查活动，与同学交流未来想从事的职业及应该如何做，并让学生将调查结果填在表格内，活动结束后与全班同学进行分享。调查活动如下：

Talk with your friends.

A：Hi, _____. What will you be in the future?

B：I will be a/an _____. I will _____.

A：You should _____.

B：Yes, I think so. What will you be in the future?

A：I will be a/an _____. I should _____.

Fill in the chart.

[对比分析]

在试教片段3中，虽然有对职业词汇dentist，barber，artist的学习和练习，但教学方法过于单一，机械性练习过多，学生学习兴趣不高。参访环节有利于学生进行真实交流和表达，但此环节仅仅是对本课的功能句"What will you be in the future？""I will be..."的简单操练，缺少整节课学习后的语言输出环节，未能达到预计的教学效果。

在教学片段3中，学习职业词汇dentist，barber，artist，笔者设计增加了学生熟知的三个人物，吸引学生的兴趣。通过让学生根据描述猜测他们想从事的职业，在学习新单词的同时培养学生的逻辑思维能力，并通过询问Guoguo，Yangyang和Lingling将来要从事的职业，让学生在语境中练习功能句"What will you be in the future？"及回答"I will be..."并进行采访活动，在交流中运用所学语言。同时，过渡语"Mike will be a pilot, and Baobao will be a professor. Look！Who are they？"的设计起到承上启下的作用，使教学环节间的衔接更加自然流畅。最后增加调查活动，让学生与同伴交流未来想从事的职业，交流过程中根据对方想从事的职业提供建议"You should..."，既是对对话内容的有效延伸，又能锻炼学生的逻辑思维能力。

三、试教感悟

通过本次公开课试教的经历，笔者对小学英语教学有如下感悟。

1. 落实核心素养，关注学生思维能力的培养

本课在关注语言知识学习的同时，注重学生思维品质的培养。首先，教师基于教材内容，通过问题设置引导学生积极思考，锻炼其批判性与逻辑性思维能力。比如在对话教学中，教师提问"If Baobao plays computer games everyday, will he be a professor？What should he do？"以及"What should Mike do to be a pilot？"问题的设置引导学生积极思考，拓宽学生的思维。其次，在学习Listen, look, and learn板块时，从Mike, Baobao未来想从事的职业过渡到他们的好朋友未来想从事的职业，注重课堂各环节的有效衔接，培养学生的逻辑性思维能力。采访结束后引导学生积极思考，虽然我们的理想不同，但我们都要为理想努力，培养学生归纳总结的思维能力。

2. 注重联系生活实际，在真实语境中运用语言

教师积极引导学生将所学内容运用到生活中，通过采访、调查等活动让学生在真实的交流中运用所学语言，"What will you be in the future？"询问并了解他人未来想从事的职业，以及"I will be..."表达自己未来想从事的职业。鼓励同学们在交流中了解彼此，并为理想而努力。

新任校长的破局之路

赵一芒

Z校是一所地处京南的乡村小学，学校提出"适合孩子"的教育办学理念，践行陶行知教育思想，但这一切基本上只是停留在汇报口号中。因多年管理不善，Z校基础设施陈旧破损，学校文化颓败萧条。一提到Z校，领导挠头、家长摇头、老师低头。M校长是一所名校办分校工程中新兴的区域名校B校的副校长，也是区体育学科带头人。Z校第一次全体会议，一共32位老师就有几位老师迟到，开会老师的状态也是心不在焉，因为开会对于学校老师来说已经很陌生了，甚至一些老师之间没有联系方式，更有甚者相互叫不出对方名字。第一次学校亲子运动会，本来初衷是家长来到学校和师生进行共建以促进家校关系，谁知一些家长在校园里四处闲逛，表达出对学校的不满。

经过一段时间的观察了解，M校长发现Z校中层干部的平均年龄约45岁，均为校内任命，各部门关起门做事，部门之间缺少合作。老教师不作为加上青年教师的乱作为导致师生关系紧张、家校矛盾突出，学校的社会声誉逐年向差，教学质量全区垫底，各种教学事故接二连三地发生，一些教职工却隔岸观火，暗自偷笑，反而希望学校出点什么事儿似的。还有一些老的教职工背后怂恿青年教师不良情绪与学校干部针锋相对。人浮于事，劳逸不均，干多干少一个样，干好干坏一个样。一个人能干完的事情三个人干，一个干，一个看，一个在捣乱，分发奖金大家却一个样，校内普遍存在着不满的情绪。这种情绪引发了教师间的一些矛盾冲突，也造成当事人的一些心理问题继而影响了正常的工作。搞好关系胜过低头努力的文化积重难返，造就出"混世魔王"和"佛系教师"，这导致一些优秀教师、年轻教师、骨干教师大量流失。骨干教师、优秀教师的流失使新入职的青年教师不能得到行之有效的学习和指导，在实践中处于一种盲目或者实效性不高的自我探索、彷徨状态。在集会或其他一些集体活动时，教师们大多表现散漫而没有效率，每周一次的教职工例会因多年停摆，再次运转常常要因为等待众多迟到人员而耽误时间，相关规定形同虚设。教职工精神面貌低迷，甚至认为工作例会是多余的，浪费时间。一些中年教师则因没有一个很好的职业规划虚度过了青年教师这一特殊时期，部分没有走出骨干（特色）发展之路的人已经开始把自己的教师职业作为一种普普通通的谋生方式来对待，缺乏进取精神和动力。部分老教师把自己定位为仅仅是发挥余热，对自己的明天基本不会加以太多思考，已经成了事实上的"打折商品"，其消极的工作态度严重影响了青年教师的干劲儿。

看到这些现象，M校长陷入了困惑，如何才能破局改变这种现状呢？首先，M校长对Z校进行了SWOT（Strengths，Weaknesses，Opportunities，Threats）分析，寻求一切可以利用的资源，其中在做O分析时，想到可以借势发力。于是在M校长的持续推动下与B校签订了精准帮扶协议。

M校长利用B校的平台，对学校的团队文化进行了重构。一所学校的发展，中层干部发挥着至关重要的作用，经过Z校与B校的多次商议，2019年9月在集团校内实现中层干部交流轮岗，促进业务能力水平提升。2020年之后，Z校新任教师逐年递增。怎样才能帮助青年教师在专业发展中有更大的收获？M校长再次大胆尝试，让新任教师去B校跟岗学习一学年，并达成了"师徒结对"帮扶计划。经过高水平师傅的指导，新任教师在工作中更游刃有余了。

课程文化是一所学校的核心，如何通过课程建设提高学生素质？M校长通过借助B校资源，引领课程走向"复兴之路"。体育之路以篮球课程和跳绳课程为突破口，实现竞技体育与体质健康双丰收；艺术之路借助B校平台，让孩子们走上更大的舞台。除此之外，M校长通过民主集中的方式对学校各项规章制度进行了重新梳理，通过制度规范管理、绩效工资改革，实现集团校的统一。

经过几年的努力，Z校干部业务能力大幅提升，团队意识明显增强，教师工作状态积极向上，学生有了实际获得，家校关系持续向好。最近，M校长又陷入了深思，如何处理好B校的博雅文化与Z校的行知文化之间的关系呢？对此我做了如下分析。

1. 品牌效应

从管理学角度分析，教育集团化主要是利用品牌效应实现教育资源重组。品牌是区分的标准，是质量与信誉的象征与保障。在本案例中，B校对于其他普通学校而言，以较高的知名度与社会声誉形成了自己的优质品牌，在同等办学条件下也更容易吸纳优秀的生源和师资。Z校借助该集团的品牌效应，能够在短时间内吸引众多学生与家长关注，并且获得更多的资金与人力支持。在名校效应影响下，学校获得更为优质的教育资源，校内人员的工作积极性自然更为高涨。由此看来，集团化办学以资源共享的方式，利用名校的品牌效应，推动薄弱学校的迅速成长，以低速、稳定、低风险、高效率的形式推进基础教育均衡发展是一种可行的思路。

2. 内部需求

具体分析，该教育集团的组建方式从"精准帮扶"到"集团校"形成了一种由松散变为密集的校际关系。我们可以用卢因的三部模型作为指导，卢因认为成功的组织变革应该遵循以下三个步骤：首先解冻现状；其次移动到新状态；最后重新冻结新变革，使之恒久。案例中Z校正处在集团化变革的准备阶段，即解冻状态。M校长针对Z校存在的诸多问题，迫切需要改革，并通过SWOT分析，找到了学校发展的机会，即借助B校实现精准帮扶。其中，内部动因增强了学校脱离现状的驱动力。

3. 文化使然

随着社会历史的发展，管理思想由经验管理、科学管理逐渐过渡到文化管理，学校文化也成为学校管理实践中的重要课题。作为学校内有关教学及其他一些活动的价值观念及行为形态，学校文化日益成为学校能动和可持续发展的内在动力。学校文化的重塑也成为薄弱学校重拾自信的重要课题。著名文化学者沙因认为，学校组织文化有三个来源：学校创建者——第一任校长的信念、价值观和假设；学校团体成员随学校发展而形成的学习经历；新校长和新成员所带来的新信念、新价值和新假设。案例中，M校长为了扭转学校混乱的局面，他借助B校平台，从团队文化着手，对课程文化和制度文化进行了重构。

4. 领导魅力

现代管理学将领导方式分为专断型领导方式、民主型领导方式、权变型领导方式和放任型领导方式。专断型领导强调高度集中统一由领导者做出决策，下级无权参与，并且必须无条件执行和服从领导安排；民主型领导承认教职工是学校的主人，在工作上主动引导教职工参与决策制订和整个管理过程；权变型领导认为领导方式的有效性是多种因素共同作用的结果，不存在唯一的有效领导方式；放任型领导是一种任由下级各行其是、各自为政的领导方式。从上我们不难看出，M校长相对属于权变型领导方式。通过集团办学模式破解学校管理难题，借助B校品牌效应吸引优质资源并进行课程优化，提升干部团队业务能力，提高教师整体素质，提升学校核心竞争力。

M校长针对老师们开会迟到、积极性不高等问题，对学校的规章制度及绩效工资进行了改革，形成自己的制度文化。对于一个学校来说，建立健全规章制度，实行工作责任制，个人分配与个人过程和绩效挂钩，用以提高个人工作积极性。虽然这不是绝好的办法，但是作为管理者，这也不失为是顺应科学管理的一个基本出发点和落脚点。

5. 未来发展

学校文化的融合必须让师生的行为、思想、交往等生活方式能相互理解、相互融通。M校长借助集团校引进全新的管理制度、课程文化、教师交流、干部培养等新思路。与此同时，也要引发我们思考，教育集团化不等于同质化，教育集团内的成员校不能如同连锁店，不能将优质学校的办学模式进行简单的模仿复制，照搬照抄不代表学校形成了自己的品牌。同时，教育集团化绝不是教育平均主义。如何通过降维降准后形成适合Z校自己的发展规划呢？

首先，设定集团愿景，明确集团目标，做好顶层设计。从领导层到管理层再到基层都要清晰知道集团愿景、学校方向、个人目标，以及知道集团校的发展模式、实施路径、阶段样态。只有如此，才能避免出现茫然或造成迷茫。最终实现从精准帮扶到协同发展，从"走不齐"到"齐步走"。

其次，健全集团组织。任何团队高效开展工作一定离不开一个高效的管理团队，尤其是集团校之间的权力运行、资源分配、问题解决一定会出现不知去从的问题。一个高效的管理团队需要在人员能力、经验、资源等因素下建立组织，以确保集团校正常运行。利用管理激励理论，满足教师情感需求，提升群体凝聚力。通常领导者强调的往往是组织目标，教师所看重的往往是个人目标。在实现组织目标的同时还应注意照顾教师的个人目标，尽量使两者协调统一起来，只有把精神追求与个人欲望和谐地统一起来，才能使下属愉悦地、全身心地投入到工作中去，才能形成亲和力和凝聚力。同时，满足他们的需要不能简单地进行物质化，其实大部分教师渴望赏识、渴望尊重、渴望成功。因此，集团化的过程中需要创设一个和谐、融洽、理想的人际氛围和工作氛围。

最后，优化沟通机制。这种"1+N"的强带弱模式必须要从需求侧思考，从供给侧创新，才能保证不是"削峰填谷"，不会出现"零和游戏"。这就需要集团学校内长效开展沟通机制、止损纠错机制，改善供求关系，实现松而不散、和而不同、各有特色、各有所长的和谐共生的集团化生长样态。建议创设多中心的联合治理模式，例如教师发展中心、学生发展中心、课程建设中心、行政服务中心，让不同校区干部、不同专业教师，不同年龄、不同兴趣的教职工参与到意见征集、建言献策的活动中去，从边缘化重归舞台中心，从不重要到被需要。

学校发展应致力于使教师群体都能理解学校追求的目标、价值理念、问题的所在、改革策略的选择，使每一个教职工都学会从学校整体发展的角度思考自己的工作，找到自己的位置，确立自己的目标，把自身的发展利益与学校的整体利益高度融为一体。

依托"行知银行"探索小学生综合素质评价新方法

张静婵

一、研究问题的描述

1. 研究内容

近年来，我国各中小学在开展学生综合素质评价方面进行了多种探索，但是如何系统设计，有效实施，持续发展，促进学生综合素质提升，仍是一个挑战性任务。长子营二小是一所农村学校，学生父母大都是周边村民或外地来京人员，学生各项素质相对于直属校而言不占优势，尤其在习惯养成方面不容乐观。学校在实施《北京市中小学生综合素质评价手册》（简称《评价手册》）时，只停留在结果评价，而过程性评价缺少监控。各部门之间的评价相对独立，缺少系统设计，不成体系。根据学校现实情况，长子营二小以学生综合素质评价为抓手，依托学校"行知文化"，创办"行知银行"，科学设计评价体系，包括评价内容、评价主体、评价方法等。结合《评价手册》以及学校现有的《红领巾争章手册》，使评价内容中包含的指标体系可操作、可监控。

2. 研究意义

通过创新学生综合素质评价方法，创办"行知银行"，使评价内容系统化，评价方法多样化，评价主体多元化，评价结果可视化，评价工作持续化。通过系统的、有趣的评价方法，促进学生养成良好的学习习惯和行为习惯。

3. 既有相关研究现状对本研究的作用

笔者参与了课题"'双减'背景下'小先生制'在小学教育教学方式改进中的实践研究"，其中如何发挥小先生作用，参与学校过程性评价，是笔者研究的任务，对本研究具有一定意义。

学校开展了红领巾争章评价，"健体章""劳动章"中的评价指标和方法可以作为本研究的素材。

二、研究过程

1. 研究方法

文献研究法：通过查阅相关理论和实践研究的文献，为本文提供理论支撑。

访谈法：初期通过与师生访谈，了解他们对现阶段学校评价的看法，以及期望的评价方式；中期指标体系初步确立后，组织不同学科、不同年级教师代表对评价指标进行初步评判；后期找相关专家对指标体系进行分析。

2. 研究资料的分析

通过查阅文献资料，发现很多学校进行了学生综合素质评价的探索，从不同维度都具有借鉴意义。有的结合学校办学理念，构建多元评价模式；有的利用"积星卡""五彩自评卡""和乐银行"等形式，激发学生内驱力；有的侧重评价指标体系的研究过程；有的侧重阐述各评价指标的内涵。这些虽然对本文的研究内容有指导意义，但都停留在理论层面，缺少可操作、可量化的指标体系。鉴于此，本文主要研究侧重实践层面的探索。

3. 对研究发现的解释

通过对研究资料分析发现，评价内容的确定需要围绕"德智体美劳"五方面或学生的基本核心素养，根据学校的理念和特色，选择评价指标，并对每个评价指标进行阐述，便于理解。在评价方法上，除了学校整体统筹，也可个性化设计，满足不同学生的个性化需求。在评价主体上，侧重学生的自主评价和同伴互评，弱化教师和学校的作用，使学生从被动向主动转变。在评价结果上，采用精神奖励和物质奖励结合的方式，既可以看得见又可以满足内心的需求。

三、研究结论

（一）改进措施

1. 问题导向，科学设计评价内容

要想做好学生综合素质评价，首先要解决"评什么"的问题。笔者在认真学习研究国家相关政策的基础上，结合学生的成长期待，将学生综合素质评价进行校本化表述，评价的一级指标参照《评价手册》，二级指标结合学生的现状、需求及发展期望，选择适合的评价指标。该体系包括：品德行为、遵规守纪、勤学好思、身心健康、实践创新、艺术审美、和谐交往7项指标。每个指标有3个评价要素，共21个要素，并针对每个要素提出了具体的评价标准，每个一级指标设置评价明细，如表1所示。

表1 指标体系要素

一级指标	二级指标	对应争章
品德行为	担当、善良、诚实	向阳章
遵规守纪	有序、守时、明礼	守纪章
勤学好思	勤学、乐思、善问	智慧章
身心健康	运动、乐观、向上	健体章
实践创新	实践、探索、创新	创新章
艺术审美	欣赏、表达、升华	美育章
和谐交往	文明、友爱、合作	和谐章
积极肯干	运动、奉献、动手能力	劳动章

针对每个要素设有评价标准。以品德行为为例，评价标准以三字诀的形式，方便学生铭记，如表2所示。

表2 品德行为评价标准

一级指标	二级指标	评价标准	对应争章
品德行为	担当	讲正义，有正气，明事理，晓是非； 讲平等，创和谐，凡遇事，正思维； 讲参与，肯付出，尽己能，心无愧； 讲公益，喜奉献，乐服务，主动为； 讲智勇，敢承担，遇险恶，巧面对； 讲责任，尽全力，能干事，干成事。	向阳章
	善良	讲品行，为他人，心胸宽，待人善； 讲美德，乐助人，做善事，心灵美。	
	诚实	说话时，表如里，讲真话，办实事； 做事时，讲诚信，能互助，重品质； 交往时，心坦诚，待人物，须真挚； 犯错时，虚心改，晓以理，动以行； 承诺时，须恪守，言与行，终一致； 考验时，有信义，忠与诚，为宗旨。	

按指标体系，每学期根据学校的安排争章。每个争章内容有评价细则，学生可选择任务完成，达到条件即可获得相应的印章。

以"健体章""劳动章"为例列举评价细则，如表3、表4所示。

表3　健体章争章细则

序号	项目	活动名称	获章标准	负责人
1	体质测试	50米跑（速度）	评价达"优"获印章一枚	体育老师
2		仰卧起坐/立定跳远（力量）	评价达"优"获印章一枚	体育老师
3		一分钟跳绳（协调）	评价达"优"获印章一枚	体育老师
4		50×8折返跑（耐力、灵敏）	评价达"优"获印章一枚	体育老师
5		坐位体前屈	评价达"优"获印章一枚	体育老师
6	运动参与	体育课	一学期参与度90%以上获印章一枚	体育老师
7		课间操	一学期参与度90%以上获印章一枚	正副班主任
8		体育社团	参加活动并坚持一学期获印章一枚	正副班主任
9		每月一赛	参与度100%获印章一枚	体育老师
10		家庭体育	每天完成家庭体育活动达21天（自制21天打卡单）获一枚印章，可累计	家长
11	体育荣誉	班级	获得一项荣誉得一枚印章	获得一项荣誉得一枚印章
12		校级	获得一项荣誉得两枚印章	获得一项荣誉得两枚印章
13		区级	获得一项荣誉得三枚印章	获得一项荣誉得三枚印章
14		市级	获得一项荣誉得四枚印章	获得一项荣誉得四枚印章
15		国家级及以上	获得一项荣誉得五枚印章	获得一项荣誉得五枚印章

表4 劳动章争章细则

序号	活动名称	获章标准	获章数量	负责人
1	坚持整理学习用品21天（可累计）	自制21天打卡表（家长签字）	获印章一枚	家长
2	坚持收拾自己的房间21天（可累计）	自制21天打卡表（家长签字）	获印章一枚	家长
3	学习用品二次利用一次		获印章一枚	家长/班主任
4	会使用本年级本年段所涉及的学习用具		获印章一枚	任课教师
5	寻找身边的榜样并在队会课上讲述一个榜样故事	以学校方案为准	获印章一枚	副班主任
6	坚持整理家庭一角21天（可累计）	自制21天打卡表（家长签字）	获印章一枚	家长
7	会用厨房电器烧一道菜	照片/视频上传班级群	获印章一枚	家长
8	体验一天父母的职业	写一篇日记	获印章一枚	家长
9	完成一次变废为宝小制作	制作成品展示	获印章一枚	家长/班主任
10	选择一个班级管理岗坚持21天（可累计）	班长统计	获印章一枚	正副班主任
11	整理教室一角坚持21天（可累计）	班长统计	获印章一枚	正副班主任
12	当一次"小先生"		获印章一枚	任课老师
13	参加一次班级文化建设	布置、作品被选中	获印章一枚	正副班主任
14	维修班级物品一次		获印章一枚	正副班主任
15	参与学校志愿劳动坚持21天（可累计）		获印章一枚	德育处
16	担任红领巾检查岗坚持21天（可累计）		获印章一枚	德育处
17	参与一次种植活动		获印章一枚	正副班主任

续表

序号	活动名称	获章标准	获章数量	负责人
18	寻找一位校园劳动模范，并在全校进行宣讲	以学校方案为准	获印章一枚	正副班主任
19	养护校园里的一种植物一学期		获印章一枚	正副班主任
20	参与一次校外志愿活动	写一篇日记		家长

同一类别的争章项目，达到10枚可获取这个类别的"一星章"。比如10枚"劳动章"可获换1枚"一星劳动章"，20枚可换1枚"二星劳动章"，以此类推。每月的第一个升旗仪式颁发。评价不但可以作为红领巾争章的依据，也可以换取"行知币"，作为"行知银行"的个人"储户"资金。在满足学生荣誉感的同时，激发学生持续发展的动力。

2."行知银行"，探索多样评价方法

（1）机构组织

"行知银行"由"总行""支行"和"储户"组成。"总行"是德育处，"总行长"是德育处主任，主要负责"银行"的整体运营和"行知币"的印刷；"支行"是指各班级，"支行长"由各班主任担任，主要负责保存"总行"发到"支行"的"行知币"；"储户"是指每位学生，他们可以在每月用"行知币"到"总行"兑换一次礼品或办理其他业务。

为了发挥小先生的作用，经调查、访谈、研讨，最终确定成立"行知商会"。"总行"各种业务由"行知商会"来完成，"行知商会"设有财务部、宣传部和纪检部三个机构，每位商会成员都是由"总行"通过笔试、面试、演讲等环节选拔产生。财务部主要负责"行知币"的发放和印刷；宣传部负责"行知富翁"的评选及事迹的宣传；纪检部负责监督财务部的相关工作。

（2）丰富内涵

为了丰富"行知银行"的内涵，笔者组建"行知团队"，根据"行知银行"业务发展需要，设计了三种配套标识物，分别是"行知存折"（《行知少年养成记》）、刻有校长和教师姓名的印章以及不同面额的"行知币"。其中"行知存折"学生每人一本，七项评价指标要素及标准分别用不同色彩印刷在手册上。学生

根据评价标准和明细，完成任务即可获得相应数量的印章，一枚印章换一个"行知币"，每月在班级内兑换一次。

（3）特色活动

可依托"行知银行"开展特色活动，促进学生养成良好习惯并达成目标。学校可在每学期开学初发放"红包"，可以设置不同面额的"行知币"。学生可以自行选择，面额越大需要养成的习惯数量也越大。将学期的习惯目标写下来，并以班为单位上交学校，最后由学校统一下发班级习惯养成记录表，同学们互相监督，坚持21天可获得与抽到"红包"面额相同的"行知币"，坚持42天翻倍，63天再翻倍，100天再翻4倍。如果坚持终止，则只能拿到某个阶段对应的"行知币"。如果中断，可以有补救的机会。学校可以通过此次活动培养学生良好的习惯。

（4）行知富翁

为提高同学之间的竞争力，可设置"行知富豪榜"。比如根据学生持有的"行知币"数量，每月评选十名"行知富翁"，并说明上榜理由。在学期末或学年末综合评选，在六年级毕业评选的"行知富翁"将被记入学校校史馆。

3. 以生为本，构建多元评价主体

评价的目的在于提升学生的综合素质。以前的评价主体主要是学校、教师，现在的评价侧重学生的自评和同伴互评。比如，学生习惯坚持方面，需要学生自我监督、自我管理，记录习惯打卡路线图，每个习惯都需要学生自己、同伴或家长的监督并签字。在评价过程中，发挥不同学科教师的作用，丰富评价主体。如体育方面，需要体育教师提供学生在课堂表现、体质测试、社团参与等方面的数据及评价结果。

4. 多措并举，打造可视化评价结果

以"行知银行"为评价的载体，模拟生活场景，体现"生活即教育"的理念。学生可以用"行知币"在"行知银行"兑换礼品或实现愿望，从而使评价结果可视化。

（二）本研究的局限性分析

1. 评价内容的选择是依据现阶段本校学生的情况而定，需要随着学生的变化而

适当调整。

2. 此研究只停留在设计层面，还未实施，具体的实施效果还需要进一步验证。

（三）进一步研究的方向

1. 通过调查了解学生喜爱的礼品和想要达成的愿望，进而丰富评价效果。

2. 根据学生年级特点，研发年级评价手册，形成评价一体化。

3. 智慧教育已经来临，信息技术可以让评价更便捷。既可以开发"行知银行"App，让红领巾争章过程可视化，实现信息共享；又可以通过评价生成雷达图，形成每个学生的成长档案，实现可持续发展；还可以通过后台的大数据，为学生、学校的发展提供信息。

运用多种方法激发学生运动兴趣

高银军

在体育教学中，我发现了一个问题，一个学生如果对某个活动内容感兴趣，不管多累他都喜欢参加，你要是不让他去他就会不高兴；如果他不喜欢某项活动内容，你硬要他去，他反而会不高兴，即使去了也不会认真参加。对于体育活动也是如此，一个人如果对体育活动感兴趣，就会积极参加，全力投入，活动的结果将是需要的满足并由此得到积极的情绪体验。所以体育兴趣是体育参与的基本动力之一，它影响着学生参与体育的具体活动方向和强度。

大量的观察和研究结果表明，体育兴趣与体育学习活动效果常常是成正比的。在身体素质和原有技能水平大体一致的情况下，有体育兴趣的人较无体育兴趣的人活动效果更优。这是由于体育兴趣对体育学习或锻炼具有指向和强化的作用。

体育强调人们要参加体育锻炼，并成为日常生活不可分割的内容。培养人们对体育的兴趣、爱好，养成体育锻炼的习惯是体育教学成果的一个重要标志。忽视培养学生对从事体育活动的兴趣、爱好、习惯就不可能奠定学生终身体育的基础，故而学校体育改革不仅要使学生掌握"三基"，培养学生的体育能力，而且应和课外体育活动结合起来，强调培养学生对体育的兴趣、爱好，养成体育锻炼的习惯。

体育的兴趣、爱好和习惯，在体育实践活动中有其不同的意义。兴趣是一种心理倾向，爱好是一种行为的积极表现，而习惯则成为生活中的自然行为。在体育教学过程中，我们一般是在提高人们对体育活动意义认识的基础上促进他们对此发生兴趣、爱好，以致形成经常从事体育锻炼的习惯，成为生活中一个不可缺少的重要组成部分。

培养参加体育锻炼的兴趣、爱好和习惯，不仅是一般的体育教育过程，而且更要强调这是一个养成教育的过程。因此，不仅要求在体育课中进行教育，而且应课内外结合、校内校外配合，共同实现，忽视了这一点就难以奏效。

小学生天真活泼，具有好动的天性，他们对体育活动有广泛的兴趣。他们把体育看成"玩"，只要能活动就感到满心欢喜，不知疲倦。但学生在整个小学阶段兴趣不够稳定，对呆板单调的活动容易产生厌倦情绪。在体育教材中，真正能让学生感兴趣的内容不是太多，很多内容如果只是照本宣科地给学生讲解示范，然后让他们一遍一遍地练，他们一定很反感，练习效果也不会好。这就要求体育教师要开动脑筋、研究教法，运用多种方法来调动起学生参加体育运动的积极性。

一、利用情境激发学生运动兴趣

在体育课堂教学过程中，情境的作用是很大的，尤其是在低年级的教学过程中，如果能够创设一个好的情境，教师运用语言和简单的场地布置便能让学生有一种身临其境的感觉，那么就会调动起学生的积极性，使他们乐于参加，使他们学得好、练得好，虽然练习密度有可能增大，但是他们绝不会轻易喊累。

例如，在教学蛙跳这一内容时，如果只是一味地让学生跳，他们练不了多长时间就不爱练了。我在教学过程中给他们创设了一种情境：在地上画一个大圆圈，告诉学生这是一个美丽的池塘，里边有盛开的荷花，碧绿的荷叶下面有什么呢？学生回答有小鱼戏莲，有蝌蚪找妈妈，有青蛙捉害虫……那么青蛙怎样跳呢？你们想一想，然后做出动作。大多数学生都积极主动学跳，他们跳呀、蹦呀，兴趣非常浓厚，进入了青蛙的角色，欢快地学起了蛙跳。其间教师再给以适当的指导、纠正，学生就在这种愉快的气氛中学会了蛙跳。

二、利用游戏和竞赛激发学生运动兴趣

游戏是儿童的天性，每一个儿童都喜欢参加游戏活动。在体育教学中，如果把教学内容游戏化，就能大大调动学生参与的积极性，尤其是一些比较枯燥的活动内容。

例如，在练习短跑和反应速度时，如果只是让学生一组一组地跑，学生一定会很反感。我在教学这一部分内容时，运用了"黄河·长江"这种游戏方式，不但没有让他们产生反感，反而调动了他们的积极性，使他们主动练、积极练。

再如，练习投掷项目时，如果只是一味地让学生投，练一会儿他们就会烦，不好好练。在教学这一部分内容时，我先把学生分成人数相等的两组让他们比赛，根据每个人投的距离给一定的分数，最后把组中所有人的分数加起来，比一比哪组的分数多，然后再教学生投掷的技术动作，告诉他们只有掌握了正确的技术动作才能掷得远，这时学生听得都非常认真，生怕自己学不会。讲完之后再让两组学生比一比，这次绝大部分学生的成绩都比前一次有所提高。通过这种方式，不但使学生学得认真，练得起劲，而且还培养了学生的竞争意识和集体主义精神。

三、利用学生的好奇心激发学生运动兴趣

好奇心人人都有，如果一个人对某件事产生了好奇心，他便会积极参与。在体育教学中，如果教师能激发学生的好奇心，那么对教学是很有帮助的。但这要求教

师要有扎实的基本功，能做出准确、漂亮的示范动作。

例如，在讲"低单杠———一足蹬地翻身上"时，我没有按常规做法，即示范、讲解、学生练习，而是先做一次标准的示范动作，不做讲解就让学生练习。学生看完示范动作后觉得很好玩，都积极地练习，但绝大部分学生的动作都做得不太好。这时我就问他们为什么这么多同学做不好，有人回答说没有掌握技术动作。这时我再给他们重新做示范并讲解技术动作，学生们都听得非常认真，练习起来就更加努力认真了，练习效果非常好，就连那些一开始由于胆小不敢做的学生，看到别人做得这么好，其积极性都被调动起来了，争着练习。

另外，在复习旧知识时变换一下方式也可以调动学生的好奇心。例如，在玩"黄河·长江"这个游戏时，如果总是按一种固定的方法玩，时间长了学生就会渐渐失去兴趣，影响教学效果。这时我就对游戏方式稍加改动，把口令"黄河·长江"变为"单数·双数"（简单的加减乘除法的得数），另外，在进行上述方法时还可把学生的姿势变为背对背站立、背对背蹲立、背对背坐着、面对面蹲立以及面对面站立进行游戏。这样不仅提高了学生的注意力，还对学生的反应能力、爆发力、灵活性、下肢力量等都有较大的帮助，使学生在游戏中、在欢乐中得到了锻炼。

四、利用风趣的语言，巧妙导入新课，激发学生运动兴趣

兴趣是学习活动的重要动力，也是变厌学为乐学的关键。导入新课是一堂课的主要环节。我根据学生的生理和心理发展及体育教材的特点，采取课前语言引趣，挖掘教材非智力因素，精心设计一个开场白，力求做到趣味化。低年级学生对教师有一种特殊的依赖和信任情感，我利用他们的童心、童趣、童语、童行去导教导行，使学生产生学习兴趣，保持良好的注意力，从而能主动、积极地进行锻炼，变"要我学"为"我要学"，从心理上进行运动的"减负"。例如，刚入学的一年级儿童在初学集合排队时会互相拥挤，找不到自己的位置，甚至会因为着急而乱说乱叫。针对这一现象，我把学生四路纵队分别编成小鸭子队、小黄狗队、小白兔队、小花猫队，并给每位同学编号，这样一来，儿童从心理上乐意接受。再次集合的

时候，老师就说："看哪一队的小动物能最先找到自己的家？"加上老师的表情、语言提示，可使儿童进入角色，逐渐养成良好的组织纪律性。

五、利用场地、器材安排吸引学生，激发学生运动兴趣

上课铃响了，学生对场地、器材布置产生了极大的兴趣。一块场地是由几个小木箱堆积而成的堡垒，里面放了很多垒球，8~10米处有几块投掷靶竖立着；另一块则是由体操棒、体操垫、跨栏架、跳绳组成的综合素质训练场地。这样的场地、器材设计从开始排队的那一刻起，学生就已经忍不住内心的喜悦，开始想象课的内容，迫切想尝试练习了。备场地、器材是体育课堂教学的前奏，是上好一节体育课的前提，易受干扰是小学生心理特征中影响课堂教学秩序和效果的主要因素，这就要求体育教师要紧紧抓住学生心理特征，充分利用场地、器材无意注意的规律，将学生的注意力吸引，使学生产生参与练习的需要和兴趣。快乐是愉快情绪的体验，而愉快情绪的建立是以学生产生需要和兴趣为前提的。场地、器材安排是否得当，是能否激发学生学习动机和兴趣、建立快乐氛围的前提，是学生完成技术动作、掌握技能的序曲。

六、运用变式教学，教法有新意，激发学生运动兴趣

传统的教学方式是教师教、学生被动学，教师主宰课堂教学的一切，学生只是一个盛放知识的"容器"。现在，我们在教学中应面向全体学生，充分发挥他们的主体作用，变被动学习为主动学习，运用能激发学生学习兴趣的教学方法，使学生在主动的学习中，充分发挥其想象力和创造力，以使其创新精神与能力得到培养和发展。在一堂体育课中，我让学生以体育活动的形式，表现"忽然间遇上倾盆大雨"，并给他们5分钟时间准备。练习口令下达后，有些学生以跳跃的形式越过假想的"小河"，有些学生拉着"病号"急速跑向"安全区"，有些学生则以冲刺的形式来逃避"淋雨"，还有些学生则一边学动物跳，一边口里喊着"暴雨来了，快

回家吧！"如此等等。在各显神通的瞬间，不但他们的力量、速度、弹跳都得到了不同程度的发展，而且给了他们一个极好的自我表现的机会，学生的学习兴趣一下子就提高了，这样的课受到学生普遍欢迎。

七、"教"与"玩"结合，激发学生运动兴趣

经过多年实践，我认为把"教"与"玩"有机地结合起来是提高小学体育教学质量的有效方法之一，可以激发学生的兴趣。"教"与"玩"结合的基本方法如下。

1. 集分结合。就是在体育课堂上，教师集中一段时间讲授理论知识和练习规范，然后将学生分成若干个小组以体育游戏形式进行应用。例如，在讲授身体平衡技能知识后，将学生分成几个小组进行单腿站立、单腿跳跃、单腿跳接力等比赛，把"教"与"玩"结合起来。

2. 课间穿插。就是在体育教学过程中适当穿插一些趣味游戏，以活跃体育课堂气氛，刺激学生运动神经的活跃。例如，在教授体操课时，可在课间放一段欢快的乐曲，让学生们尝试按照音乐节拍以舞蹈形式做体操；在队列练习时，穿插一些花样，等等。这些方式都能使枯燥、紧张的体育课变得生动、轻松且具有吸引力，可以大大提高学生参加体育活动的兴趣。

3. 命题发挥。就是在教授某种体育运动规范后，由教师统一命题，提出运动量和锻炼目的，然后由学生自己设计体育活动项目，自己组织体育游戏活动。

4. 内外联系。就是把校内体育教学与校外学生体育活动联系起来，让学生在校外的"玩"按照一定的体育规范要求进行，实现校外"玩"为校内"教"服务。

除了上面列举的几种方法能够激发学生运动兴趣外，促使学生积极参加体育运动的方法还很多，只要教师认真地琢磨、仔细地研究，一定还能想出更多、更好的方法。我们的目的只有一个，就是让每一个学生都能积极主动地参加体育锻炼，让每一个学生都能拥有一个好的身体。

"我可以"

冯观虹

2021年，伴随着教育史上的大变革——"双减"，我有幸成了一名小学老师，担任一年级二班班主任。如何真正地减负提质，是摆在我这个新教师面前的现实问题。

刚进入一年级的孩子们，还没有彻底和幼儿园的日常习惯区别开来。他们有的会有分离焦虑，有的不知道什么是正确的上课坐姿，甚至不知道自己应该如何完成任务。这个班的孩子适应一段时间之后，他们的差距也逐渐显现出来。这个学期，迎来了教育史上的大变革——"双减"，这让刚刚参加工作的我，更加困惑。我应该如何帮孩子"减负"？如何真正地做好"双减"？但同时也让我庆幸，他们刚刚进入一年级就遇上"双减"，正是培养良好习惯的绝佳机会。

尽管是一名新教师，我也在探索"双减"政策下如何减负增质。我认为的"双减"，其实是有效地把握好仅有的课堂时间，让在校的时间充分利用起来，而不是把任务都挤压到放学回家再去完成，这样不仅占用了孩子课后锻炼及实践活动的时间，也有可能会激化亲子矛盾。要精准对接每一个学生的具体问题和实际需求，主动改进教学方式，为学生成长进步提供高质量教育服务。

一、"没跟上"

小F是一位非常爱笑但又有些胆小的男生。因为他胆子有点儿小，遇到不会的题目，也只是自己默默地坐在那里，不会举手提问，只能等着老师去发现。有一次上完数学课，课间他没有出去和同学们一起玩，就默默地坐在自己的位置上。那天我忙于其他事情，一下课就离开了班级，是班长及时发现并告诉了我。我走到他旁边，发现课上的数学题他只写了一道，之后就一直在攥着他的笔，问他原因，他沉默不语……问了好几次，依然默不作声。这时的我开始有些生气了，语调开始升高，他更加不知所措，不知道怎么告诉我。借此机会，我开了一次简短的班会，希望孩子们遇到问题积极想办法解决，而不是自己闷在心里，老师和同学们都是你最好的倾听者，老师喜欢大胆表达的孩子，你愿意试试看吗？这时，我看见小F同学不敢看我，低下了头。

第二天下课，他主动拿着数学书来办公室找我，告诉我自己是因为没跟上，但又怕被责怪，所以不知道怎么告诉我。我拉起了他的小手表示安慰，之后我告诉他，老师每节课都会关注你的，但是如果你希望老师看到你的需求，你就要大胆说出来，只有你说出来，老师才能更好地帮助你，他坚定地点了点头。至此我本以为他真的明白了，以后一定会大胆说出自己的需求，直到再次发生……

二、"老师我不太会……"

经过上次的事情，小F的确有了好转，开始主动举手回答问题了。记得有一次我讲应用题，他的加法还可以，减法有些薄弱，所以他每次都是特别积极地完成加法，把减法空下来。我在课上巡视时，发现了这个情况，我没有当着大家的面提醒他，而是用粉笔轻轻点了那道题，希望他能明白。他看了我一眼，脸红了。我向他微笑，示意他不要害怕，试着完成。课后我检查作业，他依然没有完成。我再次把他单独叫到一边，他说："老师我不太会，可是我不敢说……"这个孩子对知识的接受能力确实比其他孩子慢一点，可是他上课非常认真听讲，遇到会做的题目总是积极举手，我能从他的眼睛里看到他的坚定，但是还是会有畏难情绪。于是我后来上课时都会先出几道基础题，然后问："谁会上来做？可以给自己所在的组积分。"他总是第一个举手，做对之后我会当着全班的面表扬他，他自豪地笑了笑。之后的一节课，我发现他的眼睛里有光，是那种给我回应的、渴求知识的目光，我不禁感动。之后布置作业，我总是先让他做几道会做的，再挑战不会的，与此同时我会给他讲解，让他逐步提升。我慢慢发现，他有改变了。

三、"谢谢谢……""我可以。"

小F同学还有一个小缺陷，就是说话有些结巴。很多时候他想好了要说什么，但是一开口就磕磕巴巴地说不出来。例如，中午吃饭时，他想说"谢谢哥哥"，却总是说成"谢谢谢……"这也引来了孩子们的一些议论，他很沮丧，但依然不会告诉我。我了解了这个情况，并没有立即召开班会，而是装作没事。第二天上课，我请同学们来造句，小F依旧很积极，但站起来却迟迟没说话。我看懂了他的纠结，我先是用眼神示意他加油，再一点点、一个个词语帮助他输出，最后连成一句话，我本以为他会磕磕巴巴地说很长时间，没想到这一次他顺利地说出来了。我在全班面前再次表扬了他，这一次的表扬和上一次不同，内容和评语也不同，小F感受到了老师对他的肯定，变得越来越好。在这之后，每次只要遇到有输出表达的机会，我一定会找他。渐渐地他也不再抗拒，而是更加积极地回答问题，一次比一次变得更好。时间过得飞快，转眼间就来到了学期末，正好赶上元旦，又到了孩子们可以一展身手的时候。这一次小F居然主动跟我说，他想在联欢会上给大家背诵古诗。看着他满怀信心的样子，我问他："你可以吗？"他没有磕巴，坚定地告诉我："我可以。"我冲他笑了笑，点头表示同意，他一蹦一跳地回到自己的座位上，别提多开心了。

这不正是"双减"的意义所在吗？每个孩子都有自己的特点，针对不同的孩子用不同的措施和提升方法，而不是随大流的一大波往前轰。在课堂上提质，认真备好每一堂课，这不是简单意义上的备课，而是"备自己""备孩子"。"备孩子"——根据本班孩子的情况，去准备适合他们的课堂内容和语言，而不是一味地照本宣科。"备自己"——我在课上可能会遇到什么情况？我会如何去解决？虽说课后巩固很重要，但也不是随大流地去完成一些课后作业，而是把孩子们分类，对标地去完成适合他们的内容，逐步提升，这样不仅夯实了基础，也能帮助孩子增强自信心。

"一滴蜂蜜比一加仑胆汁更能吸引苍蝇。"老师的等待和帮助像蜂蜜，而责备就像苦苦的胆汁，在对待小F这样的同学时，蜂蜜比胆汁更能奏效。用心浇灌，静待花开，相信孩子一定会给我们更多的惊喜。

"小"导师"大"智慧

郑仕晴

送走了六年级毕业班学生的我,这学期迎来了我的第二批学生,他们是处在小学关键成长阶段的五年级的孩子。初见他们时,我不愿相信这就是我即将要接班的学生。与上一个班相比,这个班的孩子习惯差、基础弱,问题比比皆是。开学初的一个月,我和学生都在慢慢适应彼此,从最初的些许抵触到逐渐接纳,再到后来努力了解,我和孩子们在改变、在收获、在成长。在我和五(2)班的孩子身上每天都有故事发生,其中印象最深刻的就是小Y。

小Y是一个可爱的小女孩,笑起来特别灿烂。在数学学习中成绩不错,只是做题速度较慢。上课时她只是静静地坐在那儿,回答问题并不积极。那天我外出学习不在学校,想起当日到校人数还未上报,于是联系副班赵老师,沟通后发现小Y未到学校。孩子病了吗?今天为什么没来上学呢?……我一边猜想一边翻看手机,孩子家长没有给我发消息说孩子今天不来上学。

为了弄清原因,我马上联系到孩子家长。"小Y妈妈,孩子今天怎么没来上学呢?""老师,她今天不想去上学,我揍了她一顿,在旁边哭呢……"通过与小Y妈妈的深入了解,我知道了孩子觉得最近学习压力有些大,所以对上学有些抵触。站在孩子的角度,出现这样的情况能够理解。毕竟她原来熟悉的班主任和老师都换掉了。刚开学孩子还不太适应,而且这学期又升入到五年级,学习强度与之前相比有所增加,出现这样的情况不难理解。但是如果放任孩子这样下去肯定不行,我必须要采取措施。

"双减"政策下,为了减轻学生们的课业负担,在减少作业量的同时,应该提高课堂质量。课堂作为教学的主阵地，承载着重要的育人功能，如何在短短的40分钟内调动学生深度思维，达到举一反三、触类旁通的效果呢？课堂上，如果只是老师一个人讲，接受能力强的学生能够举一反三，而对于那些接受能力弱、学习兴趣低的孩子，最好的情况是"举一反一"，大多数情况是"举三反一"。为了改变传统的教学模式，调动学生主动学习的积极性，我借助费曼学习法，在课堂中采用小导师的教学模式，即学生在课堂中充当小老师的角色进行授课。这种方法是初次尝试，如果一堂课的大多数时间都由小导师来授课不现实，所以在课堂中只给小导师十分钟左右的时间授课。

一次数学课上，在询问哪位同学想当小导师到讲台上授课时，很多同学举起了手。我环顾一周，最终目光落在了小Y身上。她并没有举手，只是安静地坐在那儿，但是我想给她一次展现自我的机会，因为凭我对小Y的了解，她有能力站上讲台授课。于是，我说道："小Y，今天你来当小导师，给大家讲一讲这道题，可以吗？"让我惊喜的是她没有拒绝，而是走到黑板前，按照自己的想法把题讲完了。随后我问其他同学："她讲明白了吗？"同学们纷纷点头。我和班级中的其他同学送给小Y热烈的掌声。此时，小Y的脸上露出了开心的笑容。

渐渐地，小导师课堂在班级中运用得越来越多，我从教师的身份转换到旁听者，能够观察到小导师在课堂上讲得津津有味，虽然他们的授课能力有限，但是其他同学的目光都集中在小导师身上，连平时课上容易犯困的学生都积极回答问题。小Y站上讲台的次数也越来越多，课上她也能够主动回答问题。

后来，我一直对小Y特别留心。当她忘记带作业时，我没有批评、没有质疑，而是相信她，"老师相信你肯定写作业了，下次可别把它留在家里了。"当她做题马虎时，摸摸她的头，"就差这一'点'儿（小数点儿），你就全对了，可得引起注意。"当她在学习上缺少兴趣的时候，跟她开几句玩笑，转变她低迷的状态……渐渐地，小Y的学习兴趣与之前相比有很大改变，脸上的笑容越来越多。通过长时间的关注，我明显感受到小Y现在的状态跟开学之初相比有天壤之别，她在数学学习上有了很大的进步。

故事虽然结束了，却带给我深深的思考，"双减"背景下教师要善于找到新的专业成长点。关注到每一个孩子，每个孩子都有自己的特点，要促进每个孩子的成长，挖掘优点，使其闪耀。在农村小学数学课堂中应用费曼学习法，学生充当小导师的角色，真正发挥学生的主体地位，主动转变教育观念。儿童并非任意涂抹的"白板"，他们已有一定的知识经验积累，有一定的思维能力和解决问题的能力。作为教师不能剥夺孩子独立思考的权利，在课堂上要给他们更多的时间和空间，让他们得到真正的发展。

"小霸王"变形记

杨彤彤

走进课堂，面对一群刚从幼儿园出来的孩子，她们有的用一双双渴求知识的眼神看着你，有的在课堂上忍不住要上厕所，有的忍不住要和旁边的同桌聊聊天。此时任你的嗓门有多大，任你的眼神有多犀利，过不了三分钟他们就照旧。和孩子们在一起生活学习了一个学期，蓦然回首，有一个故事是我最想和大家分享的。

一、与"小霸王"相遇

最初来到一年级的时候，有一个孩子让我深深地记住了他。慢慢地，我也领教了他的霸道和不讲道理，我想用"小霸王"来形容他。他有逆反心理，希望通过一些奇怪的举动来吸引老师和同学的注意，他对同学时而友好，时而像仇人一样，睚眦必报。班级里有一个他认为的"对手"小S，两个人经常会因为擦黑板或者帮同学捡文具等一些小事情闹得不欢而散。经常有同学告他的状，今天弄坏了甲同学书本，明天弄坏了乙同学的手工作品，每天都有不同的状况发生，而他也成了班级中最让老师头疼的一份子。在上课的时候，他经常不遵守课堂纪律，有接话的习惯，不举手发言，跟不上其他同学的进度，在课堂上搞小动作，不仅自己没有认真听讲，还会影响其他同学上课。但是，班级里会有同学愿意跟他一起玩，因为在他对同学友好时总能投其所好，说一些让人感兴趣的话题，还愿意与人分享自己"不是特别爱"的东西。他认错态度很好，也知道自己哪里做得不对，还知道应该怎样做，但是就是不付诸行动，还是老样子。

二、与"小霸王"比赛

通过与家长的沟通了解到，他在妹妹出生之后有了很大的改变，觉得妹妹分走了家长对他的爱，在生活当中也比较霸道，不愿意吃亏。了解了他在家的状态，结合他在学校的表现，我决定每天下课后跟他聊一会儿。第一，了解他的兴趣爱好，他告诉我他喜欢画画和做手工。我告诉他课下可以把自己的作品和同学分享，他们一定很喜欢。第二，了解他和妹妹的关系，他告诉我他不喜欢妹妹，因为妹妹占用了妈妈很多时间，妈妈陪他玩儿和外出的时间越来越少，觉得妈妈没有之前那么爱他了。我告诉他你已经是小男子汉了，有的事情不用妈妈陪，自己也可以做得很好，而且完成后还会给妈妈惊喜，让妈妈觉得你越来越棒，妈妈会说"你真是妹妹的好榜样"。第三，他和小S为什么总是闹不愉快？他告诉我小S总是招惹他。我跟他说了一个善意的谎言，小S其实就是想跟他一起玩，只是不会表达。第四，在学习上他跟不上其他同学的进度，最有效的就是课下把他叫到身边，通过跟我"比赛"的方式来计算数学问题，他可以又快又准确地解决问题，在快乐中学习。

三、"小霸王"的改变

对于一个孩子而言，家长和老师的合作很重要，所以在育人这条道路上，我们始终都是"同盟军"。我和"小霸王"的妈妈约定，每天沟通孩子在家和学校的表现，让他感觉到妈妈和老师都很关心他。后来，在上学的路上他会给妈妈说："我今天一定能表现好。"在学校每天也会问我几遍："老师我今天表现好吗？"上课的时候也比之前好多了，对于他的改变，我也会在同学和家长面前夸奖他，让他有动力更加努力进步。下课也基本能和同学和平相处了，有时还会和同学谈论起妹妹已经开始长牙齿了，笑起来有些奇怪，有时候还会咬他。他虽然还有很多地方做得不够好，但是有进步就是我们最开心的事，希望他继续努力，慢慢改变。

四、"双减"并没有减掉责任

自"双减"政策实施以来，作为一名教师，我深深地懂得"双减"是为了减轻孩子过重的学业负担，而并没有减轻我们的责任。作为一名一年级教师，我肩上的责任更重，我深知我不仅仅是一名教师，不仅仅要负责孩子的学习，更重要的我是孩子前行道路上的指路灯，我们的责任是育人，而这显然要比教知识更为重要。

捷克教育家夸美纽斯说过："太阳底下再没有比教师这个职业更高尚的了。"教师在与学生的交往过程中，不仅起到传道、授业、解惑的作用，而且直接对他们今后的人生观、道德修养产生影响。希望通过我的努力，让学生在成长和进步的道路上不断前行。

班会上的小插曲

刘秀英

今天学校开展了家校互动活动，把家长请到学校来参加班里的活动，让家长了解学校的教育和孩子的学习情况，配合班主任共同教育孩子。

我们班开了一个主题班会：寻找不良习惯，争做文明学生。家长们很认真，有的还拿着本子做记录。大家坐好后，主持人宣布班会开始，这时教室里非常安静。班会有序地进行着，大家也聚精会神地听着。忽然，小五妈妈的手机响了，全体同学、家长、老师的目光一齐投向小五的妈妈，小五的妈妈拿出手机，急忙穿过教室，穿过正在表演着小品的同学们，直奔向门外。这时，只听小五哭着说："妈妈，您带什么手机呀？"孩子立刻用手捂着脸哭了。我愣在那里，不知如何是好。但看到同学们都用异样的目光看着小五，我立刻意识到我应该赶快想办法挽回小五的自尊心。因为平时小五是个大大咧咧的孩子，表现自己的机会不是很多，所以这次班会我特意给他安排了"响板表演"的节目。这是为了让家长知道他在学校的表现，也为了让他在同学们面前充分表现自己，继而对学习增强自信心。这次也是特意让他的妈妈请了假来参加班会，本来是……想到这儿，我一边说："没关系，我们的班会继续。"一边跑向小五，托起他的脸，轻轻擦去他的泪水，说："孩子，没事，妈妈也许有重要的事，大家会原谅你和妈妈的。别忘了，你还有表演呢，这个小花脸儿怎么行，快点儿，你是男子汉。"他使劲儿地点了两下头，应了一声："嗯。"虽然只应了一声，但我从他那感激的眼神中看出，他的节目表演应该没问题。不一会儿，小五的妈妈回来了，脸上带着歉意，连声说着对不起，忙把手机关机了。班会继续开始，但我一直关注着小五，他上半节班会几乎没抬头，噘着嘴，我生怕他的表演会因此事出什么差错。"下面请听响板表演——坏习惯危害大。"啊，该他了，我和同学们、家长们一起鼓掌。小五抬起头，我微笑着冲他点点头，并使劲儿地鼓掌。他先是一愣，接着也微微一笑，坚定地点了一下头，好像在说："老师，我能表演好，您放心吧！"随着他有节奏地打着响板，一板一眼地表演着，我才放下心来。

事后，我找来小五的家长进行了交流，并指出家长这样做有些不妥，伤害了孩子的自尊心。家长开始有些不以为然，认为自己的事情很重要，小孩子一会儿就过去了，没事儿。后来，我把小五最近有很大进步，不仅在学习上比较努力，而且热心帮助同学，希望家长配合，共同教育好孩子，并说明这次班会让小五表演节目就是让他在大家面前表现自己，以增强自信心，取得更大进步告诉了家长。此时，家长有些不好意思了，表示一定配合老师共同教育好孩子，同时表示回家后要和孩子多沟通，给孩子做个表率。

家校合作育人的班会虽然开完了，但班会中的这个小插曲却引起了我深深的反思。我们都在搞家校合作教育，我们只是站在家长、老师的位置去谈如何教育我们的孩子，"你应该怎样去做？""你怎么能给我丢人呢！""你在学校那样，我都替你丢脸，还让我去给你开家长会。"……但是我们这些教育者有谁想过孩子眼中的老师应该什么样，特别是孩子眼中的家长应该怎样做？家长们只知道议论孩子的好与差,殊不知孩子们在一起也会对家长有评价。他们也是满心希望家长在自己的同伴面前"争光",孩子也想自豪地说自己的爸爸(妈妈)有多棒……其实,家校合作育人的活动对象不应该专指孩子们,还应该成立专门的家长学校,尤其是低年级学生的家长,并有专门的人来指导家庭教育。因为家长是孩子的第一任老师,是孩子成长之路上的导师,所以有人说,好家长胜过好老师!

家长们放下架子,问问孩子眼中的家长是什么样的,先学习做个好家长,再要求孩子做个好学生。

"帮"出自信

刘秀英

她一出生就是先天性肢体残疾。她的左手不能像其他小朋友那样活动自如,她的左脚向内长,经常自己绊倒自己,但她从不哭,爬起来接着走!她就是小欣,一个摔倒了不哭的孩子!

一年级刚入学的第一天,我就关注到了她的与众不同。她的妈妈特意找到我,说了孩子的一些情况。小欣从小就进行了康复训练,但只能恢复到这种程度。因为行动不灵活,爷爷奶奶特别宠爱她,什么活都不让干……老师,其实我想让小欣将来努力学习,相信自己的能力,不要总因为自己的与众不同而自卑,以后能靠自己的本事养活自己就行。但是,因为身体原因,我总是觉得亏欠孩子,爷爷奶奶也觉得孩子可怜,所以什么都依着小欣。现在,孩子别说做家务活,就是衣服都得我帮着穿。虽说有个妹妹,但什么事情妹妹都得让着她。我想等孩子上了一年级,我就得上班了,可又担心小欣,我今后怎么做,才能帮孩子自食其力呀?

我很理解家长的心情,并表示会在家庭教育方面尽力帮助她。但是家长尽量要做到把小欣当作一个正常孩子看待，不能因她的不方便而过分宠着她、惯着她，要像要求正常孩子一样要求她，这样她才从心里感觉自己和别的孩子一样。

首要的是树立起她的自信心，让她感受到自己的价值，感受到帮助别人是一种快乐！于是，我们约定就从"帮"开始。

一、帮妈妈做家务

例如，妈妈每天下班后，到家可以说自己腰疼背痛，让姐妹俩帮忙拿拖鞋、倒杯水、捶捶背等，然后夸夸她俩："宝贝们真好，我觉得真幸福！"即使事情干得不好，只要不是存心，就不要随意批评。小欣妈妈说："有一次孩子确实去帮我刷碗，因为左手拿不好摔了一个，我忙把她拽到一边，还吓唬她，净瞎捣乱，去一边看电视去！""是呀，那以后孩子还会再帮你吗？""可是小欣毕竟不方便，总打碎碗，我也受不了呀！""那你可以想想其他办法，比如可以把瓷碗换成不锈钢碗，这样就不怕摔坏啦！"我笑着说。"是啊，我怎么没想到呢！"小欣妈妈笑着说。

就这样，小欣开始帮妈妈从简单的家务活做起。同时，家长在家表扬，我在学校里也多关注。例如，"小欣今天又学会了什么新本领？""今天又帮妈妈什么忙了？""妈妈有小欣这样的小帮手真幸福"，等等。

慢慢地，小欣学会了扫地、擦桌子、收拾东西……虽然比较慢，但是小欣很乐意帮助妈妈。

二、帮妹妹讲故事

"双减"政策实行已经有一段时间了，许多家长都很焦虑，尤其是小欣的妈妈。她常给我打电话："小欣本来一只手写字就慢，如果再不去课外班补习，以后能跟上吗？在家我也没有时间教她，因为她妹妹才2岁。另外，您留的读童话书的作业她也不读……"我想了想回答："你可以让小欣给妹妹讲童话故事，这样既帮你哄了妹妹，又让她读了童话故事，岂不是一举两得？"她听完连声说："我试试，我试试。"于是我和小欣妈妈联手：她在家表扬孩子爱读书，还能给妹妹讲故事，真是一个好姐姐；我在学校里鼓励小欣，说她不仅帮妈妈做家务，还是个讲故事大王！就这样，我们坚持了半个多月，小欣渐渐读书不那么费力了，基本上能把一个故事读下来了。

三、帮班级摆图书

因为身体原因，小欣一般不承担班里的工作，但当班级大扫除时，她总是想帮忙，不过却往往适得其反，甚至也有时惹得同学们抱怨不断。记得有次她为班级浇花，弄得满窗台的水，甚至还往地上流水……擦窗台的同学直和她大嚷，小欣哭了……我了解了情况，就和擦窗台的同学解释，又拉过小欣，先赞扬她心中有集体，然后让她自己选择班级里想承担的事情。她看了看说："老师，我想帮大家摆放书架上的课外书。"我看了看书架，确实有的书倒着放，有的书名向里。"那你先试试怎么摆齐这些书，如果不会我再来教你。"她笑着回答："我会，在家我帮妈妈摆过。"我过去曾教过她如何将书按大小、类别摆好，且书脊向外……她认真地学着，一只手不方便，就用另一只手顶着，再不行就用头、嘴巴……我看着心里也是酸酸的，但我不能伸手帮忙，因为我知道她以后总会面对这些事的。小欣倒是不以为意，还自豪地冲我笑着，"老师，您看我也能摆得很整齐……"我笑着竖起大拇指，给了她一个大大的拥抱！就这样，她每次大扫除都为大家摆图书。中午有人借书，看完也还给她，她再整整齐齐地放回书架上，简直就成了我们班的小图书管理员。在帮助大家摆图书的过程中，她自己也越来越爱看书了。

四、帮同学讲习题

小欣虽说身体不便，但她聪明也肯学习，所以成绩一直很好，就是写作业时因为手的原因，写得比较慢，所以总是最后一个写完作业。有几次上公开课，我发现她上课积极发言，表达条理清晰，心想何不让她当个小老师，给其他同学讲讲习题？于是，我找到她，和她约定：只要她写完作业，就帮同学们讲题。一听这个，她乐坏了，作业写得比之前快多了！每次看到她那认真给同学讲题的样子，我就庆幸自己又为小欣找到了一个表现自己的机会，一个展现自己价值的机会！

看着每天忙忙碌碌但又快乐着的小欣，让我不禁感叹：当上帝关上一扇门，他会在别处为你打开一扇窗。一个人的得与失是守恒的，在一个地方失去了一些，就一定会在另一个地方找回一些。她的一生必然不会一帆风顺，会遇到许多坎坷，希望我能帮她拥有积极的态度，找到实现价值的快乐，自信地去面对自己的与众不同，并以乐观的精神去解决遇到的一切困难，勇敢地寻找属于自己的那片天空！

不忘初心、牢记使命：做一个对学生有长久深远影响的老师

郑仕晴

"不忘初心、牢记使命"是习近平总书记在党的十九大报告中提出的。作为一名人民教师，能做的就是教会学生做人，做一个对社会有用的人，教给学生知识，用知识武装自己的头脑。那我的初心和使命是什么呢？后来我找到了答案，那就是尽我所能，对学生产生长久深远的影响。

回想走过的教育教学之路，心中镌刻着这样的画面：阴暗的夏天，大雨滂沱，此时校园中的学生早已寥寥无几，校门口只有我和一个学生站在同一把雨伞下，等着他的妈妈来接他。

这个学生叫小Y，家里有三个孩子，父母以种地为生，年长的姐姐已经参加工作，智力存在缺陷的哥哥每天待在家里无法正常上学，年纪最小的小Y是我们班的学生。在小Y小的时候，家长为了让他把基础打好，除了让他完成老师布置的任务以外还要单独布置一些抄写词语或单词的作业。起初家长会监督孩子完成任务，但是为了逃避这些额外的作业，小Y在写作业时总是磨蹭，经常把家长熬到睡着以后

才结束这场斗智斗勇的作业大战。长此以往，小Y养成了磨蹭的习惯，在学校的学习任务经常不能按时完成，作业也是糊弄了事，在学校的小Y也不爱说话，跟他交流时总是沉默不语。这就是小Y的基本情况。

为了解决孩子在学习中的问题，我跟家长沟通过很多次，开始家长还能配合我在家帮忙监督，过了一段时间，也许是家长看到没有任何起色，就不再管孩子的学习了。

记得那是我最后一次向家长反映孩子在校学习情况。那天，看到小Y的作业以后，我相当失望，可以用一塌糊涂来形容。当时我就把小Y叫来问他原因，他还是和之前一样，默不作声。于是我给小Y的妈妈打电话了解情况，孩子妈妈说小Y在家爱玩手机，说什么他都不听。小Y的妈妈不识字，无法辅导学习，已经是大孩子的小Y有自己的想法，才不听妈妈那一套。我深深地记得刺激我最深的那句话"老师，我已经放弃小Y了！"。听了孩子妈妈的话，我陷入了思考，孩子的成长是需要我们用心浇灌的，就像种菜一样，埋下种子后还要予以悉心照料才能果实累累。从孩子妈妈的角度出发，她能力有限，可能确实尽了自己所能来教育孩子。除此之外，她还要和孩子爸爸忙于生计，用体力换取家庭收入，同时还要照顾家里的其他孩子，确实已经很难了。

班里还有几个学生也像这样，虽然情况不完全一样，但由于各种原因大体上都是在学习上无人看管。农村的孩子与城市的孩子相比，可能有的先天条件是不如城里的孩子，如果再加上家庭方面的因素，无人看管、无人监督，差距就会越来越大。这个差距不光是学习上的，还有精神上的，长时间无人看管，可能会导致他们在思想上出现问题。考虑到这些，我能做的就是尽我自己最大的努力，帮助他们改变现状。虽然他们不是我的孩子，但我是他们的老师；虽然我不是他们的家长，但他们是我的学生；我们之间虽然没有血缘关系，但我对他们有教育的责任，只因他们叫我的那一声"老师"啊！

看着这些农村孩子的现状，我下定决心要做一个对学生有长久深远影响的老师。他们在天生智力因素、后天家庭培养等方面不如别人，如果再没有人管，那他们的将来会是怎么样的我不敢想象。与知识的获取相比，态度、品德的培养更加重要，我教出来的学生可能在学习上不一定都是优秀，但我希望他们在做人、做事上达到优秀。可能他们现在不会某些知识，但随着不断的学习，终有解决的那一天。正身处成长关键阶段的他们的做人、做事态度如果得不到良好的培养，可能会误入歧途，对他们今后的发展产生很大影响。

后来，我把更多的关注给了学生。疫情期间，对于那些没有家长看管的学生，我每天都要通过视频、语音或电话的方式进行联系，跟他们交流学习和生活中的问题。在课堂中，借助费曼学习法来激发学生的兴趣，让他们成为学习真正的主人。考虑到小Y的数学学习并不差，只是学习效率不高，为了改变他的学习习惯，我让小Y当起了小导师。上课开始时，让他给大家讲一些数学方面的小故事；课堂中，让他讲一些自己的解题方法。起初，同学们并不理解他所讲的内容，后来渐渐地有了变化，他的语言组织能力有了提高，其他同学也在费曼学习法的应用下有了变化。他们在学习的过程中感受到关心和爱，在费曼学习法的指导下不管是学习、习惯还是能力等方面都有了提高，这将对他们的发展产生长久的影响。

我国著名教育家陶行知先生说过："真教育是心心相印的活动，唯独从心里发出来，才能打动心灵的深处。"我也正是在用真心去对待每个学生，希望能尽自己所能，对他们产生积极的影响。

初心易得，始终难守。在今后的育人之路上不管多难，我将继续带着这颗教育初心，尽我所能，对学生产生长久且深远的影响。这句话说出来看似简单，但要真正做到实属不易。但我会不忘初心、牢记使命，尽我之力，长久育人，育人长久。

第四部分　行知理念下的教学故事分享

长子营镇第二中心小学以"行知文化"引领学校发展,秉承"知行合一"的教育理念,坚持"求真务实"的办学风格,实施"学思结合"的办学途径,培养"教人求真"的教师和"学做真人"的学生。

这一部分精选教师与学生之间发生的教学故事,通过一个个鲜明的故事,体现教师在教书育人的过程中,尊重学生主体地位,借助"小先生制"和"费曼学习法"来教育学生、影响学生、改变学生。

独一份的"小饼干"奖

赵雪颖

伴随着"双减"政策的步伐,本学期我从教六年级毕业班一下子来到一年级当班主任,一(1)班就是我的教育阵地。

开学的第一堂语文课,面对着众多新鲜的面孔,我感觉自己像融入了新鲜的血液一般充满了活力。刚讲了一分钟,我就发觉靠墙第一桌的男同学坐不住,于是我温柔地提醒他:"扬扬,坐好。"他听到后端正了坐姿,可维持不到1分钟,他的脚又翘到了桌子上,手里还不停地摆弄东西。"老师相信你能坐好。"我又提醒他,他又勉强地坐正了1分钟……因为他是第一桌,他在前面晃来晃去,全班同学都看他,所以整堂课就在不断提醒他坐好中度过。班里的其他同学一被点名立马就改正,而扬扬坚持不了2分钟。于是,开学第一天我就联系了他的家长,通过电话沟通我了解到,孩子是单亲家庭,跟爸爸一起生活,从小就坐不住,幼儿园也这样,而且家长告诉我孩子一时半会也改不了。无奈之下我跟家长说他是第一桌,非常影响全班同学的听课情况,现在只能先放在最后一桌,家长也表示了认同。

扬扬坐到了最后一桌,更是变本加厉起来,坐在地上撕纸玩,在他后面的角落里满地爬,我好好提醒他坐好已经连1分钟的作用都起不了,他已经对我的提醒"免疫"了。但是我又不想放任他不管,于是我严厉地对他说:"扬扬,你能不能坐好?我提醒过你很多次了。"这次他开始有反应了,他捂着耳朵气急败坏似的对我翻白眼。我真的很生气,好好说不听,严厉点儿就触发逆反心理,我真想不管他了,让他自个儿在后面玩吧!但是我昨天还答应他的家长要多费心,到今天就不管了,实属不好。于是我开始打感情牌,跟孩子培养感情,心想一个喜欢你的孩子,课上应该就会认真听讲，不捣乱了吧！戈登·诺伊费尔德和加博尔·马泰在《每个孩子都需要被看见》中提到，自己与孩子的关系才是根本，相比起来，培养孩子的技能，没有那么重要。特别是，不能在培养孩子技能时和孩子构建一个非常糟糕的关系，那绝对是舍本逐末的。对好奇心、综合思维和适应能力都缺乏的孩子来说，只能依靠依恋情感来学习。于是，下课后我跟他做了沟通交流。扬扬上课什么也不听，我就只好利用其他时间给他"开小灶"，其实他很聪明，我给他单独"开小灶"的时候，他学得很快且表现得非常乖，像变了一个人似的。我以为下次上课他就会特别听话了，因此我还答应他如果上课能好好听讲就奖励他一块小饼干。

然而事情并没有我想的那么简单，他上课依旧是满地爬，下课也惹起麻烦来。"老师，扬扬他打我。"我开始听到同学们对他的告状声，越来越多。弄清了事情背后的原因后，我发现扬扬就是想跟其他同学一起玩，却不会表达，于是就追着别人跑，其他同学不干，互相拉扯就开始了。要想解决孩子的问题，还得寻求家长的帮助，于是我联系了他的家长进行家访。通过家访了解到，孩子本身说话就晚，两岁多才会说话，家里没有什么亲戚，也没有一般大的孩子一起玩，孩子的奶奶在村子里也是出了名的人缘不好，也没有别人家的家长愿意让孩子跟扬扬一起玩，爸爸上班忙几乎也没什么交流，爷爷奶奶长期娇惯，一个眼神就知道孩子要干什么，也不需要交流。跟扬扬爸爸说了孩子"打架"的原因之后，扬扬爸爸也表示，以后一定不能动不动就打孩子，也让家里人跟孩子多说话、多交流。之后，下课我就先让他去厕所，去完厕所回来马上找我，避免和其他孩子产生冲突。

就这样，他慢慢地开始依赖我，不只是单独给他"开小灶"的时候，其他集体活动的时候，他也想让我多关注他。他开始在课上举手回答问题、开始在课上认真完成练习并找我批阅、开始动脑筋思考如何给小组加分，上课的专注力开始从1分钟提升到5分钟，再由5分钟提升到半节课，小组评比复习课他能专注40分钟。他终于得到了一块小饼干，扬扬爸爸高兴地跟我说孩子回家可开心啦！我也非常开心，因为这块小饼干我终于送出去了。

我执教的班级，语文课前都会实行小先生三分钟演讲活动，可以把成语故事、名人故事、时事新闻和自己感兴趣的话题等作为演讲内容，也可以讲述自己的所见所闻、所思所感。扬扬同学和家长对待这项特殊的作业非常认真，十分珍惜上讲台的机会。在准备这"课前三分钟"的过程中，表现出极大的热情和浓厚的兴趣。扬扬也在这样的活动中增强了自信，得到了锻炼，获得了发展。他不但能自己专注地上课，还能帮助其他同学学习知识。

"双减"背景下，学校要提供高质量的课堂教学和课后服务，要满足学生个性化和多样化的学习需求。作为教育工作者，要更加注重因材施教的个性化教育。

已识乾坤大，犹怜草木青。教育过程中的磨难谁都多少经历过，但是我们依旧会向往历经磨难后，看到那纯净自然的心灵。

唤醒爱心

刘秀英

俗话说：穷人家的孩子早当家。因为他们经历了很多风风雨雨，具有了承受一定挫折的能力，不怕困难，勇于挑战，从而积累了一笔宝贵的精神财富，但其中也不乏个别的案例。

记得刚接四年级时，校长告诉我，班里有个品学兼优的学生小王，家里有困难，学校为他申请了500元的互助金，叫我帮他领走再交给家长。我心里琢磨着：小王穿得不能说比城里孩子时尚，但在班里也属可以的，他是特困生？我满腹疑惑地带着那500元钱来到小王家。真不敢相信，只见破旧的五间房，院墙全是用泥砌的，从里面迎出一位老人，饱经风霜的脸很和蔼慈爱，衣着虽然破旧，倒也是干干净净。我想：这就是小王的奶奶吧！交流中，老人给我说："因为别的同学都说他上学靠救济，学习好但很可怜！我家孩子要强，哪样都要争第一，孩子挺好，就是命苦呀！他自幼父亲就病逝了，他妈妈又狠心抛下他改嫁了。没办法，我这把老骨头还要整天在磨坊里给别人推磨来糊口。"这时老人流下两行无助的泪，我的两眼也湿润了。"唉，真是委屈孩子了。但我家孩子学习好，您看墙上这些奖状，所以别的孩子有的，我拼了命也要给我的好孙子。"这时小王从外面回来了，"又提那些丢人的事。"他嘴噘着，满脸不高兴地说道。"好，好，好，不提了，我就盼着将来我孙子有出息啦！"奶奶说。

这件事引起了我对小王的注意，我发现：每天下午上学时，他总带一瓶饮料，班里如果有三个人带饮料肯定有他一个；他身上穿的、平时用的在班里几乎都是高档的；早上也从不在家里吃饭，而是用奶奶辛辛苦苦挣的钱买着吃……而且我还发现他虽学习好，又是班长，但当有的同学让他给讲题时，他只是把自己的作业本扔过去，然后扬长而去，更别说别人有了困难他主动相助了。记得有次写作文，题目是"一个＿＿＿＿的人"，他写的是一个同学，很平淡。当我问他："为什么不写你的奶奶呢？"他一脸不屑地说道："她有什么可写的，无非天天干活，还没我认字多呢。"我这才真正意识到，他虽然很聪明，学习很好，可由于缺少父爱、母爱，无论爷爷奶奶对他多好，他总是感觉不到。

后来发生的一件事更使我震惊！从小把小王带大的爷爷因患癌症，不久便离开了人世。那天他没来上学，我不放心便去看他，正值大家向遗体告别，无不落泪。只有小王眼中无泪，被爷爷视为掌上明珠的他却没有任何悲伤的表示和反应。"死就死了呗，有什么可想的，再说还省得别人跟着受罪呢！"奶奶听了气得满脸通红，当着亲友面不知说什么好。我心中升起一种悲哀，为这二老的辛劳而悲哀，更为小王的麻木不仁而悲哀。

面对这样的孩子，将来学习再好他也是一个情感后进生。因为一个成熟的人能够从爱自己的亲戚、朋友中获得快乐；相反，一个不成熟的人总是希望别人来照顾自己，希望自己是人们关心的中心，自己对别人却很少付出感情，这样的人很难与人们建立正常的关系。虽然现在表面笼罩着一层美丽的光环（学习好），但他的心灵已是一条枯河，干巴巴的。列宁曾经说过："没有人的情感，就从来没有也不可能有人对真理的追求。"情感反映了人们对于客观事物的需要，情感对学生的内在动力有极大的推动作用，它能满足人们的一定需要，能激发人们奋发向上，不断进取。如何使爱在他心灵里复苏，让他体会到周围人对他的付出，能够有感激之情，甚至思考如何回报，这好像比辅导学习还要难。但我相信，人非草木，孰能无情！可靠一味的批评说教，不但不能达到预期的效果，反而会伤了他的自尊心。经过几天的思考，我觉得小王虽然有爷爷奶奶的百般呵护（现在只有奶奶），但他毕竟缺少父母之爱，心灵上肯定会有些缺憾。看到别人有父母疼爱、有父母照护、有父母谈心……而自己与奶奶毕竟有年龄差距，再加上老人为了生计又无暇顾及其他，所以在许多方面不容易沟通。奶奶只是解决了他的衣食住行问题，却解决不了他的情感问题，也填不平他心灵上的缺憾。因而他也感觉不到他们的爱，反而认为大家都在可怜他。特别是有一次，我带他去参加全国"春蕾杯"作文竞赛。为了这次比赛，他的大爷大妈给他又买新衣服，又买作文辅导书，又买好吃的……可他看都不看，更别说谢了，只认为这是理所当然的，因为他没父母很可怜，大家就应该这样做。甚至他还说："你们给我买作文书是觉得我轻省呀！累死我得了！"我听了感到震惊，难道这就是一个"特困生"说的话？这就是一个学习"尖子生"对待关心他的亲人的态度？我深感他现在缺少的不是爱而是对于爱的理解和领悟。

但是这种关心自己亲人的感情要从一件件小事中逐渐培养出来，这种情感教育必须从生活入手，让他亲身体会，亲自感受奶奶终日为生活所受的艰辛，亲自感受老人那平淡中的伟大，从而感受到她们那无私的爱。这好像比转化一个学习后进生更难。经过多次的家访、观察，我精心设计了一个家长与学生同席的班会。给同学们两周的准备时间，内容是：我是家庭小主人，我能为家做什么。比一比，看这两周谁做的事儿最多。同学们很兴奋，放学后都匆忙回家，下课后也议论纷纷，先自己比起来了。两周后大家汇报了自己的成果，谁都不甘示弱。大家从这个活动中学到了许多东西，知道了什么是义务与责任，真正成为家庭的小主人了。小王也不例外，他在家打扫卫生，帮奶奶倒水、烧火，竟然还学会了做些简单的饭菜。这时我看到他的奶奶笑了，家长们也十分惊喜，大家都说孩子懂事了，希望这个活动能坚持下去。的确，家务劳动是培养孩子家庭责任感的最好契机。只有体验到操持家务辛劳的孩子，才能理解父母的辛苦，心里才能装着家，关心家中的每个成员，从而树立起自己的行为要为家庭负责的思想观念。

这次班会后，我发现小王变了：他很少带饮料上学了，放学后也很少见他在学校周围玩，听说他是回家帮奶奶烧火或做些简单的晚饭，而且在这次高年级组的作文比赛中荣获一等奖，题目是《我的奶奶》。作文中有一段这样写道："奶奶是多么地疼爱我。每当听到别人喊爸爸妈妈时，我就抑制不住大发脾气，心中的不平，嘴上尖酸刻薄的话语不知带给您多少伤害，可您却没有任何的责备。每当我生病时，您总是焦急不安地围着我团团转，愿我早些好起来。每当我捧回那一张张奖状回家时，您总是笑得合不拢嘴，流下幸福的泪……"抓住这个机会，我及时找他谈心，肯定了他现在的表现，听他将来的打算，畅想未来的美好生活。那天我陪他一起到磨坊里帮忙，帮他的奶奶抬起那近一百斤的小麦放进磨面机的入口，看着白面慢慢磨出，又装进一个个面袋，老人累得满头是汗。"奶奶，我来吧，您歇会儿，瞧您累得腰都直不起来了，以后我放假了就来给您帮忙。"老人流泪了，"你好好学习就成了，这儿你不用管。""不，这不耽误我的学习，我要和您共同维持这个家。"那一刻我由衷地笑了。

从此，我每周都抽出些时间与他单独交流沟通，渐渐地我们成了无话不说的好朋友。我也以朋友的身份给他提供一些适当的忠告，帮他在行为习惯、学习等方面取得进步。例如，有一次他得了重感冒，连续休息了两周，那时正值我进修，没时间为他补课，于是我让班里的一名优秀学生每天到他家去补课。可是小王好面子，没问过同学一道题，说自己自学没问题。但有一次同学告诉我，小王家庭作业不会，拿他的本子抄。我听了很生气，但没说什么。第二天，我叫来小王，拿来那道题对他说："你虽然会做，但毕竟没上课，这道题班里没几个做对的，我给你再讲讲吧！这样你对解题思路会更清楚些。"他有些不好意思地点点头，什么也没说，默默地听着……后来在一次谈话中，他不好意思地承认了错误。我想对于这样"好面子"的学生，老师也要给他留足"面子"。有时主动给学生找一个台阶下，甚至相信一次他的谎言又何妨！多给学生一些机会、一个台阶，再找适当的时机对学生进行严格教育，使其深刻认识、反省，触及心灵深处，反而会收到更好的效果。

半年多了，我一直做他真诚的朋友、耐心的听众、人生的指路人……听他说心里话，听他说心烦事，解他心中的苦与乐……"随风潜入夜，润物细无声"。持久而又细心的工作，像那春雨一样，滋润了他的心田。终于有一天，他对我说："我现在才知道奶奶有多疼爱我，我也要好好学习，将来孝敬奶奶，让他过上好日子。"我听了真为他高兴，因为我终于唤醒了他心中的爱心！他不仅有了爱心，而且在得到爱的同时还学会了感激他人，懂得了回报他人。

在小学毕业时，他亲手送给我一张自制的贺卡：在蓝蓝的大海上有一只帆船，不远处有一颗红红的心，如太阳般从海上升起。下面有一行字：老师，您不仅教会了我知识，还教会了我怎样做人。我永远感谢您！

静候花醒，轻唤花开

邓可嘉

人们常说小学是一生的基础，那么班主任就是其生涯的奠基人。自从站在讲台上的那一天起，我就默默宣誓，要慢下来跟随孩子前行的脚步，停下来看看孩子仰望的方向，细下来留心孩子点滴的变化，沉下来倾听孩子诚挚的心声，柔下来品味孩子快乐的源泉，用爱来呵护这些祖国未来的花朵。

一、初遇·频频惹事的"小火山"

自我走上班主任岗位也不过两年，时间虽短，却也积攒了许多温暖的回忆。在这条路上固然有坎坷，但万幸我与学生始终能够携手前行。今年，我遇到了一个特殊的小朋友，暂叫他"小火山"。他人如其名，像一座随时准备喷发的火山，明明上一秒还心平气和，下一秒就脾气汹涌，班里只要有同学来报告出事了，准是他的"杰作"，不仅和同学闹矛盾，还和老师顶嘴，这样一个学生，让我头疼不已。我试过训话，也试过好言相劝，可效果并不显著，小火山依旧我行我素。同办公室的老师劝我适时放弃，但我相信没有哪个孩子的恶意是与生俱来的，在他们调皮捣蛋的表象背后，一定有他们深藏于心的柔软角落，而教师的职责，就是让这些孩子打开心灵的枷锁，用善意去拥抱这个世界。于是，我和小火山斗智斗勇的故事开始了。

二、实践·用爱托起明日的朝阳

在我与小火山的几次交谈中，我意识到他其实非常需要他人的关注和关心，只是没有学会如何使用正确的方式。我和各科老师商议，给孩子更多展示自我的机会。我在课堂上会给他更多关注，多提醒鼓励他。上课时，只要小火山主动回答问题，无论他回答得正确与否，我都会第一时间肯定他的勇气和进步。当小火山答对问题时，我也会带着其他孩子给他鼓掌，在一片掌声中，我看到了他眼里的光。在他无法控制情绪时，我也不再生气发火，而是心平气和地像朋友一样坐着和他聊天，听他内心的想法，并引导他换位思考，想一想那些被他伤害的同学又有哪些想法。功夫不负有心人，从那以后，小火山开始一点点改变，虽然还是会犯错误，但整体在朝一个好的方向转变。当他有一点进步时，我就及时给予他表扬、鼓励，使他建立起自信心。老师小小的举动总是可以让孩子有大大地改变。

三、后记·爱是化解情绪的良药

在那以后，小火山变成了一个活泼、开朗、积极、友善的孩子。用来教育小火山的方法经过我的几番改良，也推广到了全班。苏霍姆林斯基曾经说过："没有爱，就没有教育。"的确，教育的初心并非仅仅局限于知识的传播，而是在于用温度去感化一颗颗稚嫩的心灵，用爱意去渲染一朵朵洁白的灵魂。未来，我只希望继续站在讲台上守护着我的孩子们，轻轻唤醒沉睡的花朵，静静等待成长的花开。

恰当运用小组积分，有效激励学生成长

李娜

一、背景分析

本学期我担任二年级、四年级、五年级跨三个学段和国画社团共八个班的美术教学工作。美术学科包含了很多养成教育的部分，例如双姿养成、卫生习惯养成、耐心恒心的养成等。本学期我在备教学内容的同时需要兼顾这些方面，甚至这些方面的养成对低年级的学生来说比书写本身更为重要。尤其是卫生方面，几乎困扰了我一个学期。一开始在清洗国画用具方面，我只是做到了口头强调，但经过几次课后，我发现收效甚微，同学们的卫生意识还是不够，总是会出现不小心洒水、洒墨、开大水、忘记丢垃圾等问题，卫生差的情况依旧存在。在问题刚出现的时候，由于课连堂，我来不及清扫，导致下节课来的同学们可能会有不好的上课体验。这让我意识到解决卫生问题的重要性，不能只靠我自己一个人去时刻解决，而是要让他们做到自觉地保持。

二、案例思考

学生出现这些行为时，我认为不要简单粗暴地一味批评，也不能对其不管不问，放任自流，而是要搞清原因，有的放矢，采取相应教育措施，让学生养成良好的卫生习惯。每周上完课我都在反思到底我下周上课时可以做些什么来改进学生的行为，用什么样的小技巧让他们做得比上一周更好，为此我进行了很多的尝试，有的收效甚微，有的成果显著。我总结了两种情况，第一种，美术教室没有清洗水池，学生需要去外边水池清洗；第二种，学校提供所有的用具，不需要学生自己携带，更不需要他们清洗。但第二种做法如果实行，我认为学生可能会存在不是自己的用具，不爱护、不仔细清洗的情况，所以我认为可以适当减少一些非必要自带的用具。下面说一下目前我在卫生保持方面比较有效的方法。首先，多次示范及强调清洗用具的正确方法，如何用最简便快速的方法清洗用具。但我发现还是会有相当一部分不小心洒水、洒墨的情况出现。那么如何去减少这些情况的发生呢？原来上课时我设置的是一人一水桶的形式，但现在为了减少水桶的数量，从而减少水桶中的水不小心洒出去的几率，我将润笔的水桶改为四人一小组，派一人去接水（每周轮换），小组组员润完笔，接水的同学负责及时倒水。我会在每次他们润完笔后进行检查，一般会说："同学们，20秒后我来检查各小组的笔洗，如果都空了，那么该小组可以得到一颗星星。"这个方法非常有效，比之前一人一水桶要好得多。墨盘是学校统一提供的，提前放在桌上，两人一个，不仅减少了他们清洗用具的数量（现在他们只需要清洗自己的毛笔），而且在国画课的教学单元一般都是这个班下课了，下个班马上就来，因此上个班没用完的墨可以留在墨盘里，不用清洗，以便下个班的学生可以继续使用，这样也大大减少了墨汁浪费的情况。其次，在卫生习惯方面，经常有同学忘记推凳子、把废纸留在桌面或地板上、不小心洒了墨却不管，等等。如何在出现这些行为时让他们自觉去做呢？我尝试了小组积星星的方式。在课堂后的清洗用具时间，分小组去水池清洗用具，并指定一位同学监督不要开大水，如果有同学不小心洒墨，一定要及时拿抹布清理，不然该同学所在的整个小组会扣两分。反之如果哪组清洗完后地面整洁干净，哪组推凳子又快又好，哪组地面和桌面没有垃圾废纸，课前准备符合老师的要求，坐姿端正，课堂安静书写等诸如此类的行为都作为小组的加分项。当然，如果有违规或不达标的则会减少星星，最终选出这节课星星最多的小组，整组加两分，如果有并列的情况，则都加分。

三、案例追踪

自从制订了这个制度后，卫生情况大大改善，基本上地上不会出现大面积的污渍了。当然，还是有个别自觉性较差、较为调皮的学生有捣乱的行为，需要我再去慢慢引导，争取他们每个人都能养成良好的卫生行为习惯。目前为止我很感动的是，有的学生看到别的学生弄脏了地面，虽然他不是这个组的组员，但他也会主动地去帮助别人清理。在下学期，我将继续探索更有效的课堂管理办法，努力做好教书和育人两项工作。

四、案例分析

儿童时代是学生行为习惯养成的关键期，儿童比较听话，行为具有很强的可塑性，教师应当抓住这个关键期，通过一定手段去唤醒学生的潜在意识，让他们逐渐养成良好的卫生行为习惯。低年级学生出现卫生问题主要有以下几个原因：

1. 家庭环境和生活习惯造成。
2. 不理解讲卫生的意义。

3. 行为上的坚持性和意志力不足。

4. 年纪尚小，觉得墨汁新奇、好玩。

五、案例启示

如果说孩子的生活像一杯白开水，那小组积分奖励便是一颗糖，通过小组竞争的积分制度，潜移默化地让学生去进行卫生管理。小学生们的好胜心很强，都想得到加分和老师的表扬，为小组赢得分数而自豪，恰到好处地利用学生的心理特点去进行引导教育，发挥学生的潜能，达到育人目的。在小组共同去做一件事的时候，如果因为某一个人没做好，整组都要扣分，由于大部分学生做得很好了，一些本来调皮的孩子也能慢慢意识到这一点，无形中就会产生压力，组员必须有合作意识才能达到共赢，促使其约束自己的行为。同时，对做得好的小组和个别学生及时进行公开表扬，激发他们继续做好的积极性。总体来说，这种积分制度的实行还是很大程度地调动了学生保持卫生的积极性，激励着他们奋发向上。

浅谈"用人之短"

何富珍

班主任要研究用人之术，善于用人才能把班级工作搞好。"用人之长"体现了用人艺术，"用人之短"有时也不失为一种用人艺术。

教育是一项功在当代，利在千秋的事业。我们今天培养的学生是祖国明天的建设者。从这个意义上来说，班主任热爱学生就是热爱祖国的教育事业、热爱祖国的未来。班主任是中小学生健康成长的引领者和人生的导师。因此，热爱每一个学生就是让后进生与优秀生一起享受平等接受教育的权利。但往往爱优秀生容易，爱后进生难。特别是在班级管理中起用一些后进生，从他们的弱点、短处入手，"变短为长"就更是难上加难。

所谓"用人之短"是承认学生有短处，并相信"短"能变"长"并善于促"短"变"长"。记得这个学期开学不久的一天早晨，我刚刚走进教室，就看到小陈正在打一个比他瘦小的同学，那个同学既无还手之力又无躲闪之速，脸上、脖子上已经被小陈抓出了几道印子。看到这一切，一种无名的气愤油然而生。我一把分开了他俩，刚想厉声质问他们为什么打架，就听见其他同学纷纷向我告状，说小陈怎么欺负同学。听了这些，刚才还愤怒的我反而平静了下来，也渐渐稳定了自己有些激动的情绪。恰在这时，一个念头在我脑海中闪过，对这样的孩子不能强攻，只能智取，因为他今天打同学绝非偶然。对，安排他来监督同学的课间秩序。打定了这个主意，我对全班同学说："孩子们，我们先上课好吗？他们两个人的问题我相信他们会处理好，会给大家一个满意的回答。"得到了同学们的认可后，我也顺利地上完了这节课。当然课上我一直观察着小陈的一举一动，看着他那不安的样子，我心里窃喜。因为从他的表情中我看到了他可塑的一面，他懂得不安，说明他有自尊心，他偷偷地看着我，说明他愿意得到我的帮助。下课后我把小陈叫到我面前，把我的想法告诉了他。他迫不及待地说："老师，我能管理好课间秩序，真的行。"我没有再说什么，只是伸出手轻轻地抚摸着他的头，使他感到一股无形的力量在支持着他。当然，在全班宣布之前，我是做了大量工作的，从班干部到原来负责维持课间秩序的同学，还有被他打了的同学，使他们理解我的做法，能支持我、协助我创设一个好的学习氛围。一切准备就绪，在周一的班会课上，我郑重地宣布了这一决定，教室里爆发出一阵热烈的掌声。就这样，在以后的日子里再也没有看到小陈欺负同学或者与别人打架的情形，而且他也把班里的课间秩序管理得井井有条。

这样做既没有伤害孩子的自尊，又可以"变短为长"，让孩子感到老师对他充满了爱，对他是公正的、平等的。

这件事给我的教育工作以很大的启示。后来，我也曾让早晨经常迟到的同学负责开教室门，让不守纪律的同学维持课间秩序，让一大扫除就开小差儿的同学当卫生委员，让作业拖拉、不认真完成的同学做科代表或学习小组长。

这样做不仅能使这些学生改掉自己的短处，也使他们在为班级服务的工作中体现了自身价值，培养了对班级、对同学、对老师的感情。如果唯"长"是用，以"长"取人，那么班级工作这台戏只能由几个老面孔来唱，其余同学只能当观众。实际上，长处较多的同学身上也有短处，用人之长往往会忽视其短，使这些同学只看到自身的长处，看不到自己的短处，从而产生骄傲自满、自以为是的不良情绪。因此，即便对一些长处较多的学生，有时也不妨试着"用其之短"来暴露其"短"，并设法使其改"短"为"长"，让他们发展更为全面。作为新时代的班主任，我们一定要摒弃偏爱优等生的狭隘思想，真正做到爱每一个学生，无论他是金还是石，是金要把他锤炼得能够绽放出骄人的光彩，是石也要把他磨炼成能够筑起高楼大厦的奠基石，这才是班主任工作的艺术。

亲爱的，你们也是

石玲已

自从成为一名人民教师以来，我常常被感动包围着，就像常常被微风吹拂着一样。我也常常思考，一个老师真的不是要考虑自己要成为什么样的老师，要体现什么价值，而是要看学生需要什么样的老师，需要我们为他们在人生的道路上怎么努力。

一、最欣慰的话

我喊了一个学生的名字，随即听到这个学生说："老师您怎么认得我？"他的脸上洋溢着一种发自内心的高兴表情。作为一名教师，我的心里也一阵暖流淌过，感觉自己的每个行为都是能开出花的。我是被需要的，我的每个动作都会给孩子幼小的心灵带来影响。

我想教育不是有多么华丽，多么有距离感，而是是否可以触动一颗心，是否可以温暖一颗心。知道一个学生的名字对老师来说是多么正常、多么微小的事情，然而对学生呢？对学生来说是关注、是自己老师对自己的特别礼物。

二、老师，您好

一个二年级的男孩爬到桌子上，一会玩弄着手里的尺子，一会去玩他身后的扫把。他似乎自己玩得很高兴，仿佛这个课堂与他隔绝了。作为一个初次与他见面的老师，我该如何？我是不是应该先帮他静下来？我轻轻地走过去，拿出他的书，轻轻地喊出他的名字并问他喜欢什么？他说："我喜欢画画。"我说："你可以做我的老师吗？在我上学的时候，很少有机会接触画画，我想学习一下呢！"十分钟后，他的本上画满了奥特曼和怪兽。他自信地带着微笑说："我喜欢奥特曼。"我很欣慰，他愿意和我分享他的作品，我也很高兴他能安静地待上十分钟，这是他第一次在课堂上可以安静这么长时间。从那以后，我好像走进了他的心里，每次他与我见面都会响亮地说："老师，您好！"

教育不局限于固有的形式，教育是教师与学生的彼此熟悉与接受。我承认自己不善于拉近自己与学生的距离，可是作为一名教师，我愿意主动走近他们，愿意为了他们的良好发展而转变自己的身份。

三、一杯水

在我的印象里，她是个开朗的女孩，有一次她说："老师，我最喜欢你。"作为老师，当时我的心的确是触动了，有点不知所措的感觉。我没有问她为什么，此刻我觉得自己不需要言语。她的语文、英语明显要好于数学，数学甚至可以用很差来形容。她虽然性格开朗，但也掩饰不了她在数学上的自卑。所以我选择给她一些喘息的机会。我先选择教会她一道数学题，以后的每天，我都让她给我只讲一道数学题。几天后的中午，她做了一件我作为老师以来第一次遇到的事情，她悄悄地给我接了一杯水。我的心彻底融化了，没有做戏，没有过场，只有我愿意。有的孩子虽然成绩差，但是对于他们来说一时半会没有办法去超越。这个时候不妨给孩子一点时间，等等孩子。

教育没有快慢，否则就是做重复的事情。吴正宪老师曾说要让每一位儿童都有幸福的感受。作为教师，应该小心翼翼地保护好儿童的自尊心、自信心，即使幼小的孩子也有自己的自尊心，家庭情况不同的孩子自尊心也不同。

四、背不会四行字的四年级学生

孩子就是孩子，孩子的世界成人无法全部到达。他是一个小学四年级的男孩，他今天半天的时间就是要背会一篇800字的文章。过了一个小时，他低沉地唠叨起来："背不会，背不会，好难，好难！"是的，对他来说的确好难，只能两句两句地背，而且如果间隔五分钟后，他就不记得了。后来，我和他一起背，我告诉他当我的老师，我和他交换角色，我来演示怎么背。我把自己当成学生，当成是他。背得不快真的不是他的错，我觉得他的能力是需要慢慢开发的。我不是他的班主任，和他仅仅只有两周的缘分。三个月后的见面，他见我都会亲切地向我问好。

孩子们的心灵有很多原始的纯净，和孩子们相处的环境，相比社会中的其他环境是那么地单纯有趣，我相信这会让每个老师的身心是阳光、健康和快乐的。我很享受与他们相处的过程。故事还在一波一波地继续上演着，我此刻的脑海里还有很多与他们这样相处的情景，我被他们感动着、温暖着。愿意站在儿童的立场，愿意用心去倾听儿童的心声。唯有如此，生命与生命才会做真正意义上的交流，生命与生命才可以产生积极的相互作用，教师才能发挥自己的最大作用，才能找到自己的真正的价值。

在我看来，教师与学生的关系是一对作用力，可以相互吸引，也可以相互排斥。如果师生之间相互认同，那这对作用力就是一对吸引力，否则它就是一对反作用力，所以必须处理好师生关系。在一些方面，作为一名老师，应该把学生既当成一个主体，也当成一个老师，相互理解、相互尊重。转变身份，走近孩子，让孩子对"小先生"这个称呼变得熟悉起来，让这个称呼成为赞赏孩子和帮助孩子的途径，让每一个生命都有自己独特的价值。

让每个站起来的孩子都体面地坐下：给学困生以自信

何富珍

小李是一个10岁的小男孩，胖乎乎的，贪玩、粗心、马虎、畏难情绪严重，能服从老师的管教，但主要问题是对学习缺乏兴趣、缺乏必要的自信心。

在一次课上，其他同学都在专心致志地做练习题，而小李却在那儿独自摆弄着手中的钢笔，并不时环顾一下周围。"小李，你怎么不做作业呢？"我问他。"老师，我不会做。"他迎着脸停下笔，显出很索然无辜、特无奈的样子回答我。每次发课堂作业时，他都跑前跑后为全班同学服务；每次换水时，他也总是一马当先。由此可以看出，小李热爱劳动，愿意为班级服务，想和全班同学搞好关系，只是对自己的信心不足，缺乏对成功的体验。于是，我先为小李选择了较简单一点的题目，在我的监督之下他很快完成了。剩下较难一点的题目，我将其带回办公室"开小灶"，仅让其参阅课本，一个中午的时间他做完了。他很兴奋地拿给我看，看着他那满含期待的眼神，我美美地表扬了他一番。

小学生普遍具有强烈的自尊心，后进生更是如此，但是由于长期受到歧视和压抑，他们往往很自卑、自暴自弃、严重缺乏自信心。因此，我们要善于捕捉他们身上的闪光点，点燃他们自尊、自信的火种，鼓起他们进步的勇气。友好帮助是树立自信心的基础，创设一个宽松、平等、关怀的课堂氛围，注意发现和抓住学生身上的闪光点，帮助和引导他们看到自己的点滴进步，让他们树立别人能行我也能行的信念。如在一堂练习课上，要几个同学板演，很多同学举了手，小李也在其中，但当我把目光投到他身上时，他却低下头，放下了手。"小李，上来试一试。"在迟疑了一下后，他疾步走上了黑板，很好地完成了板书。此后，我表扬了小李的进步，并让全班同学向他学习。

看到我对他给予鼓励与重视,小李也获得了成功的喜悦,从而产生了自信心。在以后的学习过程中,他经常举手回答问题。可见教师的肯定和鼓励不仅能使学生积极主动地参与活动,而且能有效增强和保护孩子的自信心。孩子如果尝试做一种事没有做好,这并不表示这个孩子无能,我们还应继续鼓励其学习尝试。孩子间是有个体差异的,对不同孩子要区别对待,不能事事、人人求全责备。

认知心理学研究表明,自信心是学习动力系统中的支撑点和调节器。小李同学通过多次体验成功而树立自信心,从而使自己不断进步。小学教育是人的发展的初始阶段,人生的高峰还在后面。所以,我们对学生在小学阶段的成绩不能看太死或看太重,要善待学生,寄予希望,使他们满怀信心地成长。

爱就是教育,没有爱,就没有教育。心理学研究表明,给学生以真诚的爱,学生就会情绪高涨、思维敏捷、信心倍增、乐于交往。老师切勿用恶语中伤学生,切忌对学生表现出无奈和失望,应使他们相信个人价值,坚信"我能行"。孩子的最大愿望之一是得到赏识。因此,教师还要学会赏识学生,当学生答错时,教师要想方设法把错误思路引导到正道上来,并用激励语言给予肯定和帮助,让每个站起来的学生都毫无遗憾地体面坐下去。

让一朵云推动另一朵云

吴慧慧

哲学家雅斯贝尔斯曾说过:"教育的本质是一棵树摇动另一棵树,一朵云推动另一朵云,一个灵魂唤醒另一个灵魂。"发挥学生自己的影响力,让孩子们成为真正的自己,成为最好的自己。

一、学情分析

刚一毕业的我就接手了四年级2班，在还没见到孩子们的时候，同事们就已经给我介绍了这个"三差"（纪律差、卫生差、成绩差）班级的学生情况；不仅是"三差"班级，班级里还有"四大天王"。科任老师的课堂都没有办法正常进行，我们的刘副校长每天必做的事情就是在校园的各个角落巡逻，"抓捕"这"四大天王"回教室上课，同时保证他们的安全。

二、实践过程

听说是这种情况，我也是真的有点吓到了，我就想：第一次见面我必须要给他们点颜色看看，让他们对我有点畏惧才好。在第一次见面的时候，我就装作一脸严肃，告诉他们我有多严厉，在我的班级里应该怎么听从我的管理。可是我的这种恐吓好像并没有什么用，"四大天王"依然"活跃"在各科的课堂上，起哄的孩子依然享受着看热闹的乐趣，上课的老师每次下课都要和我告状，班级卫生、做操等各种班级评比仍然是倒数第一。

在刚开始的两个月，即使我几乎没有离开班级，但不论成绩还是班级纪律都没有明显的进步，我每天都很疲惫，不是在追作业就是在处理学生的问题。后来我想了想，不能再这样下去了，得想想办法了。

我发现其实班级里有一小部分学生，不论是成绩还是影响力都很不错，应该把这些资源利用起来。后来我就把班级分成了四组，每个组里都有一名有领导力和影响力的学生作为他们组的小先生，同时也把"四大天王"平均分到各组，并且以每组的"小天王"命名，所有的班级评比都以组为单位，只有所有的同学都做到了，才能得到积分，最后按周根据积分排名，发表扬小奖状，在一个月里积分最高的组有机会领取奖品。

一开始实施的时候，各组小先生还不太习惯，有的有点害羞不好意思管理，还有些同学不愿意服从管理，没有集体荣誉感，做事情拖拖拉拉。在学习交流辅导时，小先生虽然自己心里明白要做什么，但是表达不清楚，而且需要帮助的同学也不积极主动，所以整体效率不高，管理起来并不是那么顺利。

我虽然有失落，但是我知道万事开头难，所以一定要坚持下去。我便从以下几点着手：

1. 树立小先生在班级里的威严，教给他们管理技巧。

2. 引导小先生的教学规范。

3. 做好整体管控，让想偷懒的孩子没机会钻空子。

4. 树立集体荣誉意识。

5. 与各科老师做好沟通，积极配合。

经过一学期的努力，初步见到了成效。在班级管理上，各组组员能够服从组长的管理。在需要以组为单位评比的事情上每个人都知道操心，当他们组得到表扬或者奖励时每个人都喜笑颜开，在落后的时候脸上写满了失落。"四大天王"被自己组的小先生和组员盯得紧紧的，任务没有完成时就没有机会出去玩，慢慢地他们也养成了习惯，什么都和别的同学一样，没有特殊待遇，需要完成任务后才能自由安排自己的时间。在各科老师的配合和引导下，孩子们也达到了一种自律，有时候老师因为一些原因晚到或者没到教室，孩子们也能够保持安静做自己的事情。后来在学校的班级卫生评比活动中，我们班取得了年级第一的好成绩。

看着孩子们的进步，我有了成就感，而这种成就感让我更加坚定，孩子对孩子的影响远远大于老师对他们的影响，所以这种"小先生制"在班级管理和教学中的应用必须要继续实行下去。

后来我开始尝试由学生总结班级最近存在的问题，然后收集素材准备班会。我发现学生自己主持班会的教育效果要比老师开班会的效果好很多，因为他们自己最了解自己，所以在准备素材和开班会交流讨论的过程中更有针对性，更能深入他们的生活，精准地找到问题、发现问题、解决问题。

在学习上由一开始的组长小范围为学困生讲解难题，到最后大部分同学都具有这种辅导交流的能力，并且培养出了多位"小先生"，他们甚至可以在部分课堂上代替老师教学或者讲题。虽然有时候会有讲不透彻、不清楚的情况，但是基本上能够完成一名"小先生"的任务，并且很多同学都很愿意担任"小先生"的角色，为了能够好好上讲台讲题，他们在课前认真地做准备。班级的学习氛围非常好，甚至有时候还不愿意老师讲题，喜欢自己和同学们解决问题。班级学习氛围完全焕然一新，班级集体荣誉感增强。为了在运动会中获得好的成绩，同学们在几个星期前就开始准备，最后获得了年级第一名的好成绩。再提起我们的班级，各科老师都纷纷为我们竖起大拇指。

三、收获

永远不要低估了孩子的可塑性和他们的学习能力。通过小先生参与班级管理和教学的过程，我发现了以下几个优点：

1. 学生在充当小先生的过程中，对我们班主任工作有更多的理解，能从老师的角度思考问题、解决问题，从原本的对立关系转变为合作关系，拉近了师生间的距离。

2. 小先生成为班级管理真正的主人，提高了学生参与班级管理的积极性、主动性、创造性、集体性，提升了班集体的凝聚力，增强了学生之间的合作意识，使全班学生在团队中共同进步、共同成长。

3. 学生参与班级管理，有了很多自主、合作、展示的空间，变被动接受为主动探究，在实践体验中锻炼成长，在各项活动中展示自己的个性，提高了综合能力，促进了学生的全面发展。

4. 班级中的许多活动由小先生们参与组织、协助，减轻了班主任的工作负担，使班主任从班级事务中解脱出来，有更多的精力培养学生。

揉一揉，就不疼了

刘秀英

和以往接的一年级真不一样，我现在接手的这个班哪一个课间都会有点小事，有被跳绳抽红脸的,有跑时磕破腿的,有被人推倒的……有的同学下课不管不顾,伤害到别人后,说完"对不起",任由伤者哭泣,他若无其事,自认为我已经道过歉了就没事了。并且,有几个调皮的男生甚至拿跳绳乱抢,伤到同学的事经常发生。请家长又觉得没有那么严重,不请家长孩子又屡教不改,怎样让这些犯浑的小家伙承担责任呢?

有一次下课,大铨哭着跑来告状,"云飞的绳子把我胳膊抽红了……"我生气地叫来云飞问情况,他一脸无所谓:"我已经说对不起了!""你看大铨的脸,觉得疼不疼?一句对不起人家就不疼了,是吗?"我生气地说。他一愣,看了看正哭着的大铨,忙上前用小手给他揉了揉。"好点了吗?"看到这儿,我也不那么生气了,"以后跳绳的时候看着点其他同学再玩儿……"

望着他俩手拉手和好的样子,我想到一个办法。第二天我宣布:下课时,不管什么原因你伤害到别人,不能只说"对不起"就完事了,要给同学揉一揉,直到同学说不疼了、原谅你了才可以,否则一下课别人出去玩时,你就要给同学接着揉受伤的地方。

刚宣布完没多久,调皮的盛泽就伤到了宇航。于是,一下课他就去帮宇航揉一揉,还关心地问:"还疼吗?还疼吗?"宇航点点头说:"疼,你轻一点儿!"盛泽四处张望着,看到其他同学都高兴地跑出去玩,可是他呢,还要一下一下地给宇航揉着,还不能揉重了,否则越来越疼,可就更麻烦了。"还疼吗?我再给你吹吹。你看这样行不行?"就这样连着揉了三个课间,终于宇航小声说:"行了,现在好多了,我原谅你了。""老师,宇航说不疼了,原谅我了!"盛泽高兴地笑了,拉着宇航一起出去玩了。后来,像这样的小伤害也发生了几次,但越来越少。

从此,大家在做游戏或跳绳时,都会先看看周围的同学,生怕伤到别人。因为他们知道:不注意安全,伤害到别人,就要承担责任。慢慢地,同学们学会了承担自己犯错的责任,即使不是故意的,也要得到同学的原谅。这样一个月以后,课间伤害的小隐患基本消除了。当然,我也很少听到课下的告状声,因为他们都自觉地去"揉一揉"了!

一年级学生还小,他们可能感觉不到伤到别人会有多疼,他们的行为会给别人造成多大的伤害,只知道犯了错说"对不起",道了歉就可以了。如果不伤害到他们"爱玩"的利益,别人怎么疼跟他没有关系。"揉一揉"增进了孩子们之间的感情;"揉一揉"让孩子们有了安全的意识,知道玩游戏之前先看看周围是否安全;"揉一揉"也让孩子们有了承担犯错的责任,增强了安全意识!

拭亮心灵的契机

何富珍

如今的一些孩子在人际交往上存在着一些障碍，主要表现在不会与他人相处，事事以自我为中心，很少替对方考虑。这势必造成人际关系的紧张，久而久之，学生在心理上就会产生压抑、不悦，甚至不愿与他人交往。

那这是什么原因造成的呢？我班有18个学生并且都是独生子女，在家中他们是父母的掌上明珠，从小就被宠着，说一不二。孩子在这种唯我独尊的环境中长大，不由得滋生出一些不良品质，其中最典型的就是自私自利。可来到学校，脱离开家人营造的温室，可能会遇到很多不如意的事，加之自己早已习惯百依百顺的生活，不能正确处理与他人的关系，自然就会感到交往困难。

在我所教的班中也有此类现象，有的孩子不允许他人伤害到自己的利益，一旦触及，不管对方有意或是无意马上做出回击；而当别人需要帮助时，则冷漠对待，甚至置之不理，这些都反映了学生在人际交往上的缺陷。我曾在班中进行过这方面教育，虽然有一些起色，但并不明显。看来光苦口婆心地说教还远远不够，如果学生能亲身体验的话，也许会带来新的转机。机会终于来了！一个星期二的中午，我在黑板上出了几道练习题，需要学生抄在综合本上完成。出题时我心里很矛盾，因为在操场练操的10位同学只能回来后再写，不过等他们练操回来时已经下课了，同学们还要擦黑板，再说这些学生练了一中午也需要休息，哪有时间抄题啊？可是不做题，班里的其他学生又没事干，怎么办呢？

在我正困惑的时候，"小快手"小张举起了手。我问他有事吗？他说："何老师，您黑板上的题我已经抄完了，我可不可以先不做，帮同桌小杨把题给抄上，这样她就不至于回来后急着抄题了。"我一听,眼前一亮,这不正是教育学生互帮互助的大好时机吗?机不可失,于是我兴奋地说道:"当然可以了,老师不但不会反对,还要代表小杨同学感谢你。你这种关心他人、帮助同学的精神非常值得我们所有同学来学习。"小张的这一举动,似乎产生了连锁反应,不一会儿,一双双小手纷纷举起,大家都是同一个请求。快下课了,我对同学们说:"把练操同学的本打开,等他们回来你们好好观察一下他们的反应。"终于下课了,练操的同学匆忙地跑回教室,正准备抓紧时间要抄题时,却惊讶地发现题已经抄好了,开始还紧张的神情马上转为了喜上眉梢,接着便是听到一片"谢谢""太好了"的感激声,教室里洋溢着同学们的欢声笑语。

这是一个难得的教育契机,不能轻易错过。为此,我利用下午管理班的时间,就此事让学生畅谈。这下教室里沸腾了,同学们纷纷举手发言,尤其是那10位练操同学都争着要说。有的孩子说得特别好,小丹这样说道:"我们练操的同学并不怕辛苦,最担心的是怕老师在黑板上留作业,因为等我们回来时,已经下课了,我们还得赶紧抄题,有时由于抄得匆忙还会把题抄错。可今天,当我发现同桌已经帮我抄好了,我简直不敢相信自己的眼睛,心里特别激动,非常感谢小张同学。"大家听后,都不由自主地鼓起掌来。这时,我班的宣传委员小骞站起来说道:"今天,虽然帮同学抄题耽误了做作业的时间,但是当听到别人的称赞和感谢时,我心里就热乎乎的,没想到帮助别人解决困难是这么高兴。以后,如果再有抄题的事,我还会帮忙的。"我马上跟了一句:"仅仅是抄题吗?"同学们立刻会意了,笑着回答:"不,是各个方面。"大家的心在彼此的诉说与倾听中,感受到了互帮互助的可贵。此时,已不需要老师再说些什么了,一切尽在不言中。

这件事发生后,学生的互助精神明显增强。看来,在教育学生的过程中,让学生亲身体验往往要比教师的说教更可贵。当然,这还需要教师能够抓住教育契机,适时进行点播。叶圣陶先生曾说过:"教师之为教,不在全盘授予,而在相机诱导。"教育的真谛是育人,育人的核心是塑造人格,而人格的完善不是自然形成,要靠育人者有意地塑造。塑造的途径和方法有很多,不过实践告诉我,能够激发学生进行自我的教育才是最见成效的教育。

疏与堵

刘秀英

到现在我新接一年级已半年有余，别看是一年级，上课、下课、上操……样样事做起来都是井然有序，甚至让高年级老师也羡慕不已。有次同事称赞说："没想到，你总教六年级，现在让你教这些'小布丁'，你竟然适应得这么快，刚半年就这么有模有样。这要带到高年级，还用你管吗！"听到同事们的称赞，我心中自然欣喜，不由想起了上学期那不平静的一年级。

上学期开学一个月时，我真的有些不知所措。上课了，学生不会听讲，乱说话的、玩东西的、上课喝水的，比比皆是；下课了，我也不能喘一口气，打闹的、哭喊的、告状的……哪一个课间都会有点事。我急了，严令同学们不准做这个，不许做那个，经常手忙脚乱，我一步也不能离开班级，生怕这些孩子们又惹出点乱子来。我觉得好累啊！我要想个好办法让孩子们尽快步入正轨，怎么办呢？

晚上，我躺在床上思考着白天出现的一个个问题……偶一歪头看到儿子正聚精会神地看神话故事《大禹治水》。大禹吸取了前人用堵的方法的教训，自己疏通水路完成了治水大业。我顿然领悟：是啊，靠这样看着，不准学生做这做那，不就是堵吗？堵了这里，那里出问题，我何不用疏通的办法，让每个学生都有事可做。对，就从混乱的课下入手，因为课下经常出乱子，如果解决不好会耽误上课。"嗯，就这么办！"我兴奋得叫了起来，吓了儿子一跳。

第二天，我利用晨检时间宣布：从今天开始，每个同学准备一根跳绳、一个毽子，课下积极练习，两个星期后我们以组为单位进行比赛，看哪个组、哪个同学跳得最多。下课时，我带着同学们又是跳绳又是踢毽，看到不愿参加的同学就请同组的伙伴叫他来一起玩。一个星期下来，同学们也有了跳绳、踢毽的热情，教室前也见不到追跑打闹的现象了，我总算松了口气。就这样，我定期搞各种丰富多彩的活动，如：第一个月进行跳绳比赛，第二个月进行踢毽比赛，第三个月……并且每天选出一个跳得最好的同学当第二天的课间值日班长，负责维持课间纪律，观察安全问题（有时几个人离得太近会抽到别人），教那些不会跳绳的同学，他们比着练习，争着当值日班长。有个同学说回家写完作业后，他总要练一会儿跳绳，要不然他就不能连任值日班长了……听到这些，我由衷地高兴。是啊，"疏"让同学们锻炼了身体，"疏"让同学们的课下生活丰富多彩，"疏"让同学们从游戏中学会了竞争和互相帮助，更让我的身心轻松许多。

学校这学期举行了跳八字绳、踢毽比赛，本来想着一年级学生太小，有些同学协调能力不是很好，怕有危险，决定不让一年级参加。没想到学生不愿意了，找到我说他们也想参加，和大哥哥、大姐姐们比一比……我听了心中窃喜，说好一定为他们争取机会，但大家一定要认真练习，不能一次踢一两个，那可丢人了。孩子们认真地点点头，说："不会的，下课、回家后我们一定好好练习，您等着瞧吧！"我找到学校组织此事的老师，他一听也笑了，说："这些'小布丁'还挺认真，别看人小心还挺大。行，没问题！"

就这样，我们开始了比赛前的准备工作。孩子们会跳绳，但跳八字绳没练过。我其实挺担心孩子们跑得慢了会被绳子抽到，或被绳子兜着摔到水泥地上。于是我先做示范，边跳边讲解站在什么位置，怎样跑进去又怎样出来……没想到，有了先前跳绳的基础，学生学起来还挺快的，只一天的工夫，竟有三分之一的学生学会了。但也有摔倒的同学，膝盖都有些冒血了还咬着牙说："没事，一会儿就好了。"当然也有看着绳子上下翻转，小脑袋也跟着上下动，就是不敢往里跳。旁边的同学急得直催促："往里跑呀，快点，快点！"结果赶紧跑了过去，还是不会跳。我看了，忙让摇绳的同学停下，让这样的学生先站好再摇绳跳，跳一两个就试着向外跑……这样几天工夫，同学们全学会了八字跳。有两三个跳不熟的同学主动承担起摇绳的任务，虽说跟得没那么紧，但每个人都充满认真劲儿，为跳过去的同学总结经验，为没跳过去的同学寻找原因，还互相加油，鼓励那些胆小的同学，那场面我看了都着实感动。

比赛时间到了，两分钟八字跳，我们班经过短短两周的训练竟然跳了102个，位列低年级组第二名。看到这样的成绩我和同学们一起欢呼着！我欢呼他们从这次活动中学会了互相帮助，学会了互相谦让，学会了互相合作，学会了观察，更学会了坚强，练习了表达，克服了胆小……这些往往比成绩更重要。

我相信，今后孩子们已远离了追跑打闹，因为我们班月月有比赛、天天要练习，更因为孩子们已经会玩了，并在玩中找到了乐趣。现在每到下课的时候，就可以看到我们班门前一片热火朝天的场面，值日班长不时地提醒着大家注意场地的大小，不能光顾着玩，别碰着同学，还时不时传来一声声欢笑。我站在一边惬意地喝着茶，但有时也会应邀加入他们当中……

疏与堵让我看到了教育的两种不同现象，这种鲜明的对比让我深深反思。其实，在我们的教育中这样的问题还有很多，经常是看到学生的问题后就进行教育，很少去分析问题所在，如何解决才能促进学生的成长？教育的确需要耐心，但更需要智慧！

为他们撑起一片爱的蓝天

何富珍

有一首歌最为动人，那就是师德；有一种人生最为美丽，那就是教师；有一种风景最为隽永，那就是师爱。爱是我教育教学之根，也是我永远不变的追求。特别是对他们——那些随班就读的孩子，倾注了我全部的爱心与细心、耐心与恒心。我以这"四心"滋润他们干涸的希望，用爱撑起他们头顶上的一片蓝天。

一、以细心加宽容心，保护他们的自尊心，激发上进心

人无完人，更何况是这些孩子呢？因此每接一个班，我都细心观察学生的行为，特别是那些随班就读生，做到心中有数。再以一颗宽容之心去关怀他们，以

"假如我是学生"的情感去体会孩子的内心世界，用童心去理解他们的"荒唐"，宽容他们的"过失"，有时候宽容比惩罚更有力量，而这就是爱的力量。但这种宽容并不等于放任不管，只有在放中收得适时，才是"润物细无声"的教育。特别是把他们看作同一般学生一样，也具有强烈的自尊心。当其受到某种伤害，为了采取保护措施往往形成某种异常心理和畸形表现，如有的存在对立情绪，不听管教；有的产生自卑心理，消极沉闷；有的采取疏远集体，回避教育；甚至有的故意违纪，离校逃学。凡此种种，根本原因在于缺乏爱的温暖而使心灵蒙受创伤。因此，在转化他们的教育中，光用批评和处分是不能奏效的，必须对他们倾注爱心，尊重他们的人格，用民主、平等的方式对待他们，坚持"五不"的教育方式（不厌恶、歧视，不当众揭丑，不粗暴训斥，不冷嘲热讽，不变相体罚），用爱心融化他们冰冻的心理防线，在师生间架起一道情感交流的桥梁。

记得刚接五年级时，班里有个随班就读生叫阳阳，各科成绩都差，平时沉默寡言，但打起架来可不要命。从对他几次谈话中了解到，他认为自己特别笨，智力不如别人，老师、同学都看不起他，但又不敢惹他，而他经常给班里、老师、家长惹事儿。因此，我必须时刻关注着他的一举一动，做到防患于未然。经过和家长联系，我知道他特别孝敬奶奶，在年迈的奶奶面前是个能干懂事的好孙子。听说有次奶奶犯心脏病，正是年幼的他把药及时送到奶奶嘴里，然后拨打了120救护车。由于抢救及时，奶奶很快脱离了危险。在康复期间，阳阳每天放学必做的一件事便是细心地照顾奶奶，给奶奶端水、喂饭、捶背……抓住这个闪光点，我特意开展了一次"爱在我身边"系列活动。让孩子们从一点一滴的小事、家务事做起，做家庭的小主人、爸爸妈妈的好孩子，体会父母的辛劳，知道爱就在我们身边，并知道如何回报这种爱。我还特别举了阳阳照顾奶奶的事例进行表扬、鼓励。这也许是他第一次得到老师的表扬，更是第一次看到同学们投来友好的目光。他有些不知所措，坐在那儿，两只手不知放在哪儿合适，脸红着，不好意思地笑了……在以后的日子里，我主动提出同他交朋友，并让他给我讲他与奶奶的故事。虽然他表达得不大明白，但是他肯与我说这些，这个就是他的进步，更是我教育上的一点儿收获。我觉得我慢慢走近了他，因为他敢于抬起头来正视着我。课堂上我有意对他投送亲切的目光和友好的微笑，并让他回答一些较容易的问题，还在课余时间耐心地帮他补习基础知识。经过晓之以理、动之以情、因势利导，使他感受到老师关心我、帮助我、尊重我，从而恢复了自尊心、自信心。对老师从戒心变为贴心，从疏远变为亲近，学习成绩也有了进步，基本能做到管住自己，不到处惹事了。更可喜的是，在班里也听到了他和同学们玩耍时发自内心的笑声。

二、以耐心加恒心，逐步要求，培养他们的责任心

对随班就读生的教育要走"小步子"，期望值不要太高，但要持之以恒，不能松劲，徐徐渐进，方能见成效。平时我将热情、关心同严格要求结合起来，在把爱的雨露洒向他们心灵的同时，使他们认识到，对他们逐步提出要求正是对他们的信任，是一种深厚的爱、真正的爱，从而培养他们的责任心，形成渴望进步的内驱力。当然，对他们的逐步要求一定要先考虑他们的心理承受能力，要有耐心，要严之有度、严中有别，提出不同的要求。因此对他们的转化目标和期望，要切合个人的实际和特点，分设几个"台阶"，使他们跳一跳就能摸得着，经过努力逐步达到。然后在新的起点上，又提出高一点的要求，一步一个脚印地前进。

经过多次与阳阳交谈，我观察并分析原因，设计了一套"阶梯式"的教育方法，对他提出争取进步的具体要求。我根据阳阳的学习状况，首先表示我们是朋友的关系，我送他一份礼物"一百分"，并承诺只要他每天按时写好语文作业，不管对错，都为他在一百分的基础上加一分，如果用心去写，字迹工整，就加两分。但是如果有哪一天没完成作业就要扣一分，一个月后看自己有多大进步。同时，我每天放学前都在全班同学面前公布他的成绩，鼓励他的进步，哪怕只有一点点的进步。开始他还感觉不好意思，低着头。渐渐地，他自信地看着我，表示出"我也能行"的眼神。有一次他偷着和我说："老师，其实我也很想认真学习，上课不说话。但我一回答问题，同学们就笑话我……老师，以后我一定听您的话……"多朴实可爱的孩子呀！他这样相信我，我又怎能不用我永恒的爱心去温暖他那颗童心呢！

三、发挥集体舆论作用，树立良好的班风，以大环境影响来坚定他们的自信心

  随班生同样是集体的一员，他们学习、生活在集体环境里，他们必须融入班集体之中，同班集体一起前进。一个团结友爱、奋发向上的班集体，既是他们矫正不良道德品质的熔炉，也是他们实现转化、走向进步的摇篮。班主任在教育和转化随班生中起主导作用，但一个人的能量总是有限的，必须树立良好的班风，发挥集体的力量，使他们身处一个团结友爱、融洽和谐的环境和氛围之中。为此，我向全班提出"不让一个伙伴掉队是全班同学的共同责任"，并在班里开展各种活动：（1）伸出你援助的手"一帮一"活动。安排成绩优秀的同学与他们一组，提醒、督促他们遵守纪律，专心听课，课余当"小老师"辅导学习，帮助改进学习方法（前提条件：要尊重他们的人格）。（2）丰富多彩的课外活动。如"我是五（1）班的小主人""班荣我荣，班耻我耻"等班队会，朗读、讲故事比赛等，使随班生也能融入欢乐愉快的集体生活之中，并为他们提供展示自我、表现才能的机会和舞台，以坚定他们的信心。当然，这样做比较困难，但只要我事先做好辅导，鼓足他们的勇气，是可以做到的，甚至会使他们的信心倍增。（3）争当"文明小学生"和"改正一个缺点，为班级争光"的活动，在班中发扬了正气，抑制了歪风，形成一个文明向上、互助和谐的班集体。通过各种活动的开展，使随班生感到班集体大家庭的温暖，逐渐消除了自卑心理，克服了孤僻性格，重新振作精神，树立起同班集体一起争取进步的自信心。

  集体的力量是无限的，经过我们师生的共同努力，现在的阳阳变化可大了。上课时基本能注意听讲，有些简单的问题他回答得很好，遇到较难的问题，他要是回答得不错，同学们会不约而同地报以热烈的掌声。这时他会两眼放光，两颊绯红，充满自豪之情。有时自己不会的知识也敢于问同学或问老师，因为他知道大家不会笑话他的。下课了，他已能很自然地融入同学中，和大家一起玩，再也看不到他躲在角落里满脸茫然的样子。看到快乐的阳阳，我由衷地高兴！

  反思我的教育过程，看到现在的阳阳，我庆幸我并未因他的默默无语而忽视他，并未因他的无端闹事而愤怒，并未因他犯可笑的错误而挖苦、讽刺……总之，我并未因为他是一个随班就读生而放弃，我用师爱温暖了角落里的那颗心。是的，

爱是阳光，可以把坚冰融化；爱是春雨，能让枯萎的小草发芽；爱是希望的火种，是理解的桥梁，是无声的力量，是教师最美丽的语言。夏丏尊先生在翻译《爱的教育》时说过这样一段话："教育之没有情感，没有爱，如同池塘没有水一样。没有水，就不成其池塘，没有爱就没有教育。" 爱是一次没有尽头的旅行，一路上边走边看，就会很轻松，每天也会有对新东西的感悟，学习而充实起来。用我的爱感染、激发他们热爱生活、学习，热爱周围的一切事物。只要我们对那些在角落里的生命多一点教导和激励，多一点严格和期待，多一点平等和尊重，多一点帮助和赞赏，多一点理解和关心，我相信他们头顶上的阳光一定会很灿烂。

一堂有意义的道法课

何富珍

小学道德与法治教材中，有一课是《我们是少先队员了》，我有意把这节课留在孩子们入队后的第二天来上。课堂上，我先出示孩子们戴红领巾、宣誓、呼号、行队礼的图片。问他们："孩子们，这样的经历你们曾有过吗？"孩子们眼睛一下亮了起来："有啊，那是我们入队戴红领的事！"他们异口同声地说道。"那你知道红领巾的系法吗？""我会。""我会。"孩子们纷纷举手答道。我请了一位小朋友上台来边系边讲，最后大家评一评系得怎么样，然后大家再自己系一系，同桌互评怎么样。大家兴致极高，效果极好！

于是敬队礼的方法我如法炮制。继而我们复习了宣誓，让孩子们好好理解了誓词的意义，"我热爱中国共产党，热爱祖国，热爱人民，好好学习，好好锻炼，准备着：为共产主义事业贡献力量！"

在《小月和红领巾》的绘图故事中，孩子们学会了如何爱护红领巾，那就是要每天晚上叠好，压平，脏了就要及时洗一洗。在拓展升华中，我让孩子们跟我仿说：领巾提醒我要讲信用，文明做事。孩子们举手深有感触地说："红领巾提醒我要好好学习，天天向上。""红领巾提醒我，不损坏公物。""红领巾提醒我不打人，不骂人。""红领巾提醒我认真听老师的教诲……"

以语言沟通心灵：一个五年级学生的蜕变

王禹佳

随着疫情的结束，作为五年级的学生，也有了更多的机会参与社会实践活动，丰富课后兴趣时光。但在大家都兴致勃勃地讨论这周末要去做什么时，我注意到班级中有位平时性格十分开朗，喜爱和同学们分享沟通的女生忽然变得很沉默。于是我在课堂中也着重关注这位女生的情绪状态，发现她最近不仅情绪低落，而且沟通与表达欲望也很低。作为一位过来人，我可以体会学生的这种状态来自内心，也能感知到她一定在成长中遇到了一些问题。

一天午休，我发现她独自一个人坐在操场上，于是我带了一把遮阳伞，想跟她一起借这次午休聊一聊最近的生活。我和她坐在一起，一起打着伞。刚开始她十分不好意思，一直在说："谢谢老师的关心，麻烦老师了。"于是我和她说："办公室也很闷，我也想在操场上坐一会儿呢，这把太阳伞很大，我们可以一起用。我们女孩子要注重防晒呢，久晒对皮肤也不好的！"就我提出的这个防晒问题，她也表示出了好奇心与兴趣，我们便一起讨论了一些防晒与阳光的问题。通过与生活问题相关的讨论，我们师生之间的距离越来越近，沟通氛围很融洽。我抓住这个时机，提出了我对她当前状态的疑问："说起来，最近你怎么都不爱与同学分享生活中的快乐了呢？我一直也很期待你的分享，想跟你一起参加讨论呢！"

听到这个问题，她犹豫了一会说："我最近和家里吵架了，心里一直不开心，爸爸妈妈也一直对我态度很不好。"听到她的回答，我首先通过语言沟通安慰了她。告诉她任何人的成长都会和父母发生争执与矛盾，这是正常的生活问题，是成长的考验，都会过去的，爸爸妈妈也一定是爱你的！之后我又提出："是什么问题呢？或许我可以帮你参谋一下，我小时候也经常有这种事情，经验丰富！"听到这些话，她逐渐对我放下了戒备，也说出了原因。她很喜欢美术也很喜欢国产动漫，很想参加今年的动漫展，但是由于门票需要付费，她便与家长沟通。但是父母认为这是玩物丧志，不仅不支持她参与，也对她表示很失望，导致她心情低落甚至有些自我怀疑。听到这个问题原因，我首先表示："你的这个兴趣爱好很好，咱们国家的发展也需要艺术文化的建设，老师很支持你的兴趣爱好发展。"进而我也表达了站在家长立场上的看法："父母和我们是有年龄代沟的，也许他们很难理解动漫的乐趣以及其中的艺术，这个问题老师可以帮你沟通；还有一个问题，就是门票的费用，父母支持我们上学以及我们的日常生活，需要花费很多的钱，这些都是父母的汗水换来的，或许我们可以用劳动来换取这次的门票。"这时她得到了肯定与鼓励，表情瞬间开朗了许多，但仍有一些犹豫。我拍了拍她的肩膀，叫她下午安心上课，老师帮她一起解决这个问题。

我通过线上沟通的方式，向这位女生的家长表达孩子的兴趣应当支持，动漫并不只有玩，也有很深刻的内涵，以及十分具有技巧的表达形式，她的这项兴趣也是我国十分支持的文化发展方向，孩子有这样的志趣，我们应当支持，并且表示门票的钱可以通过开展亲子活动，让其参与家庭劳动来换取，既满足孩子的心愿，也能够让她得到相应的成长。家长认同了这一方案，与我一起展开实施。

之后的几天，我明显发现这位女生不仅找回了之前的学习生活状态，同时更有自信了。某天课间，她忽然到办公室来找我，悄悄地对我表达谢意，并提到现在父母十分支持她的兴趣爱好发展，她还通过帮忙洗衣、擦地、洗碗等家务活换取了动漫展的门票，而且妈妈还会陪她一起去，想和她一起了解国漫的发展。她表示通过这件事体会到了父母的辛勤与不易，以及父母的良苦用心，以后要多体会家长，换位思考。

作为语文老师，我借助语言沟通的技巧，走进学生内心，帮助学生重拾了自信心，以德育感恩视角为其核心素养发展打下基础，同时也以语言沟通的技巧为家长传递了更好的育儿方式与思维。以我心换学生的心,借语言深度沟通心理,让这位五年级学生蜕变成为更优秀的自己。

有温度的教育

闫江雪

随着"双减"政策的落地,教育进一步回归教育本身。从学校的角度来说,最重要的无疑是提升教学质量和服务水平,让学生在校内就能够得到优质的教育,逐步优化作业布置和课后服务方面的工作,使学生的学习"主战场"能够回归校园,更好地让学校所拥有的优质教学资源发挥出作用。

"双减"下的课后服务不是简单地看着孩子写作业,而是要给学生提供更多的个性化选择。因此学校开展了多个兴趣社团,有英语、篮球、足球、美术、科技等多个性化课程,为学生提供多元兴趣选择,最大限度地满足不同学生的发展需求,进一步培养学生综合素质全面发展。

每天下午15∶30铃声准时响起,参加课业答疑的同学都排着长队过来请教老师,大家的学习积极性非常高涨。高年级教室里,老师或温声提醒孩子们保持正确坐姿,或俯身低语解答孩子们的疑问,在一句句小声讨论中迸发出智慧的火花;低年级教室里,孩子们沉浸在课外读物中,或遨游于精彩的故事世界,或沉醉于有趣的科学新知,满脸尽是收获的笑容。每位学生都能得到关注与帮助,都能感受到浓浓的教育温度。经过一个小时的答疑,今天所学的知识基本上都能得到巩固和提升,接着大家收拾好自己的东西,急匆匆地到各自的社团参加活动,期待着这一个小时带给他们的惊喜。

著名的教育家马卡连柯曾说:"用放大镜看学生的优点,用缩小镜看学生的缺点。"每一个学生都有自己的优点,作为老师应善于捕捉每一个学生身上的闪光点，虽然可能只是一个小小的闪光点，但很有可能经过这个小小的闪光点，挖掘出埋藏在他心里的"大金矿"。课后服务不仅仅是学生的变化，教师也体会到了变化。教师有了更多的时间观察和了解学生，拉近了师生距离。

原来小e在班里是一个不爱说话、不爱学习的同学，因为一次谈话，让这个学生发生了翻天覆地的变化。小e是一个走读生，每天中午都是他奶奶过来接他，有一天中午，离放学时间已经过去十五分钟，我突然接到校领导的电话："老师，小e是不是你们班的同学？他现在还在班里吗？"我一听心里咯噔一下，心想："不会这孩子出什么事了吧！"我赶紧联系他家长，当拨第三通电话时，家长才接听了电话，说："老师，孩子现在已经回家，因为孩子奶奶刚才接孩子的时候没有拿手机，让老师您担心了！给您添麻烦了！"当我挂完电话的那一刻，悬在心里的石头终于放下了！下午，当小e满头大汗、气喘吁吁来到班里时，我把小e叫到办公室，满脸严肃地问："今天中午发生了什么事？有没有人过来接你？今天是不是自己跑回家的？"他抬头看看我，又低下了头，欲言又止。后来我又温柔地追问他，到底发生了什么事？小e此时慢慢抬起头，小声告诉我："老师，最近奶奶腿疼得厉害，是我不让奶奶来学校接，我让奶奶在家门口等我。"听完他的话，我鼻子一酸，眼圈慢慢泛红，这是一个多么懂事的孩子！同时我又在自责，为什么我刚开始对小e是责备。后来，我给他递了一张纸巾，示意让他擦擦头上的汗，同时语重心长地对他说："老师知道你是个懂事的孩子，但是自己一个人回家很不安全，而且从学校到你家还需要经过一条国道，国道上都是大卡车，非常危险，万一出什么事，后果不堪设想呀！"他轻轻地点点头，慢慢对我说："老师，对不起，我让您担心。以后我等着家人来接再回家。"后来，我只要一有时间就询问他今天有没有人过来接，也时常叮嘱他注意安全。在以后的日子里，他也愿意跟我分享每天回家的趣事，也会跟我说一说在放学路上和奶奶聊了哪些有意思的事情。老师一定不要吝啬自己对学生的关心，可能在某些微不足道的瞬间，就会改变一个孩子。

还有一次，大家收拾好东西都去兴趣社团了，只有小e一个人静静地坐在座位上。我走过去问："怎么没有去社团呢？"小e眉头紧皱地告诉我："老师，我不知道该报什么社团？"我突然想起之前在和体育老师聊天中，偶然一次聊到小e，体育老师说："小e身体素质不错，如果能进入足球队，这孩子一定会有很大的发展空间。"想到这里，我双手一拍，说："要不你去足球队试试？"小e说："老师，我怕我不行！""我相信你可以。"我微笑地说。"不试试怎么就知道自己不可以呢？不要否定自己，对自己要有信心。"听完我的这番话，小e面带微笑对我说："老师，那我去试试。老师再见！"后来有一次，那天骄阳似火，知了叫得震天响，小e无精打采地坐在座位上，没有积极收拾东西去社团。我走过去问："这是发生了什么不开心的事呢？"他不好意思地跟我说："老师，我不想去社团。"我惊讶地说："你不是特别喜欢踢球吗？为什么不想去了呢？""太热了，每天都得跑十多圈，太累了。"他说。"做一件事，一定要善始善终，不管中间遇到什么困难，都一定要坚持下去。"我说。

后来，小e确实在足球队里学到了很多东西，进步非常快。看到他每天在操场上踢球时认真又开心的样子，虽然又苦又累，但他丝毫没有放弃，真为他感到骄傲！之前小e一到写作业时就开始发怵、磨蹭、拖拉，不愿意完成，进入足球队两个月后，我发现小e每天的作业都能积极快速地完成，而且准确率非常高。在课堂上的表现也越来越积极，由原来的默不作声到现在的积极参与课堂，上课的状态和态度也在悄悄发生变化！

有一种期待叫作未来。是的，每一位孩子身上都有精彩的、独一无二的未来。作为一名教师，我们是孩子们心灵上的耕耘人，是他们成长的引路人。爱是一种伟大的力量，没有爱就没有教育，教育最有效的手段就是爱的教育。作为一名教育工作者，我深深懂得教育是爱的事业，这种爱包含了崇高的使命感和责任感。对每一位孩子负责，这是教育人不变的初心。

做学生喜爱的班主任

李紫娟

著名教育家陶行知说过这样一句话："在教师手里操着幼年人的命运，便操着民族和人类的命运"。教师是人类灵魂的工程师，是知识与文明的传播者，作为一名小学教师，同时还担任着班主任的工作，我深知肩上的责任与重担，不仅要传道、授业、解惑，还要帮助学生建立正确的观念，塑造灵魂与人格。

一、榜样的力量

学高为师，身正为范。古往今来，教师都被比喻为学生的启明灯、引路人，在学生成长的道路上，少不了教师的陪伴，因此为人师表的示范作用就尤为重要。学生的特性就是效仿他人，班主任的言谈举止对学生会起到潜移默化的作用。作为一名教师，应该努力提高专业素质，用丰富的知识和品格来教导学生。同时，也要努力树立自己的形象，规范自己的行为，为学生做个好的典范，成为社会中的楷模。在我的班级里，我会和学生们一起制订班规、班训，这些条条框框不仅用来提醒学生，也同样用来约束自己。

案例一

王同学说："我最喜欢我们的班主任，因为她总能说到做到，她会兑现学生们的每一个承诺。记得有一次，李老师说如果能在下次语文测验中，班级取得好名次，就和我们到操场上一起做游戏。出成绩那天，我们班级的语文测验成绩果真是第一名，于是，李老师用自主课的时间带着同学们一起痛痛快快玩儿了许多有意思的游戏。"其实，这便是我们班规中的一条：言而有信。在与孩子们一起学习、生活的时候，我也会用班级里的规定严格要求自己，答应学生的奖励就一定要给，答应学生的活动和游戏就一定要进行。只有这样，孩子们才会觉得我是个有诚信的好老师，才能更加信任我。同时，我也能给学生们起到良好的示范带头作用，用切身实际告诉学生们，我们要做一个言而有信的人。

二、严格不严厉

都说严师出高徒，可对于正处在关键阶段的三年级孩子来说，在教育的过程中，太严厉反而会起到反作用。我由于刚刚工作三年，实战经验还不是很丰富，也会找不到应对的好方法，只能是严厉地对待学生。长此以往，我发现了弊端，好在及时改正了过来。趁着这次线上教学,我用轻声的提示、及时的鼓励、不断的表扬替代了我以往严厉的风格,但是这不代表无限的宽容。在线上教学期间,我同样以严格的标准要求学生的各种学习习惯,例如,上课的坐姿、握笔的姿势等。

案例二

刘同学说:"面对李老师,我总有一种奇妙的感觉。课上,她是严格要求同学们的老师,课下,她好像变了一个人,成了关心我们生活、学习的大朋友。我每天都期待着上学,期待着和她聊聊天,说一说生活中有意思的事情。记得有一次,我和妈妈因为学习的事情大吵一架,第二天脸上带着泪水就去上学了。早读时,李老师就发现我的状态不好,她把我叫到办公室,轻声询问我、关心我、开导我。放学后,我回到家里,妈妈也和我语重心长地谈话,话语间透露出李老师对我的关心、对我和妈妈亲子关系的关心。那一刻我便知道,李老师一定和妈妈通话了,并且帮助我们调解了紧张的关系。"没错,在与学生们相处的过程中,我本着一条原则,就是"严格但是不严厉",用统一标准去要求学生,用和蔼可亲的态度去面对学生。

三、钻研和进取

捷克教育家夸美纽斯认为,教师要孜孜不倦地提高自己,随时补充自己的知识储备量。作为一名班主任教师,更需要不断学习,提高自身素质。教师在教育创新中承担着重要的使命,只有富有创新精神的教师,才能培养出创新人才。如今是知识爆炸的社会,知识的更新速度越来越快,对老师提出了更高的要求。这就要求我们应该具备求真务实、勇于创新的魄力,要不断在学习中提升自我素质,不断用新的知识充实自己,养成学会学习和终身学习的习惯。

案例三

杨同学说:"李老师告诉过我们,有一天,我们会离开校园走向社会,即便是这样,也不能停止学习。记得有一次,李老师从早到晚忙碌了一天,她说除了要上课,还有教研活动,我真想替李老师分担一些。可是她说了,学习是自己的事情,别人是无法代替的。"是的,教师要在不断学习中发挥"匠人"精神,用毕生之精力去钻研如何才能在教研教改、专业领域、培育英才等方面取得成效,做出成绩。

只有这样的教师才能成为优秀的教师，进而成为专家型、学者型教师。

四、鼓励胜于批评

激励和评价就是在日常的教学中给予学生以客观评价，通过赏罚分明的管理制度激励学生主动学习、积极学习。教师在教学中应树立这种理念，通过对学生的客观评价，让学生找准定位，通过完善的激励制度不断促进学生创先争优。

案例四

张同学说："我最喜欢上李老师的课，因为课上老师总是表扬同学们，特别有成就感。记得有一次，我在一次老师的提问中沉默不语，没能及时思考出答案，李老师便耐心地引导我，从简单的问题出发，帮我理清思路，最终解决了问题，还表扬我是个思路清晰、善于思考的孩子。"是的，课堂上我经常对同学提出有针对性的表扬与建议，例如，你回答问题的声音真洪亮，而且字音也能读准确，最重要的是，老师喜欢你标准的站姿！类似这样的评价语总能在我的课堂上出现。不过偶尔也会有同学做得不够好，那时我会这样说："你回答得很认真，能看出是经过认真思考的，如果你能在回答问题的时候，挺直腰板就更好了，老师相信你下次一定能做好！"

正确地引导，发现其闪光点，并且积极地鼓励，以点带面地扩散优点，使学生发自内心地去主动扭转，摒弃那些错误的习惯，这样才能高效地帮助学生提高自己。反之，过分的指责只能让学生充满挫败感。

以上便是我的班主任工作理念，这些理念伴随着我走过将近四年的时间，虽然时间不长，但是陪伴着我的每一次成长。虽然每一天都在繁忙中度过，但是看着孩子们一点一滴地进步，成就感和自豪感便在心中升起。总之，班主任既是严师，又是慈母，在教育学生的过程中，要尊重学生、关爱学生、陪伴学生，多从学生的角度思考问题，一定能做好班级管理工作。

以后，我还有一段漫长的班主任之路要走，也许路上会布满荆棘，也许会遭遇挫折和打击，但是我相信，不断学习和探索能帮助我渡过难关，认真与真诚的态度能让我收获更多的爱。这些年来的班主任工作让我成长了不少，也让我在辛勤的耕耘中收获了这一段精彩的人生。

李鸿章的"掌声"

周曼

"周老师,您快回教室看看吧,一凡跟小恒打起来了,我们都拉不开。"一个同学跑过来给我说。刚走到教室,王老师也过来了,无奈地跟我说:"周老师,这是第二次了,昨天一凡刚跟小轩打了一架,今天下课我就上个厕所的工夫就又打起来了,打得可厉害了,我们拉了很久才把两人拉开。"听到他们这样说,我的心里真不是滋味,这个班级我带了一年多,已经很久没有同学打架了,难道是我这学期工作太繁忙,忽略了对他们的教育?

一进教室,我看到一凡怒气冲冲地站在座位上,一直用眼睛瞪着小恒,仿佛没人看着还要上去打一架的样子。我说:"一凡,你为什么打架?""他该揍,他嘴欠,下次他嘴欠,我还揍他。"我一听,怒火腾地一下上来了,真想甩他一巴掌,但理智克服住了我蠢蠢欲动的手。我大脑飞速地运转,心想他正在气头上,我现在训斥他或者跟他讲道理,肯定是不管用的,我要用什么办法?我静静地站立着、思索着。在我的静默中,同学们也鸦雀无声,也许他们在等待着我沉默后的爆发。这时正好课间操的铃声响了,我对大家说:"我们都先去上操吧!"

利用大家上操的时间,我跟体育老师换了第三节课,我决定要上一节班会课。我走到同学们中间,跟大家说:"同学们,周老师给大家讲个故事吧!"同学们也被我弄蒙了,但禁不住故事的诱惑,连声说:"好的,好的。"

我给他们讲了"李鸿章的掌声"这个故事。李鸿章家有个厨子,做得一手好菜,甚得李夫人欢心,常夸其手艺精、技术高。但李鸿章却从未给过厨子一次笑脸。有一天,厨子煮了一只鸭子,可卧在盘里的鸭子只有一条腿,李鸿章质问厨子："鸭子的另一条腿呢？"厨子说："鸭子本来就只有一条腿。"李鸿章大怒："胡说！"厨子说："不信，你跟我到院子里去看看。"李鸿章气冲冲地走到院子里，只见鸭子正卧在地上休息，远看过去，似乎真的只有一条腿。厨子说："你看，不是只有一条腿吗？"李鸿章猛地用力拍起掌，"啪啪啪"的掌声把鸭子吓得"扑棱扑棱"地飞起来。李鸿章说："你看，你看，不是都有两条腿吗？"这时，厨子不紧不慢地说："那是因为你给了它们掌声。"

讲完后，我走到讲台前，在黑板上写下几个字"掌声送给他——夸夸身边的他（她）"，然后转身微笑着对大家说："同学们，这节课咱们就说说话、聊聊天，表扬一下同学。"他们的眼睛睁得大大的，装满了好奇，装满了疑问。

我从第一位同学开始，依次细数每一个学生的优点。成绩不好的，我表扬他的积极劳动；纪律不好的，我表扬他的头脑灵活；劳动不积极的，我表扬他的优秀成绩，对那些差生，我也努力寻找优点，给予表扬。同时，我仔细观察每个人的表情，有欣喜的、兴奋的，也有害羞的、脸红的……他们眼睛里含着惊喜，脸上流露出快乐。

见状，我微笑着说："同学们，刚才老师在表扬你们的时候，心里特别开心。原来赞美别人也会让自己变得很快乐。现在，请大家一起来体验这种赞美的快乐吧！看谁的眼睛是雪亮的，看谁最善于发现别人的优点，看谁第一个把赞美送给自己的同学。"我的话引发了一阵阵骚动，同学们有的窃窃私语，有的东张西望，脸上都写满期待。

开始有同学举手发言了，教室又恢复了安静。大家都紧紧盯着发言的同学，希望他们说出自己的名字。这是一个怎样的过程啊！每个人都在享受着期待，每个人都在享受着赞美。他们的脸上焕发出迷人的光彩！或许他们从来没有像今天这样认真倾听过别人的发言，也从来没试过被人这样关注过。越来越多的同学举手，越来越多的同学愿意去赞美别人，越来越多的同学被别人赞美着，教室里涌动着一股情感的激流。也有同学赞美一凡爱劳动，有时候会主动帮助别的同学。我看到一直沉默的一凡也抬起了头，脸上有着微妙的变化。我被同学们这种热情深深打动了，原来赞美可以让人变得如此美丽。被赞美的人是，赞美别人的人更是！

快下课时，几乎每一个学生都接受过赞美。他们的眼睛里闪动着一种兴奋，一种无与伦比的快乐。我轻轻地说："同学们，此时此刻，你们的内心一定有很多话想对大家说，对不对？那就在日记中写下你最想说的话，我会做你最忠实的读者。"

下课铃响了，我把一凡跟小恒叫出来，问道："你们还有什么话对对方说吗？"两人均摇摇头，不好意思地笑了，我也笑了，矛盾就这样烟消云散。

第二天，我迫不及待地阅读着孩子们的日记。文字虽然稚嫩，但读着那些温暖的语言，我的心也被暖暖地包围着，被一种浓浓的幸福感充盈着。

小凡在我们所有老师心目中都是一个性格比较偏执的孩子，同学间更是开不得玩笑，这次打架风波就是由一个小玩笑引起的。本学期由于"双减"政策，入户家访被提上了日程，我想正好借着家访的机会去小凡家里了解一下情况。约好了周末下午，他爸爸妈妈都在家。从妈妈那里了解到一凡有一个不到两岁的小妹妹，妈妈一直没上班在家照顾妹妹，爸爸上班很忙基本上顾不上两个孩子，家离学校很远，妈妈总是趁着妹妹睡觉的工夫接送一凡，妈妈一人照顾两个孩子很辛苦，所以有时候脾气不太好。妈妈说自从有了妹妹后，一凡就变得比较敏感，可能跟二孩有关。找到了问题的症结，我建议孩子爸爸妈妈一定要抽时间多陪一凡，孩子回到家多听他讲讲学校的事情，让孩子可以感受到爸爸妈妈关心他，依然是爱他的，也可以让哥哥一起照顾妹妹，体会妈妈的辛苦。做家长的也要多看到孩子的优点，夸夸孩子，通过家校合作共同改变孩子的不良行为。

自此，班上的氛围渐渐变得和谐起来。争执依然是有的，但赞美声也此起彼伏。每当听到"你的字真漂亮""你的作文写得太棒了"这样的话时，我的心里总能感受到阳光般的温暖。我也变得大方，抓住一切机会表扬学生。我喜欢看到他们有些害羞的脸，我享受着他们接受鼓励后的加倍努力。

感谢李鸿章的"掌声"，它让我看到了自己的"吝啬"；感谢这节课，它让我明白了"掌声"对于一个孩子的成长是多么重要！

赞美是一种心情，是一种境界；被赞美是一种快乐，是一种幸福。赞美是一种品德，是人际关系的润滑剂，它可以和谐人际关系，缩短学生之间的心理距离，增强彼此的亲近感，可以启发学生去寻找心中尚未开垦出的美，激励学生保持乐观向上、积极进取的人生态度；赞美是一缕阳光，给学生心灵以光明；赞美是一种能源，给学生的进步旅途以取之不尽、用之不竭的力量。

正向引导下的蝴蝶效应

刘明菘

9月份开学,我作为副班主任新接手一个班。在我给学生上完开学第一课后,我对学生提出了很多明确的要求,就班级管理的愿景与学生进行了交流。

第二天,有一位男生来到我的办公室,声音特别低地跟我说:"老师,我不想来上学。"我一听,当时就觉得这怎么可能呢?作为学生怎么能不来上学呢?而且还直接明确跟老师说。我先问这位同学,你为什么不想去上学呢?说一下你的理由,他支支吾吾了半天也没说出话来。于是,我就去向他的父母和之前的老师打听情况。

经过调查了解,小艾同学在之前就有这个问题,他愿意按照自己的方式学习,经常不来学校。据我观察,他性格非常内向,平时不说话,跟老师说话时声音也特别低,不仔细听都听不见。

为了了解得更透彻,我又跟家长进行了沟通,深入了解孩子的情况。家长表示,他知道孩子会这么做,也跟我讲述了孩子过去的情况。小艾本身还是知道学习的,但就是个性太强,不愿跟老师走,也不愿跟同学交流,之前就这样,经常不去学校上学。家长表示希望得到老师的理解和包容。既然是这种情况,我的站位首先是理解家长,然后换位思考,根据孩子的情况实施我的教育策略,目的就是让孩子回归学校。

知己知彼,才能百战不殆。要从深层次去了解他,然后才能对症下药。

原因分析如下:孩子不愿意来学校的原因是什么?这可能是孩子个性鲜明,不希望被束缚;不愿意说话和与同学交流,是因为他存在人际关系危机,内心不自信;不愿意上学,可能是因为在学校得不到他想要的,没有幸福快乐的体验。

因此，我从以下几个方面入手进行心理辅导，逐渐让孩子喜欢上学校的生活，喜欢来到班级与同学们一起学习生活。

一、尊重差异，充分信任

小艾的习惯已成自然，所以不可能通过一两次的说教或者惩罚就能彻底改变，因此需要给他时间，但首先要站在理解他的角度跟他聊聊，听听他的想法。目的是引导他正向发展，然后与他达成协议。只要他认识到老师是在帮他，他就会听老师的话，这样孩子就会越来越向好的方向发展。如果老师不问青红皂白，就直接处罚他，会适得其反，对于小艾这样的孩子更是如此。因此，我跟他商量后达成协议，充分信任他会认真对待学习。在生活中可能我们都有这样的感觉，如果有人信任你，相信你行，那么在某种程度上你就行。因为被信任，就不愿意去辜负，就会付出更多的努力，这就是成功的力量。在教育教学中，尤其是班主任对学生的信任会产生巨大的力量。当学生感受到老师的信任时，他们就会不好意思去辜负老师的良苦用心。面对小艾这样的特殊学生，我觉得信任的力量可能会更有用。

二、借助集体，给予温暖

因为此事，我想了很多措施。如果单独针对小艾去采取一些措施的话，会更让他觉得自己特殊，在全班同学眼里也会凸显他的问题。于是我想了一个办法，就是在班里举办创意生日，每逢遇到同学生日，都会在临近放学前或者赶上班会时，拿出五分钟的时间来进行生日庆祝。每次形式不同，不需要花费财力，只为了同学的一份情义。轮到小艾同学生日时，我特意精心策划，除了全班同学一起唱生日歌以外，我还选取了学生代表上台讲讲小艾同学的优点。上台的同学说了他很多优点，其中一条特意说的就是他的自主学习能力很强，很佩服他。这样的形式，这样的话语，让小艾同学感到心里一阵温暖。

三、扬他所长，增加成就感和存在感

我既然要对小艾进行心理辅导，就会用心去发掘他的闪光点。我了解到他跑步特别快，但是我对他不是特别有底儿，不知道他到底会不会参加运动会，为班级效力。于是在运动会之前我找到他，对他进行了一番肯定，然后问他愿不愿参加运动会。令我没想到的是，他同意了。这时我感性地意识到，其实每个人都想有存在感，都想自己的价值得到体现。运动会他顺利报了名，而且在运动会期间他也确实很卖力，为班级得了不少分，最终我们也拿到了名次。

在运动会总结主题班会上，我们有一个环节就是全班同学投票选举运动会之星。虽然小艾确实贡献很大，但是我也担心同学们投票的结果不是他。因此我在班会之前提前做了学生工作，就这样小艾被选为运动会之星，并且我们给他颁了奖。在颁奖时，我看到他笑了，我心里暗暗为他高兴。

小艾同学做事情是比较认真较劲的，因此我也会利用这一点去凸显他的价值。比如，当值日生擦完黑板后，我发现不合要求时，我就会利用小艾做事认真的优点，寻求他的帮助，让他来指导，把黑板擦得特别干净。

四、家校合作，共同育心

因为孩子的问题，我跟家长沟通过。只要孩子有一点进步，我就会给家长发信息表扬鼓励孩子，然后家长收到我的鼓励后，也会主动告诉孩子。这样在孩子那里不断地传递着来自学校和班级的正能量。试问哪个人不希望被表扬和夸奖呢？

经过一段时间的努力，小艾同学发生了变化，他愿意来学校了。虽然他的作业还是不交，但是他的学习成绩不但没有退步，反而进步了。

要想取得良好教育效果，就应该首先尊重差异、接纳差异，站在学生的角度去理解他们，然后师生之间彼此信任和欣赏，这才应该是教育状态的良好表现。小艾同学在我的影响下，爱上了班级，爱上了学校。在满满正能量的班级中，他逐渐心向阳光。对于小艾同学，我对他的心理辅导源于我的换位思考，源于我对学生人格的关注，源于尊重和宽容，更源于对学生的信任。

冰花

王维

有的人喜欢富丽堂皇的牡丹花，有的人喜欢出淤泥而不染的荷花，也有的人喜欢生命力顽强的太阳花，而我却偏偏喜欢那冰清玉洁的冰花，因为那可是我们乡下独有的一道风景。

乡下的冬天，每天早晨一起床我揉着惺忪的睡眼做的第一件事就是看冬爷爷在窗玻璃上画的画儿。我趴在窗台上痴痴地望着那些冰花，看着形态各异的冰花引起了我无限的遐想。啊哈，在这扇玻璃窗上冬爷爷画了蜿蜒盘旋、起伏跌宕的万里长城，它像一条巨龙横卧在崇山峻岭之间。看，那边不是还有一群游览的人吗？转眼之间，我仿佛置身于风景秀丽的花果山，神采奕奕的美猴王——孙悟空坐在高高的宝座上，正得意洋洋地吃着香甜可口的桃子呢，再看看他的徒子徒孙们也都吃得津津有味。

渐渐地，太阳公公升上了天空，冬爷爷的画也正在被太阳公公一点一点地擦去。我赶紧拿来了一张纸放在冰花上，想让冬爷爷的画印在我的纸上，把这美丽的景色留住。可是纸湿了，却什么也没有，冰花融化了。我哭着问妈妈："冬爷爷的画哪儿去了，妈妈您帮我印在这张纸上吧！"妈妈笑了，"傻孩子，冬爷爷只有晚上才出来画画儿，现在太阳公公来了，冬爷爷就该回家休息了。""那冬爷爷使用什么笔画得这么美的画呢？""你看看手里拿的纸上是什么？"妈妈一边说一边拿起我手中浸湿的纸问。"嗯，是水！""咱们乡下冬天冷，特别是到了夜里气温更低，窗户上就会结出美丽的冰花。"我一拍脑门高兴地说："呀，我明白了，这实在是太神奇了！"

我等呀等，终于等到了晚上，我趴在窗台上痴痴地等着冬爷爷再来画冰花。等着，等着，我不知不觉地睡着了，梦中我用冬爷爷那支神奇的"水笔"画出了美丽的冰花，把乡下的冬天装扮得更加美丽迷人。

冰柱

石海轩

我们乡下一年四季的景色都是美丽的、诱人的。春天，生机勃勃的丽园、枣园一片葱郁；夏天，满山坡的野花点缀在绿色之中；秋天，黄澄澄的梨、红彤彤的枣挂满枝头，田野里更是一片丰收的景象。而我更喜欢乡下的冬天，因为乡下的冬天有着特别的味道。

清晨，我一骨碌从床上爬起来，穿好衣服，撩开窗帘，往外一看，啊！映入我眼帘的是一个银白透明的世界。我连忙跑到院子里，只见那屋顶上、院墙上、粮囤上满是厚厚的积雪。天上飘飞的雪花好像上天赐给我们的一个个飘飞的雪精灵。雪落在树上就像给这古树穿上了一件晶莹的纱衣一般。

渐渐地，太阳公公露出了笑脸，雪精灵们正悄悄地、悄悄地从屋顶上往下跑，但是还没来得及跑多远就被北风姑娘留住了，顺着屋檐结成了冰，形成了一条条晶莹剔透的冰柱。我们搬来椅子站上去，使劲伸着胳膊把冰柱从屋檐上拽下来，当作宝剑玩。

我们几个小伙伴都戴上了手套，一人一把"宝剑"，互相嬉戏起来，谁的冰柱先断了谁就输了。但是谁都不会真的用自己的冰柱去打对方的冰柱，因为谁也舍不得自己的冰柱被打断，也不忍心打断别人的冰柱。

午后，太阳公公把他全部的力量都施展出来了，小水滴从房檐上滴滴嗒嗒地落在了地上，那声音有点像战国编钟的感觉。有时候太阳公公会让那整根的冰柱一下子就从高高的房檐上掉下来，一下子碎冰溅落到地上，溅起的小冰晶有时候会跳得很高，溅到脸上，冰冰凉凉的。

晚上，透过窗户，借着院灯和月光，那原本晶莹的冰柱变得五光十色，就像一盏盏小冰灯一样。

美啊，乡下的冬天！妙啊，多姿的冰柱！

感动

何晴

人在什么时候会流下眼泪呢？在悲伤的时候，在高兴的时候……

我要说的是，人在感动的时候也会流下眼泪。你可曾因看到一幅画面而感动？你可曾因一句话语而感动？在我成长的过程中，记不清有多少令我感动的事，但那一件却记忆犹新。

还记得那天，我下午去学校，刚一进学校大门，突然一个高个子的同学直接向我冲来，我反应不及一下子趴到了地上，我的腿也受伤了。

就在这时，萌萌同学跑了过来，说："你没事吧？"我伤心地说："没什么事，就是腿有点儿疼。""我送你去医务室吧。"她说。我看看我受伤的腿，只好说："好吧，谢谢你。"我一瘸一拐地和她慢慢地走向医务室。

她慢慢把我扶到医务室的门口，我敲了敲门，发现里边没有人。这个时候上课铃响了，她急急忙忙地要回去上课。我想，我先回教室休息一会儿，说不定一会儿就不疼了。

一节课的时间很快就过去了，下课的时候我慢慢走出教室。这时我突然发现萌萌正向我这里匆忙跑过来，她气喘吁吁跑到我身边，说："刚才看你的腿受伤挺重的，医务室也没有人，你的腿肯定还是很疼，我去给你找马老师吧。"话音刚落，她就满校园地去找马老师，找到以后她就扶着我去医务室上药。

我们慢慢来到医务室，马老师看到了，急忙仔细地帮我伤口消了毒，告诉我腿不要碰水，如果感染可就不好了……她在旁边看着，马老师抹一下药，她的眉头就皱一下。过了一会儿，我说："我的腿也好了许多……"她也高兴地笑了。

虽然这只是一件很小很小的事情，但她对我的关心与帮助，让我一想起来，心里就暖暖的！

你让我学会了战胜自我

刘艾芮

每当电视中舞蹈家展示活力四射、姿态优美的舞姿时，我都是瞪圆了眼睛看着，不由自主地被他们各种曼妙的舞姿所吸引。我开始悄悄立下心愿，长大后一定要成为一名优秀的舞蹈家。

那天，我坐在电视机前看少儿舞蹈表演，并跟着他们的动作跳了起来。这时，妈妈好像看出了我的心思，拉着我的手说："闺女，舞蹈跳起来很美，但学习舞蹈要付出很多辛苦，你想学吗？""想！太想了！"我头也不回地回答。"你先想好能不能受得了苦？不能学三天就不学了！""不会，不会的。"我连连摆着手说。就这样，我从五岁时就开始学习舞蹈。八年来，在老师一点一滴的引导培育下，我积极地去上好每一堂课，认真听老师的教导，学好每一个动作、韵律，跳好每一支舞。

当我拿出那一摞摞舞蹈考级证书、舞蹈表演获奖证书时，心中的自豪感油然而生。但又有谁知道这些成果的背后是无数滴汗水、无数次的抱怨，甚至还有泪水的结晶。那份艰辛都是要自己消化在肚子里的。

记忆最深刻的是那次剧目中的前桥，因为想把剧目最完美的一面展示出来，仅这个动作我就练了数不清多少次。刚开始练的时候没少摔，每次摔得也都特别疼，甚至有一次都摔到了头，当时我就在想："今天我真的不想再练这个动作了！"我甚至有些胆怯，我坐在地上想着，眼泪在眼眶里打转，我到底要不要继续练呢？我要不要继续去克服恐惧，继续练习呢？我想了想，站起身，决定一定要去完成、去克服。我也不禁回想着：我为什么当时选择了舞蹈？内心告诉我，即使遇到再大的困难也要去面对。我也想起了那句我最喜欢的话"过了垭口，就是平原"！

当我以优美的舞姿赢得台下小朋友热烈的掌声和羡慕的目光时，我觉得值了，即使自己受了再多的苦也值了！看到爸爸妈妈欣慰地笑了，觉得这一切更值了。

在一次次的苦练中，你，让我学会了表达美、欣赏美，更让我学会了坚持，让我学会了战胜自我！

我的畅快

李梦遥

我的畅快很简单，看一场电影，听一听音乐，画一幅画，做好一道小菜……这些事都使我开心愉悦。虽然这些听着很普通，但在非常时期，在哪儿都去不了的时候，听听小曲儿、画会儿画，享受生活，又何尝不令我畅快呢！

每天中午是一天中最无聊的时候。全家人都在休息，我也不能玩儿一些叮叮当当的玩意儿，自己也睡不着觉，但就这样一直待在窗户前的话，不是浪费时间吗？此时此刻的我十分烦闷，手上什么东西都没有，心中也就空落落的。突然，我灵机一动，现在闲着也是闲着，不如画会儿画。已经多日没画画，不知道手法又生疏了多少？打开手机，在相册里挑选一个动漫人物画，这时候你不要画那些你虽然很喜欢，但不是很有把握且没太大欲望的。你要找那些让你眼前一亮的人物画，不要担心你画得不好，画一画，哪怕画得不像，画不出那感觉也可以。这也是一种锻炼，不是吗？再戴上耳机听听音乐，拿出铅笔在画纸上轻轻画着，慢慢画出脸型，画好比例，标出位置，添加细节。心中的烦恼苦闷就瞬间消失得无影无踪，心思都被那幅画吸引着而忘了一切，身心仿佛在桃源中，这对我来说无疑是一种畅快。平平淡淡随着画出更多细节，橡皮在纸上摩擦修改不完美的地方，一幅画画完心里也就更畅快了。看着画中长发少年手中提着刻有"天子笑"三个大字的酒壶，久看少年给人一种潇洒开心的感觉，让人忘记世间烦恼。

我的畅快可能很简单也很平淡，没有太多复杂的东西，但我觉得这是世上最能让我发自内心开心的东西之一。让人畅快很简单，但每个人的畅快又都不太一样，有的人畅快可能是在夏天吃着西瓜吹空调，可能是听着音乐画画，可能是冬日里堆雪人，可能是看到春天的一株小草，可能是欣赏到秋天的一片叶子……我认为畅快本身不需要去什么游乐场，真正令人畅快的其实很简单也很纯洁。

乡下的冬天（一）

林心言

冬天急匆匆地换了秋天的班，带着她精心准备好的礼物来到了人间。

走出家门，看见了树挂，洁白的树挂像棉花糖似的结满了整棵树，让人一见便生爱慕之心，有点儿垂涎欲滴的感觉。在阳光的照耀下，它又像一面面小镜子，把阳光反射在大地上，显得格外美丽。

走进麦田里，嫩绿的麦苗上冰冻的水珠像一颗颗晶莹剔透的珍珠，远远望去，整片麦田倒像用珍珠装饰过的一片亮晶晶的世界。走在田埂上，呼吸着清新的空气，真有世外桃源的感觉。

走进我们的农家小院，还没进屋就能闻到香喷喷的炖肉味，那是大人们正在准备过年的食物。从腊月二十三开始，一大早家家户户就开始忙活起来，杀鸡、炖肉、炸各种过年的小吃，好不热闹。贴春联，在我们乡下那是一个必不可少的节目，各家各户的大院门上都要贴上象征着吉祥如意的春联，整条街成了一道亮丽的风景。最有意思的还是我们这些孩子，自己动手做个小冰灯挂在院子里的树上。我们把积雪堆放在不同形状的盆儿、罐儿里面，然后往里浇一些用水彩染出来的水，不一会儿就冻成了冰，再把冰从里面磕出来，把中间挖一个洞，放进一小根蜡烛，就像一盏盏五颜六色的水晶灯，格外美丽。

乡下人的生活虽然不富有，但却是充满乐趣的；乡下人的生活虽然平凡，但却是和谐的；乡下人的生活虽然没有城市的繁华，但却是红红火火的。

乡下的冬天（二）

刘石磊

冬姑娘轻轻地挥挥衣袖，洁白的雪花就悄悄地如期而至，我们整个村子变成了一个粉妆玉砌的世界。

当你从暖烘烘的小屋里走出来的时候，你会发现就像走进了一个洁白的童话世界。小河上结了厚厚的冰，坐着小冰车在河面上逛一圈，爽爽的，顺手捧起一捧雪花，用舌头舔舔，觉得有点甜似的。河两岸的树上缀满了亮晶晶的雪花，淘气的小伙伴在树下轻轻一摇，满树的雪花便飘落下来，我们跑啊、躲啊、笑啊……

最有情趣的还是雪后的早晨，你会发现昨天夜里乘你熟睡的时候，冬姑娘已经不声不响地在你家的玻璃窗上画下了一幅幅美丽的画。这画可不一般，你想它是什么它就是什么。有的像善良美丽的白雪公主，有的像智慧无边的蓝猫，有的像勤劳勇敢的老渔翁，有的像一片郁郁葱葱的森林，还有的像忠实可爱的小狗……总之什么都像，又什么都不像。

冬姑娘忙了整整的一夜该回家休息一下了，这些画也要被她带走了，慢慢地融化成水滴顺着玻璃流下来。我想她今晚还会来，画出更美的图画。

第五部分　行知理念下的学生美术作品

冰雪运动海报设计

第五部分　行知理念下的学生美术作品

海疆作品

科幻画

科技与环保

足球文化

参考文献

期刊

［1］蒋萍芬."小先生制"在数学教学中的实践探索［J］.小学教学研究，2022（36）：71-72+75.

［2］丘燕飞.重拾"小先生制"教学智慧的实践研究［J］.辽宁教育，2021（12）：90-93.

［3］龚丽娜，张纯.陶行知"小先生制"思想影响下的小学数学课堂实践探究［J］.数学教学通讯，2022（19）：18-20.

［4］瞿李云.在小学数学教学中应用"小先生制"的策略［J］.天天爱科学（教育前沿），2022（2）：143-144.

［5］曹盈月.陶行知思想对小学低年级英语教育的启示［J］.教育实践与研究，2017（10）：35-37.

［6］周亮亮.小先生，大作为——"小先生制"在英语课堂中的应用探析［J］.小学教学参考，2019（24）：80-81.

［7］袁红强.以"陶"引路，营造生活化语文课堂［J］.语文教学通讯·D刊

（学术刊），2021（10）：40-42.

［8］张育红.小先生制：促学生深度学习的有效途径［J］.华夏教师，2016（9）：22-23.

［9］杨梓楠.浅析二十世纪三十年代的小先生制［J］.世纪桥，2012（13）：108-110.

［10］孙卫，陈文怡.陶行知"小先生制"在小学英语教学中之应用初探［J］.四川教育学院学报，2010，26（12）：96-97+103.

［11］孙卓霞."小先生制"在语文课堂中的运用［J］.文学教育（下），2008（2）：78.

［12］胡凤阳，李捷.导生制发展的历史回顾与断想［J］.天津市教科院学报，2003（1）：45-48.

［13］赵志香，陈世峰.浅谈小学班主任班级管理策略［J］.内蒙古教育（职教版），2015（11）：24.

［14］方萍萍.行知思想在英语教育教学中的应用［J］.科技信息，2011（2）：194.

［15］陆浩.践行"小先生制"，发挥大作用［J］.小学时代，2019（22）：24-25.

［16］赵兴林.运用"小先生制"开展语篇教学［J］.江西教育，2015（30）：81.

［17］黄祥清.浅谈"小先生制"在初中教学改革中的运用及意义［J］.生活教育，2017（4）：10-11.

［18］郁彩萍.英语课堂如何有效地组织学生合作学习［J］.新课程（中旬），2017（7）：179.

［19］陈留娟.借鉴陶行知思想，优化中职英语教学［J］.作文成功之路（上），2017（6）：23.

［20］沈婷婷.论小先生制在小学数学教学中的实践研究［J］.生活教育，2023（1）：88-90.

［21］曹晔."小先生制"在初中数学教学中的运用研究［J］.数理化解题研究，2022（14）：23-25.

［22］张清.平等化互动 对称性教学 自主式发展——对"小先生制"指导儿童数学自主性学习的探究［J］.新课程导学，2022（7）：75-76.

［23］江尊志.浅谈"小先生制"在数学课堂上的应用［J］.名师在线，2021（32）：54-55.

［24］游俊芳.在小学数学算理教学中巧妙利用"小先生制"［J］.华夏教师，2021（32）：53-54.

［25］李秋华."小先生"大作用——"小先生制"在小学数学教学中的运用研究［J］.小学生：多元智能大王，2021（8）：9.

［26］李吓琴.陶行知"小先生制"再解读.福建陶研［J］.2010（1）：30-32.

［27］陈华胜.浅谈新课标下小学数学构建有效课堂教学策略［J］.科学咨询（教育科研）.2020（9）：241-242.

［28］蒋雨宏."双减"背景下，结合五育并举的小学美术课堂教学［J］.新课程，2022（9）：10-11.

［29］沈木勇."双减"背景下提升小学数学课堂教学效益的策略［J］.中学数学（初中版），2022（2）：91-93.

［30］马淑丽."五项管理"和"双减"政策下如何提高初中数学教学的探究［J］.新课程，2022（2）：6.

［31］韩锦平."双减"背景下初中数学差异化作业设计探索［J］.数学之友，2021（6）：57-58.

［32］林文静."双减"背景下初中生数学自主学习能力培养策略［J］.教育界，2021（49）：34-35+54.

［33］黎云国."双减"政策背景下的初中数学作业设计［J］.新课程研究，2021（34）：119-120.

［34］陈新玲.小学数学游戏教学方法之我见［J］.现代阅读（教育版）.2013（2）：253.

［35］张俊花，王小根.教育游戏与小学数学融合途径探索［J］.天津市教科院学报.2011（3）：72-74.

［36］李新兰，韩瑛.从心理学角度谈小学数学教育游戏的设计［J］.中国教育技术装备.2013（8）：22-23.

［37］任红霞.小学音乐教学"小先生制"小打击乐器的运用与探究［J］.北方音乐，2018（16）：223.

［38］张丽莉."小先生制"在音乐课堂中的运用［J］.小学时代（教育研究），2015（1）：8.

［39］曹丽娟.陶行知教育理论下的小学音乐快乐课堂［J］.文理导航（上旬），2021（10）：90-91.

［40］徐晶晶.运用陶行知创造教育理论，打造小学音乐快乐课堂［J］.清风，2021（16）：25.

［41］钱晓燕.践行陶行知教育思想 添彩新时代音乐教学——论陶行知思想与小学音乐教学的融合［J］.名师在线，2021（22）：91-92.

［42］刘艳.立足本质教"度量"——小学阶段长度，面积，体积教学思考与实践［J］.教育研究与评论：小学教育教学，2021.

［43］李盛华.浅谈听写训练在农村小学英语教学中的实施与运用［J］.吉林教育，2017（21）：95.

［44］程晓堂.英语学习对发展学生思维能力的作用［J］.课程·教材·教法，2015（9）:73-79.

［45］鲁子问.英语教育促进思维品质发展的内涵与可能［J］.英语教师，2016（5）：6-12.

［46］王蔷.促进英语教学方式转变的三个关键词："情境""问题"与"活动"［J］.基础教育课程，2016（5）:45-50.

［47］杨顺梅.逻辑思维：聆听英语课堂"拔节"的声音［J］.小学教学设计，2017（3）:10-12.

［48］朱典锴.挑战即机遇 线上更精彩——以《赤壁赋》为例谈中学语文线上教学［J］.教育信息化，2020（15）：89-90.

［49］杨远飞，吴琦.多维度考量线上体育课细节 保证线上体育课堂高效有序［J］.体育师友，43（2）：9-10.

［50］程杨.浅谈小学英语校本课程的开发［J］.出国与就业（就业版）.2011（8）：40-41.

［51］林少霞.反思评价在培养学生良好书写习惯中的运用——以书写习惯为

例［J］.少年儿童研究.2010（4）：10-11.

［52］陈晚好.例谈三年级英语单词抄写作业设计［J］.小学教学设计（英语），2013（9）：50-51.

［53］杨蕊彧.透视初一学生英语单词抄写错误［J］.新课程（中旬），2013（12）：68-69.

［54］项伯红.谈小学英语书写教学［J］.中小学外语教学（小学篇），2005（5）：102.

［55］孙丽珍.如何培养小学生良好的书写习惯［J］.学生之友（小学版），2010（5）：62.

［56］张晓晴.培养小学生良好的写的习惯［J］.中小学外语教学，2010（2）：28-29.

［57］黄雪景."四段式"英语书写教学法［J］.新课程研究基础教育，2009（10）：106.

［58］孙学文，卢果.构建具有可操作性的德育测评指标［J］.教学与管理，2017（7）：122-124.

［59］闫献伟，李怀珍，陈勇.基于德育学分制的德育评价体系探索［J］.中国职业技术教育，2017（35）：118-120.

［60］赵敏."线上档案袋"：德育评价的新探索［J］.人民教育，2018（10）：52-54.

［61］邢利红.小学生综合素质评价的校本化实施［J］.教学与管理，2020（23）：14-16.

［62］赵之浩.从赋值到增值：新时代学生德育评价的理念转型与实践探索［J］，上海教育科研.2021（2）：40-44.

［63］陆启越.德育评价范式：内涵、类型及演变［J］.大学教育科学，2021（1）：78-84.

［64］李晓红.日本中小学德育水平评价的实践探析［J］.河南师范大学学报，2015（5）：43.

［65］汪瑞林.改进中小学德育评价的方向性思考［J］.课程·教材·教法，2019（39）：7.

［66］徐晨光.试论德育评估的原则、内容和方法［J］.湖湘论坛，1994（3）：63-64.

［67］郑楠.多元德育评价，促进学生"和乐"发展［J］.基础教育论坛，2021（4）：87-88.

［68］王宝迎.乡村学校学生综合素质评价的实践探索——以综合素质"积星卡"评价为例［J］.现代教育，2021（3）：22-24.

［69］祁舒.寻找属于儿童的自主评价方式［J］.上海教育科研，2017（3）：76-78.

［70］贺进.德育评价实施的难点及其超越［J］.教学与管理，2021（16）：32-34.

专著

［1］周德藩.走近陶行知——教师读本［M］.北京：高等教育出版社，2010.

［2］张万祥.班级自主管理100个千字妙招［M］.上海：华东师范大学出版社，2015.

［3］何国华.陶行知教育学［M］.广州：广东高等教育出版社，1994.

［4］钟日祥.教师转化后进生的9大技巧［M］.长春：吉林大学出版社，2008.

［5］吴正宪.吴正宪与小学数学［M］.北京：北京师范大学出版社，2006.

［6］田慧生，刘月霞.深度学习：走向核心素养［M］.北京：教学科学出版社，2018.

［7］洛伊斯·兰宁.以概念为本的课程与教学［M］.上海：华东师范大学出版社，2018.

［8］束定芳，庄智象.现代外语教学：理论、实践与方法［M］.上海：上海外语教育出版社，2002.

［9］程晓堂，郑敏.英语学习策略［M］.北京：外语教学与研究出版社，2002.

［10］［英］马丁·韦德尔.外语教学与学习：理论与实践［M］.北京：高等教育出版社，1995.

[11]郑航.学校德育概论[M].北京：高等教育出版社，2007.

其他

[1]丁妍.线上线下混合式教学方法在大学体育健美操课教学中的运用研究[D].长沙：湖南科技大学，2019.

[2]徐菲.当代"小先生制"课堂教学的个案研究[D].济南：山东师范大学，2017.

[3]郭海航.培养四年级学生英语规范书写习惯的策略研究[D].重庆：重庆师范大学，2015.

[4]朱大中."双减"背景下初中数学高效课堂实施策略[C].课程教学与管理研究论文集（五），2021：5-10.

[5]杜丽娜.音乐教学中"小先生制"合作学习的几点思考[A].福建省陶行知研究会.福建省行知实验校校长论坛论文集[C].福建省陶行知研究会，2012：2.